# ÖTZTALER ALPEN
Gebietsführer für Wanderer und Bergsteiger

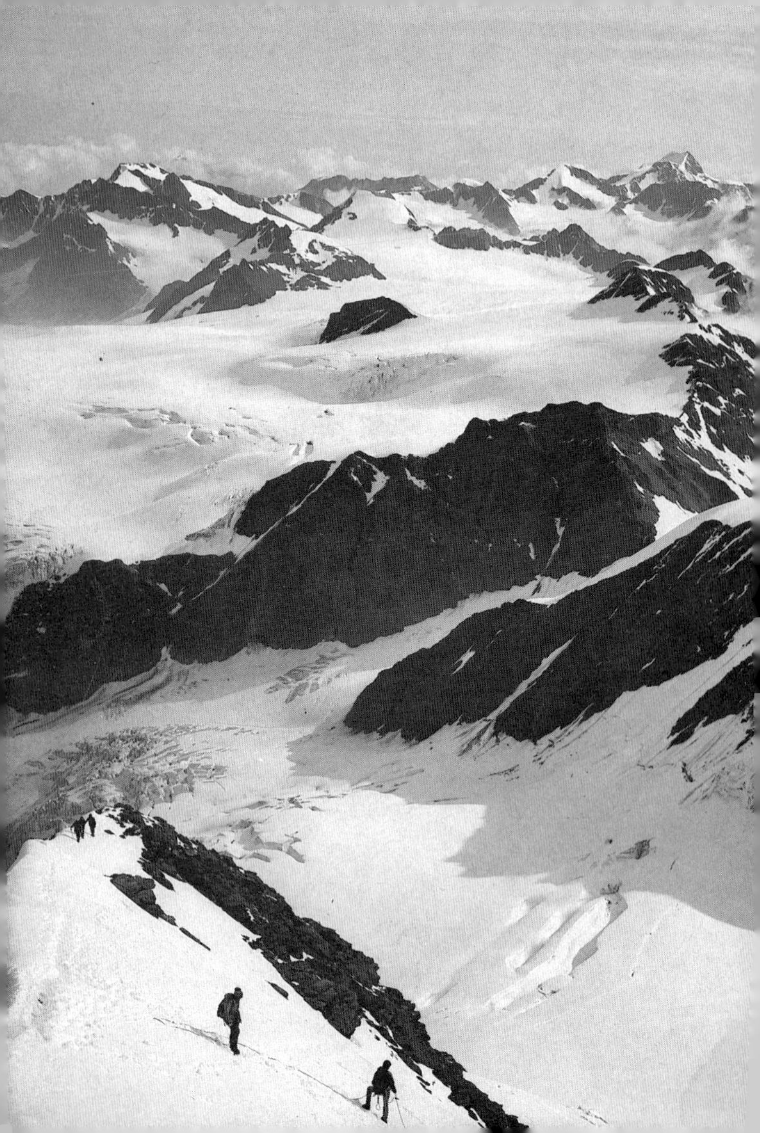

WALTER KLIER

# Ötztaler Alpen

**Gebietsführer
für Wanderer und Bergsteiger**

Mit 57 Abbildungen,
einer farbigen Wanderkarte 1:50 000,
des Österreichischen Bundesamtes
für Eich- und Vermessungswesen,
einer doppelseitigen Übersichtskarte
sowie 4 Panoramen

BERGVERLAG RUDOLF ROTHER GMBH · MÜNCHEN

Umschlagbild:
Am Gipfel der Wildspitze.
Foto: Brandl

Abbildung gegenüber der Titelseite:
Blick von der Weißkugel nach Norden.
Rechts die Wildspitze.
Foto: Rother

Bild rechts:
Die Gipfel über der Martin-Busch-Hütte von Westen.
Foto: Thorbecke

Der Text aller in diesem Führer beschriebenen Bergtouren und Wanderungen wurde nach bestem Wissen und Gewissen des Autors ausgearbeitet. Verlag und Autor können jedoch keine Gewähr für die Richtigkeit der Angaben übernehmen.

Bergverlag Rudolf Rother GmbH, München
1. Auflage 1986
ISBN 3-7633-3231-6
Hergestellt in den Werkstätten der Rudolf Rother GmbH, München
(2144 / 5223)

Hohe Weiße   Schalfkogel   Kleinleitenspitze   Querkogel

Hint.
Mittl.
Diemkögel

Martin-Busch-
Hütte
303

1002

# Inhalt

## I. Einführung

*Allgemeines*
1. Lage und Begrenzung ............................. 10
2. Verkehrsübersicht ............................... 10
3. Geologie ........................................ 11
4. Klima ........................................... 12
5. Tier- und Pflanzenwelt .......................... 13

*Praktische Hinweise*
1. Literatur und Karten ............................ 14
2. Orientierung .................................... 14
3. Alpine Auskunft ................................. 15
4. Bergrettung ..................................... 15
5. Ausrüstung ...................................... 19
6. Hinweise zum Gebrauch des Führers ............... 19
7. Abkürzungen ..................................... 20

## II. Täler und Talorte

1. Das Oberinntal .................................. 24
2. Das Ötztal ...................................... 32
3. Das Pitztal ..................................... 56
4. Das Kaunertal ................................... 60
5. Der Vinschgau ................................... 61
6. Die Seitentäler des Vinschgaus .................. 66

## III. Schutzhütten und Berggasthäuser

1. Geigenkamm ...................................... 72
2. Kaunergrat ...................................... 77
3. Glockturmkamm, Nauderer Berge ................... 79
4. Weißkamm ........................................ 81
5. Hauptkamm ....................................... 85
6. Texelgruppe, Salurnkamm ......................... 94

## IV. Übergänge und Höhenwege

1. Geigenkamm ...................................... 98
2. Kaunergrat ...................................... 106
3. Glockturmkamm, Nauderer Berge ................... 126
4. Weißkamm ........................................ 129
5. Hauptkamm ....................................... 140
6. Texelgruppe, Salurnkamm, Planeiler Berge ........ 152

## V. Gipfel und Gipfelanstiege

1. Geigenkamm ........................................ 174
2. Kaunergrat ......................................... 187
3. Glockturmkamm ................................... 210
4. Nauderer Berge .................................... 222
5. Weißkamm .......................................... 226
6. Hauptkamm ......................................... 264
7. Texelgruppe ........................................ 294
8. Salurnkamm ........................................ 309
9. Die Berge ums Planeiltal ......................... 316

Übersichtskarte Meraner Höhenweg .............. 322/323

**Register** ............................................. 324

# Bilderverzeichnis

In Klammern die Namen der Fotografen (Bildnachweis)

Schalfkogel von Westen (Thorbecke) ........................ 5
Die Gipfel über der Chemnitzer Hütte (Thorbecke) ......... 22/23
Umhausen im Ötztal (Risch-Lau) ........................... 49
Blick auf Sölden (Lohmann) ............................... 53
Gurgl mit Hochstubaier Bergen (Rother) ................... 57
Im Talschluß des Schnalstals (Lindel)..................... 67
Braunschweiger Hütte, Wildspitze (Sauer).................. 83
Brandenburger Haus, Fluchtkogel (Thorbecke) ............ 86/87
Ramolhaus (Löbl-Schreyer)................................ 91
Hintere Schwärze, Similaun (Thorbecke) ................ 92/93
Schwarze Wand, Schöne Aussicht (Rauschel) ............... 95
Weißkamm vom Mainzer Höhenweg (Hellberg) .............. 101
Hohe Geige, Silberschneide (Heinr. Klier)................ 105
Riffelseehütte, Seekogel (Thorbecke) .................. 110/111
Pitztaler Urkund, Hochvernagtwand (Heinr. Klier)......... 133
Weißkamm von Osten (Thorbecke)....................... 138/139
Rotmoos-Gipfelrunde (Heinr. Klier) ...................... 143
Hintere Schwärze, Similaun (Lohmann)..................... 149
Similaunhütte, Fineilspitze (Lohmann) ................... 151
Hohe Geige, Puitkogel-Ostgrat (Hellberg)................. 185
Gsallkopf von Süden (Oswald) ............................ 191
Rofelewand von Süden (Heinr. Klier) ..................... 195
Madatschtürme von Süden (Oswald) ........................ 197
Waze von Osten (Thorbecke) .............................. 199
Kaunergrathütte, Waze (Oswald) .......................... 201
Seekarlesschneid von Nordwesten (Oswald) ................ 203
Rostizkogel, Seekogel (Heinr. Klier) .................... 205
Ölgrubenspitzen von Westen (Rother) ..................... 211
Glockturmkamm von Norden (Thorbecke)................. 220/221
Schartleskopf, Perlerkogel (W. Klier) ................... 225
Äußere Schwarze Schneide (Müller-Brunke) ................ 229
Innere Schwarze Schneide (Heinr. Klier) ................. 231
Tiefenbachkogel, Linker Fernerkogel (Heinr. Klier) ...... 233
Hinterer und Vorderer Brunnenkogel von Nordosten
  (Heinr. Klier) ........................................ 235
Wildspitze, Hinterer Brochkogel (Thorbecke) ......... 236/237
Wildspitze-Normalanstieg (Lohmann) ...................... 239

Hinterer Brochkogel, Petersenspitze, Hochvernagtwand
von Norden (Heinr. Klier) .............................. 255
Weißkugel von Norden (Thorbecke) .................... 260/261
Weißseespitze von Norden (Nussbaumer) .................... 265
Hoher First, Liebenerspitze von Nordwesten (W. Klier) ....... 269
Liebenerspitze, Kirchenkogel (Heinr. Klier) ................ 271
Trinkerkogel von Norden (Heinr. Klier) ...................... 273
Vorderer Seelenkogel (Seibert) ............................ 275
Kleinleitenspitze, Schalfkogel (Lohmann) .................... 279
Schalfkogel-Normalanstieg (Heinr. Klier) .................... 281
Firmisanschneide, Hinterer Spiegelkogel (Heinr. Klier) ....... 283
Ramolkogel-Nordostanstieg (Heinr. Klier) .................... 285
Hintere Schwärze (Thorbecke) ........................ 286/287
Similaun (Thorbecke) ................................ 290/291
Fineilspitze, Schwarze Wand (Rauschel) .................... 295
Gfallwand-Normalweg (Henriette Klier) .................... 297
Blasiuszeiger, Schwarze Wand (Henriette Klier) ............ 299
Lodner-Nordwestgrat (Henriette Klier) .................... 303
Tschigat (Rauschel) ...................................... 307
Lagaunspitze, Salurnspitze (Rauschel) .................... 311
Bärenbartkogel (Seibert) ................................. 317

Die Panoramen wurden von Rudolf Rother aufgenommen.

# I. Einführung

## Allgemeines

### 1. Lage und Begrenzung

Die Ötztaler Alpen sind ein Teil der östl. Zentralalpen. Der Alpenhauptkamm erstreckt sich hier vom Timmelsjoch zunächst südsüdwestw. bis zur Hochwilde, verläuft dann westw. bis zur Weißkugel, von wo er in nordwestl. und westl. Richtung bis zum Reschenpaß verläuft. Nach N zweigen die großen Kämme des Weißkamms (mit dem höchsten Gipfel des Gebirges, der Wildspitze, 3772 m), des Geigenkamms, des Kaunergrats, des Glockturmkamms und die kleinere Gruppe der Nauderer Berge ab, dazwischen ziehen Ötztal, Pitztal und Kaunertal nach N. Nach S entsendet der Hauptkamm die auf italienischem Staatsgebiet gelegenen Berggruppen der Texelgruppe, des Salurnkamms und der Planeilberge. Die Gliederung des *Gebietsführers Ötztaler Alpen* folgt dieser Einteilung.

Die natürliche Abgrenzung gegen die Stubaier Alpen im O stellt das Ötztal von der Einmündung der Ötztaler Ache in den Inn bis Zwieselstein und weiter bis zum Timmelsjoch dar (Timmelsbach), vom Timmelsjoch ab verläuft die Grenze südw. hinab ins Passeiertal, über St. Leonhard nach Meran im Etschtal.

Die Begrenzung im NW, W und S ist ebenfalls klar vorgegeben: Vom Bhf. Ötztal den Inn aufwärts bis Finstermünz. Sodann verläuft die Gebirgsbegrenzung über den Reschen und durch den Vinschgau etschabwärts (ostw.) bis Meran.

### 2. Verkehrsübersicht

*Autobus*
Innsbruck — Bhf. Ötztal — Oetz — Zwieselstein — Obergurgl;
Zwieselstein — Vent;
Bhf. Imst — Pitztal — Wenns — Trenkwald — Planggeroß — Mittelberg;
Landeck — Prutz — Feichten — Gepatschhaus (Seilbahn);
Landeck — Prutz — Nauders;
Innsbruck — Bozen — Meran — Mals — Reschen;
Meran — St. Leonhard/Passeier — Jaufen — Sterzing;
Graun — Langtaufers — Melag;

*Eisenbahn*
Die Arlbergbahnlinie führt am N-Rand des Gebirges vorbei.

Schnellzüge halten meist im Bhf. Ötztal und Landeck, einige im Bhf. Imst. Von Bozen führt eine Nebenlinie der italienischen Staatsbahnen (noch) bis Meran und durch den Vinschgau bis Mals.

## 3. Geologie

Die Berge südl. der Linie Langtaufers — Gepatsch — Mittelberg — Sölden bis über den Hauptkamm gehören dem häufigsten Gestein der Ötztaler Alpen an, das auch nördl. davon immer wieder zu finden ist, außerdem in ähnlicher Ausbildung im SO, besonders zwischen Pfelders und unterem Vinschgau. Es sind dies Schiefergneise und Gneisglimmerschiefer. Sie bestehen hauptsächlich aus Schuppen von braunschwarzem Magnesia-Eisen-Glimmer, ferner aus weißgrauem Quarz und aus weißem Feldspat.

Je reichlicher Feldspat enthalten ist, desto mehr wird das Gestein zum festen Gneis; je weniger Feldspat es führt, desto mehr ähnelt es Glimmerschiefern. Der Glimmer verwittert am leichtesten und färbt das Gestein dann braun bis rotbraun (Eisengehalt). Darum widersteht es der Abtragung nicht besonders, die Vegetation ergreift leicht Besitz davon, und die Grate setzen sich oft nur aus Trümmern zusammen. Die Gipfelformen sind ruhig und ohne Eis eher unscheinbar; nach hohen Wänden, nach steilen Graten und Kanten sucht man vergeblich. Darum begegnet der Kletterer in diesem Gestein selten größeren Schwierigkeiten.

Diesen in sich sehr verschiedenartigen Gesteinen stehen in den nördl. Teilen der Ötztaler Alpen die echten oder Orthogneise gegenüber, die als schmelzflüssige Massen aus dem Erdinneren in die Schichtgesteine eingedrungen sind. Zwei Haupttypen lassen sich in unserem Gebiet unterscheiden: die hellen Granitgneise und die dunklen, grünen Amphibolite (Hornblendegesteine).

Die Gleichförmigkeit des Gesteinsaufbaus hat dazu geführt, daß die von der Erosion geschaffenen Formen weithin ähnlich sind. Oberhalb der Schneegrenze sind die Kare vergletschert. Die Gletscher der Eiszeit erfüllten die Täler mit Eismassen, über die nur die höheren Gipfel aufragten. Zur Zeit des Höchststandes lag die Oberfläche des Inngletschers am Ausgang des Ötztales vermutlich in rund 2500 m Höhe, der Ötztaler Gletscher stand bei Vent und Gurgl mindestens 2900 m hoch und der Etschgletscher im Vinschgau bei 2300—2400 m. Etsch- und Inngletscher hingen über die Jöcher des Hauptkamms zusammen. Die Gletscher schärften die Gipfel zu, indem sie die Wände untergruben und die alten Hochflächen vergrößerten. Ebenso machten sie in den Tälern die Flanken steiler und schürften aus den Talsohlen Becken, in denen sich Seen bildeten.

Die Talsohlen sind bis zu mehrere hundert Meter mit Schutt gefüllt. Die Gliederung der Täler und der Hochregion in Stufen rührt von den abgesetzten Hebungsphasen der Alpen her, zwischen denen sich die Flüsse aufs neue einschnitten, indem sie vom Rand her den Gefällsbruch, der durch die Hebung entstanden war, allmählich immer tiefer ins Gebirge schoben, wo wir ihn, besonders an der Mündung von Seitentälern, als Talstufe antreffen.

Über den inneren Tälern haben sich die alten Flächen besser erhalten als in irgend einer anderen Gruppe der Ostalpen: die Alpen sind hier am breitesten, und so hatte die Talzerschneidung hier immer den längsten Weg.

Die Ötztaler Alpen weisen also die höchste Aufragung in breiter Masse, die höchste Massenerhebung in den Ostalpen auf, wenn auch einzelne Gipfel anderer Gruppen höher sind. Auf der S-Seite liegt der Alpenrand tiefer und näher als im N; daher ist der Zerschneidungsprozeß von dorther schon weiter gediehen und der Gebirgsabfall dementsprechend schroffer und ärmer an alten Landoberflächenresten.

Dies alles wirkt sich entscheidend auf die Vergletscherung aus, denn die alten Flächenreste sind dank ihrer hohen Lage die ausschlaggebenden Stützpunkte der Gletscher. So stehen die Ötztaler Alpen mit rund 350 qkm vergletscherter Fläche weitaus an der Spitze aller ostalpinen Gebirgsgruppen. Der Gepatschferner ist mit 18,74 qkm (ohne Langtauferer Zufluß) der drittgrößte und mit 9,4 km mit der längste Gletscher der Ostalpen.

### 4. Klima

Die große Massenerhebung drückt die oberen Klimagrenzen in die Höhe, denn die Winde werden besonders weit hinauf beeinflußt, vor allem aber wird dadurch eine bedeutende Heizfläche (Ausstrahlung der empfangenen Sonnenwärme durch die Erdoberfläche) in größte Höhe gehoben. Die Niederschlagsarmut folgt aus der Abschirmung durch die Lechtaler Alpen und Ortlerberge. So steigt die Schneegrenze, über der sich der Schnee den Sommer über hält und die Gletscher ihre Vorräte auffüllen läßt, in den inneren Ötztaler Alpen bis über 3100 m an. Litznerspitze, 3203 m, und Mastaunspitze, 3200 m (zwischen Matscher und Schnalser Tal), sind die höchsten unvergletscherten Gipfel der Ostalpen.

Die doch bedeutende Höhe, in der sich ein Großteil der Bergfahrten abspielt, hat zur Folge, daß bei einem Wettersturz selbst mitten im Sommer mit winterlichen Verhältnissen zu rechnen ist. Selbst bei Nässe ist die Begehung des glatten, oft flechtenbewachsenen Urgesteins problematisch. Je nach Schneelage wird es oft bis in den Juni hinein möglich sein, die höheren Gipfel mit Ski zu besteigen; dementsprechend spät beginnt die Saison für den Bergwanderer und Kletterer. Die sicherste Wetterlage herrscht erfahrungsgemäß im Spätsommer.

## 5. Tier- und Pflanzenwelt

Die inneralpinen Trockengebiete („Bergsteppe") an den Südhängen im Gebiet des Vinschgau, im obersten Inntal, im äußeren Ötztal und im innersten Ötztal bei Vent zeigen eine Steppenvegetation, deren charakteristische Vertreter Föhren, Heidekraut und der Sefenstrauch (Juniperus fabina) sind. In mittleren Lagen folgt die Bergwaldstufe der Fichten-Lärchen-Wälder, manchmal durchsetzt von Bergahorn, Bergulme, Zitterpappel und Eberesche. Lärchen und Zirben bilden in den Zentralalpen fast allgemein die Waldgrenze (maximal bei 2200 m). An südseitigen Felsen klettert die frostharte, aber gegen Schneedruck sehr empfindliche Zirbe vereinzelt bis 2400 m. Die schönsten, fast reinen Zirbenhochwälder sind im Radurscheltal. Der Bergwanderer wird entsetzt feststellen, daß die Schädigung der Waldbestände auch in einsamen Hochtälern mit freiem Auge erkennbar ist, d. h. bereits alarmierende Ausmaße erreicht hat.

Oberhalb der Waldgrenze gibt es große Latschenbestände. Die Flora ist reichhaltig und bietet dem Kundigen viele Seltenheiten, die in der Regel geschützt sind. Der verantwortungsbewußte Bergwanderer wird das Abreißen von Bergblumen überhaupt unterlassen und sich mit deren Anblick zufrieden geben.

Nach den bisherigen Beobachtungen übersteigen in den Ötztaler Alpen 74 Blütenpflanzen die 3000-m-Grenze, am Hinteren Spiegelkogel blühen und fruchten in einem winzigen Blumengarten auf 3400 m Höhe nicht weniger als 29, und die Rauschbeere hält noch bei 3300 m allen Stürmen stand.

Dem Bergsteiger werden manchmal mitten im schmelzenden Firn der Gletscher weinrote Flecken auffallen. Dieser „rote Schnee" rührt von einer mikroskopisch kleinen Alge (Chlamydomonas nivalis) her, die uns aber durch ihre Färbung und das Vorkommen in großen Massen erkennbar wird.

Wie in den benachbarten Gebirgsgruppen ist auch hier die Gemse die weitaus häufigste große Tierart; der Wildstand dürfte im Gebiet des Hauptkammes etwa 4000 Stück betragen. Hirsche und Rehwild sind seltener, Murmeltiere häufig, ebenso Auerhahn und Spiel-

hahn. Die Zahl der Steinadler ist im Zunehmen, seitdem sie geschont werden.
Die Texelgruppe wurde 1976 von der Südtiroler Landesregierung zum „Naturpark" erklärt.


# Praktische Hinweise

## 1. Literatur und Karten

An dieser Stelle sei darauf hingewiesen, daß dieser Führer im wesentlichen einen Auszug aus dem großen Alpenvereinsführer Ötztaler Alpen (H. und W. Klier, 9. Auflage 1985) darstellt, der ebenfalls im Bergverlag Rother erscheint. Der vorliegende Gebietsführer kann nur eine Auswahl aus der reichen Fülle der bekannten Anstiege, Übergänge usw. bieten und beschränkt sich im übrigen auf die üblichen und leichteren Wege bis etwa zum III. Schwierigkeitsgrad. Wer sich also eingehender über das Gebiet informieren und schwierigere Anstiege durchführen möchte, sei auf den genannten AV-Führer verwiesen. Darin befindet sich u. a. auch ein ausführliches Literaturverzeichnis.
Teilgebiete der Ötztaler Alpen werden von anderen Führern aus dem Programm des Bergverlags Rother erfaßt.
Diesem Führer liegt eine Gebietskarte des Österreichischen Amtes für Eich- und Vermessungswesen, 1:50 000 mit Wegmarkierungen, bei. Brauchbare Wanderkarten im Maßstab 1:50 000 werden von Freytag & Berndt herausgegeben. Kaum weniger genau sind die entsprechenden Kompaß-Wanderkarten, ebenfalls im Maßstab 1:50 000.
Für das zentrale Gebiet der Ötztaler Alpen sind die Blätter der Alpenvereinskarte im Maßstab 1:25 000 unübertroffen: Blätter Gurgl (30/1), Weißkugel (30/2), Wildspitze (30/6), Kaunergrat-Geigenkamm (30/3), Nauderer Berge (30/4); Neuausgaben 1980-81.

## 2. Orientierung

Die Ötztaler Alpen sind zu ihrem größten Teil vollständig erschlossen — streckenweise mehr, was einem auch immer lieb sein kann. Was in den letzten 20 Jahren von der Elektrizitäts- und Fremdenverkehrswirtschaft aus dem Boden gestampft wurde, stellt die „Erschließungsarbeit" der Alpenvereine aus den letzten 100 Jahren weit in den

Schatten. Eine ganze Reihe von Höhenstraßen, Seilbahnen und Liften sowie ein gut ausgebautes Wegnetz erleichtern (nun auch in zunehmendem Maß auf der Südtiroler Seite) Aufenthalt und Fortbewegung im Hochgebirge. Dabei darf selbstverständlich nicht vergessen werden, daß die Gefahr widriger Witterungsverhältnisse, Nebel und Einsetzen von Schneefall stets als Gefahr für den Bergsteiger präsent bleiben.

## 3. Alpine Auskunft

Oesterreichischer Alpenverein, Innsbruck, Wilhelm-Greil-Str. 15, Tel. 0 52 22 / 2 41 07. Auskunft erteilen weiterhin die örtlichen Verkehrsvereine:
Oetz: 0 52 52 / 62 80
Umhausen: 0 52 55 / 52 09
Längenfeld: 0 52 53 / 52 07
Huben: 0 52 53 / 55 75
Sölden: 0 52 54 / 22 12 (FVV Innerötztal)
Imst: 0 54 12 / 24 19
Arzl/Pitztal: 0 54 12 / 33 00
St. Leonhard/Pitztal: 0 54 13 / 506
Innerpitztal: 0 54 13 / 82 16
Landeck und Umgebung: 0 54 42 / 23 44
Prutz/Faggen: 0 54 72 / 62 67
Kauns: 0 54 72 / 65 00
Feichten: 0 54 75 / 308
Ried/Oberinntal: 0 54 72 / 64 21
Nauders: 0 54 73 / 595

## 4. Bergrettung

Die Berge sind kein Sportplatz; dies wird in keiner Lage so deutlich, als wenn der Berg seine Opfer fordert. Das Wissen um die Gefahr ist der erste Schritt zu ihrer Verhütung.
Der Rat des Erfahrenen, wohlüberlegtes Handeln, eine tadellose Ausrüstung — dies alles kann helfen, Unfälle zu verhindern. Die Eintragung ins Hüttenbuch mit Angabe der geplanten Bergfahrt oder das Zurücklassen einer Nachricht erweisen sich oft als ungemein wertvoll bei Unfällen, denn die Suchaktion kann sonst so viel Zeit in Anspruch nehmen, daß es für den Rettungseinsatz zu spät geworden ist. Einmal in Bergnot, ist das „Alpine Notsignal" der erste Schritt zur Bergung.

● Innerhalb einer Minute wird **sechsmal** in regelmäßigen Abständen, mit jeweils einer Minute Unterbrechung, ein hörbares (aku-

stisches) Zeichen (Rufen, Pfeifen) oder ein sichtbares (optisches) Signal (Blinken mit Taschenlampe) abgegeben.
Dies wird solange wiederholt, bis eine Antwort erfolgt.
- Die Rettungsmannschaft antwortet mit **dreimaliger** Zeichengebung in der Minute.

Die abgebildeten Alarmsignale im Gebirge wurden international eingeführt.

Um einen schnellen Rettungseinsatz zu ermöglichen, müssen die Angaben kurz und genau sein.

Man präge sich das „5-W-Schema" ein:

- **WAS** ist geschehen? (Art des Unfalles, Anzahl der Verletzten)
- **WANN** war das Unglück?
- **WO** passierte der Unfall, wo ist der Verletzte? (Karte, Führer)
- **WER** ist verletzt, wer macht die Meldung? (Personalien)
- **WETTER** im Unfallgebiet? (Sichtweite)

### Hubschrauberbergung

Der Einsatz von Rettungshubschraubern ist von den Sichtverhältnissen abhängig. **Für eine Landung ist zu beachten:**

- Hindernisse im Radius von 100 m dürfen nicht vorhanden sein.
- Es ist eine horizontale Fläche von etwa 30 × 30 m erforderlich. Mulden sind für eine Landung ungeeignet.
- Gegenstände, die durch den Luftwirbel des anfliegenden Hubschraubers umherfliegen können, sind vom Landeplatz zu entfernen.
- Der anfliegende Hubschrauber wird mit dem Rücken zum Wind von einer Person in „Yes-Stellung" eingewiesen.
- Dem gelandeten Hubschrauber darf man sich nur von vorne und erst auf Zeichen des Piloten nähern.

Für die Grundausbildung des Bergsteigers empfehlen wir: Höfler, Bergwandern heute, München 1978; Seibert, Bergsteiger-ABC, München 1974 und Seibert, Felsklettern und Eisgehen, München 1975, sowie die Lehrschriften des OeAV und den Alpinlehrplan des DAV.

Adressen:
Österreichischer Bergrettungsdienst, Landesleitung Tirol, 6020 Innsbruck, Wilhelm-Greil-Str. 15, Tel. 0 52 22 / 2 19 19.

# INTERNATIONALE ALARMSIGNALE IM GEBIRGE
## SEGNALI INTERNAZIONALI D'ALLARME IN MONTAGNA
## SIGNAUX INTERNATIONAUX D'ALARME EN MONTAGNE
## SEÑALES INTERNACIONALES DE ALARMA EN MONTAÑA

JA
OUI
SI

Rote Rakete oder Feuer
Razzo rosso o luce rossa
Fusée ou feu rouge
Cohete de luz roja

WIR BITTEN UM HILFE
OCCORRE SOCCORSO
NOUS DEMANDONS DE L'AIDE
PEDIMOS AYUDA

Rotes quadratisches Tuch
Quadrato di tessuto rosso
Carré de tissu rouge
Cuadro de tejido rojo

NEIN
NON
NO

WIR BRAUCHEN NICHTS
NON ABBIAMO BISOGNO DI NIENTE
NOUS N'AVONS BESOIN DE RIEN
NO NECESITAMOS NADA

**Diese Zeichen dienen der Verständigung mit der Hubschrauberbesatzung. Sie ersetzen nicht das Alpine Notsignal.**

Unfallmeldestellen und Ortsstellen des Bergrettungsdienstes im Bereich der Ötztaler Alpen:

**Ortsstelle Oetz**, Meldestelle: Bergführer Ignaz Schöpf, Habichen 71, Ruf 0 52 53 / 240.
Meldestelle Sautens, Sepp Markt, Ruf 0 52 52 / 260.
**Ortsstelle Umhausen**, Gendarmerie, Ruf 0 52 55 / 224 oder 205. Josef Gufler, Meldestellen: Frischmannhütte, Erlanger Hütte, Gubener Hütte, Niederthai.
**Ortsstelle Längenfeld**, Längenfeld 29, Ruf Gendarmerie 0 52 53 / 214 oder Post 231; A. Kuprian, Meldestelle Huber, Ghs. Alpenblick; Aschbach, Bergführer Karolinger.
**Ortsstelle Vent**, Hotel Post, Ruf 0 52 54 / 2 61 19. A. Pierpamer. Meldestellen: Samoarhütte, Hochjochhospiz, Vernagthütte, Breslauer Hütte, Brandenburger Haus, Similaunhütte, Heiligkreuz, Pfarrgasthof, Tel.
**Ortsstelle Obergurgl**, Haus Schönblick, Giacomelli Karl, 0 52 56 / 251.
Meldestellen: Hochwildehaus, Langtaler-Eck-Hütte, Ramolhaus.
**Haupt- und Ortsstelle Sölden**, Bergf. Fender, Ruf 0 52 54 / 251 oder 277.
Meldestellen: Zwieselstein, Ghs. Post, Ruf 0 52 54 / 214; Hochsölden, Hotel Gurschler, Ruf 0 52 54 / 229.
**Haupt- und Ortsstelle Imst**, Ruf 0 54 12 / 324 oder 348. Bernhard Anker, Imst, Postgasse.
Meldestellen: Arzl bei Imst, Roggl, Ruf 0 54 12 / 54 60 09; Ghs. Schön im Pitztal; Ghs. Rohrhofer, Tel.; Jerzens, Ghs. Lamm, Ruf 0 54 14 / 226; Piller auf der Pillerhöhle, Ghs. Piller, Tel.; Hochzeigerhaus, Roppen; Wenns, Ghs. Alpenverein.
**Ortsstelle St. Leonhard** im Pitztal, Ruf 0 54 13 / 204; Gendarmerie Al. Neururer, Nr. 29.
Meldestelle Ghs. Zaunhof, Tel., „Wiese" im Pitztal, Tel.
**Ortsstelle Planggeroß**, S. Füruter, Weißwald 5, Ruf 0 54 13 / 2 14 05; Ruf Gendarmerie 0 54 13 / 204 oder 221.
**Mittelberg**, Ghs. Falbesoner, Ruf 0 54 13 / 21 40 02, Chemnitzer Hütte; Braunschweiger Hütte; Taschachhaus, Rifflseehütte; Kainergrathütte.
**Ortsstelle Feichten** im Kaunertal, Eduard Larcher, Ruf 0 54 72 / 33 17.
Meldestellen: Verpeilhütte, Gepatschhaus.

**Ortsstelle Ried** im Oberinntal, Gendarmerie 0 54 72 / 215.
Meldestellen: Ladis, Ghs., Tel.; Prutz, Gendarmerie, Tel.; Anton-Renk-Hütte; Fendels, Ghs., Ruf 0 54 72 / 335. Fritz Traumüller, Haus Nr. 76, Tel. 0 54 72 / 275.
**Ortsstelle Pfunds,** Gendarmerie 0 54 74 / 201. Franz Netzer, Haus Nr. 27.
Meldestellen: Radurschelhaus, Hohenzollernhaus.
**Ortsstelle Nauders,** Gendarmerie, Ruf 0 54 73 / 201. Walter Waldegger Haus Nr. 17, Ruf 0 54 73 / 201.
Meldestellen: Nauderer Skihütte, Hochfinstermünz, Hotel Priebst, Ruf 0 54 73 / 224.
**Bergrettungsdienst Südtirol:**
Alpiner Bergrettungsdienst, Bozen: Tel. 04 71 / 2 11 41 (AVS), 2 11 72 (CAI); Alpine Auskunftsstelle Bozen, Tel. 04 71 / 2 18 67; Verkehrsmeldezentrale 04 71 / 2 15 77; Lawinenwarndienst 04 71 / 4 66 11; Wetterbericht 191.
Außenstelle: **St. Leonhard im Passeier,** Leonhard Mader, Gemeindeweg 103.
**St. Martin im Passeier,** Sepp Haller, St. Martin, Nr. 92.
**Latsch im Vinschgau,** Eugen Eder, Moosweg 245.
**Meran,** Geschäftsstelle, Meran, Lauben 239, Ruf 2 41 34; Heinrich Pinamonti, Meran, Ghs. Goldene Rosen, Lauben, Ruf 2 64 00.
Rettungsstelle in Unser Frau im Schnalstal.

### 5. Ausrüstung

Der ausgeprägte Hochgebirgscharakter der Ötztaler Alpen erfordert in jedem Fall eine sorgfältige Vorbereitung von Bergtouren und die Mitnahme von gutem Schuhwerk, wetterfester Kleidung und ausreichend Proviant. Ungeübten und unerfahrenen Bergsteigern sei empfohlen, sich für größere Unternehmungen einen autorisierten Bergführer zu nehmen.

### 6. Hinweise zum Gebrauch des Führers

*Aufbau*
Der Aufbau des Führers geht aus dem Inhaltsverzeichnis hervor. Zunächst werden der Reihe nach die Täler und Talorte beschrieben; danach folgen in drei gesonderten Abschnitten die Stützpunkte (Hütten und Berggasthäuser), die Übergänge und Höhenwege, sowie die Gipfel und Gipfelanstiege. Die Folge der Beschreibung ist in jedem der Abschnitte gleich: sie beginnt im NO (Oetz) und endet im äußersten SW (Vinschgau); Täler und Kämme werden in der Rich-

tung des Anmarsches beschrieben — d.h. im nördl. Gebirgsteil von N nach S; im südl. Gebirgsteil von O nach W. Hauptkamm und Weißkamm werden von O nach W beschrieben.

Das Register am Schluß des Buches enthält sämtliche geographischen Begriffe in alphabetischer Reihenfolge; die Verweise dort wie auch innerhalb des Textes beziehen sich stets auf Randzahlen (R), nicht auf die Seitenzahlen.

*Schwierigkeits- und Zeitangaben*

Die Schwierigkeitsangaben entsprechen der allgemein üblichen UIAA-Skala, wobei die Schwierigkeit der in diesem Führer beschriebenen Anstiege in der Regel den III. Grad nicht überschreitet. Wird ein Anstieg als „unschwierig" charakterisiert, so bedeutet dies, daß keine eigentlichen Kletterschwierigkeiten zu bewältigen sind, es sich jedoch um wegloses Gelände handelt, das einen erfahrenen und trittsicheren Geher erfordert. Dies gilt in erhöhtem Maß für die Anstiege, bei denen Schwierigkeitsgrade I, II oder III (III− bedeutet die untere, III+ die obere Grenze des Schwierigkeitsgrades) angegeben sind. Bei Nässe oder Vereisung kann sich die Schwierigkeit eines Anstiegs ungemein erhöhen. Die Zeitangaben sind für durchschnittlich trainierte, einigermaßen geübte Geher gedacht (Erfahrungswert 400 Höhenmeter pro Stunde) und können im Einzelfall stark über- oder unterboten werden. Die Benützer des Führers sollten dies bedenken.

Die Höhenangaben entsprechen denen der AV-Karten 30/1 bis 30/6, außerhalb der von ihnen erfaßten Gebiete im N denen der Karten des Österreichischen Eich- und Vermessungsamtes, die von den AV-Karten teilweise geringfügig abweichen. Für die südl. Randgebiete wurden die Freytag & Berndt-Wanderkarten (1:50 000) herangezogen.

## 7. Abkürzungen

*a) Allgemeine Abkürzungen*

| | |
|---|---|
| Abb. | = Abbildung |
| AV | = Alpenverein |
| AV-S. | = Alpenvereinssektion |
| B. | = Betten |
| bew. | = bewirtschaftet |
| bez. | = bezeichnet |
| Bez. | = Bezeichnung |
| Bhf. | = Bahnhof |
| Ghs, Ghf. | = Gasthaus, Gasthof |

| | |
|---|---|
| km | = Kilometer |
| L. | = Lager |
| M. | = Matratzenlager |
| m | = Meter |
| Min. | = Minuten |
| N. | = Notlager |
| P. | = Punkt, Höhenangabe in der Landkarte |
| R | = Randzahl |
| S. | = Seite |
| s. | = siehe |
| Std. | = Stunde(n) |
| Tel. | = Telefon(nummer) |
| vgl. | = vergleiche |
| Whs. | = Wirtshaus |
| u.U. | = unter Umständen |

*b) Abkürzungen von Himmelsrichtungen und deren Ableitungen*

| | |
|---|---|
| N | = Norden |
| nördl. | = nördlich (usw.) |
| nordw. | = nordwärts, in nördlicher Richtung (usw.) |
| NW | = Nordwesten (usw.) |
| O | = Osten |
| S | = Süden |
| W | = Westen |

Blick von Nordosten in das Weißmaurachkar. Im Vordergrund die Chemnitzer Hütte. Im rechten hinteren Bildteil der Geigenkamm.

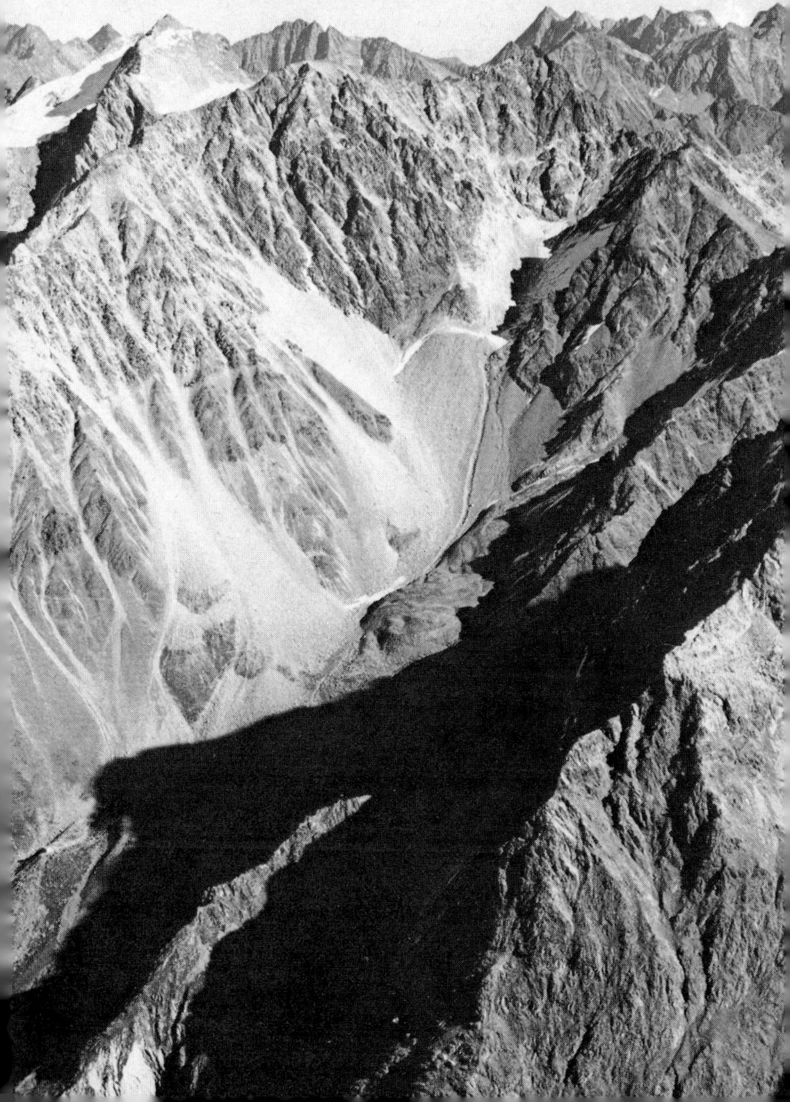

# II. Täler und Talorte

● 1                  **1. Das Oberinntal**

Das Oberinntal reicht von der Einmündung des Sellraintales westl. von Innsbruck bis zur Schweizer Grenze bei Finstermünz. Es trennt die Nördlichen Kalkalpen von den Urgesteinsbergen der Stubaier und Ötztaler Alpen.
Durch das Oberinntal führen die Arlbergbahn und die im Bau befindliche, derzeit (1985) bis Telfs befahrbare Inntalautobahn sowie die Bundesstraße.
Die Haupttäler des Nordtiroler Teils der Ötztaler Alpen ziehen vom Inntal nach S gegen den Alpenhauptkamm.

● 2                  **Roppen,** 711 m

Bahnstation, mehrere Gaststätten. Ausgangspunkt für Wanderungen im nördlichsten Teil des Geigenkamms und für den Forchheimer Weg (R 330).
Spaziergänge:

● 3      **Zum Piburger See**
       1½ Std.

Auf breitem Weg ostw. durch den Wald und durch Wiesen zum Dorf Sautens, 812 m (Ghs. Kreuz, Gisela). Von Sautens südostw. empor nach Haderlehn, etwa 1000 m (Kapelle). Ostw. durch Wald nach Piburg und hinab zum See.

● 4      **Nach Wald**
       1½ Std.

Von Roppen (Bhf.) südwestl. nach Waldele, einer Häusergruppe mit Kapelle. Westw. hinauf zum schön gelegenen Dorf Wald, 890 m.

● 5                  **Imst,** 827 m

Bezirksstadt, nordwestl. der Einmündung des Pitztals über dem Inntal gelegen. Freischwimmbad, Lifte, zahlreiche Gaststätten. Der Bhf. liegt im Tal westl. der Mündung des Pitzbaches; von hier Autobusverkehr ins Pitztal.

● 6                  **Schönwies,** 737 m

Bahnstation, mehrere Gaststätten. Talort für den Venet. Auf der nördl. Talseite das kleine Dorf Mils, 743 m.

*Spaziergang:*

- **7**  **Über Falterschein zur Kronburg und nach Zams**
  2½ Std.

Von Schönwies auf einem Fahrweg auf das südwestl. über Schönwies im Wald gelegene Dorf Falterschein. Von der Kirche (Ww.) hinab durch Wiesen und Wald in die Schlucht des Kronburger Baches. Man quert sie und gelangt zum Wallfahrtsort Kronburg, 940 m, Ghs. Nördl. auf dem steilen, waldigen Hügel steht die Ruine Kronburg. (1380 wurde die Burg Kronburg aus einem früheren Bau errichtet.) Von Kronburg führt südwestw. ein guter Weg nach Zams hinab.

- **8**  **Zams,** 767 m

Bahnstation, großes Krankenhaus. Mehrere Gaststätten. Ausgangspunkt für Venet, Württemberger Hütte, Steinseehütte und Memminger Hütte (in den Lechtaler Alpen).

*Spaziergänge:*

- **9**  **Zum Lötzer Wasserfall**
  20 Min.

Nordw. aus dem Ort und über den Inn. Westw. nach Lötz und empor zum Wasserfall.

- **10**  **Zur Ruine Schroffenstein**
  1 Std.

Wie R 9 nach Lötz, südwestw. hinauf zur Ruine. Schöner Blick ins Inntal.

- **11**  **Auf den Zammer Berg**
  2 Std.

Vom Ort ostw. über die Bahn auf dem Fahrweg durch Wald und Wiesen in abwechslungsreicher Wanderung über die Weiler Rifenal, Schweighof, Taschhof, Lahnbach nach Grist oder weiter bis Falterschein.

- **12**  **Zur Zammer Alm,** 1740 m
  3 Std.

Von Zams wie oben zum Weiler Grist und südw. auf gutem Steig (bez.) durch lichte Zirbenbestände auf einem Rücken des Venet empor zur Alm.

# Alpenvereinsführer

*die Führer für den vielseitigen Bergsteiger aus den Gebirgsgruppen der **Ostalpen** und der **Dolomiten** (Arbeitsgebiete des Deutschen, Oesterreichischen und Südtiroler Alpenvereins), aufgebaut nach dem Grundsatz der **Einheitlichkeit** (erleichtern das Zurechtfinden) und der **Vollständigkeit** (ausführliche Beschreibung der Talschaften, Höhenwege, Klettersteige und Gipfelanstiege einer Gruppe).*

*Bisher liegen vor:*

Allgäuer Alpen – Ammergauer Alpen – Ankogel-/Goldberggruppe – Bayerische Voralpen Ost mit Tegernseer/Schlierseer Bergen und Wendelstein – Benediktenwandgruppe, Estergebirge und Walchenseeberge – Berchtesgadener Alpen – Bregenzerwaldgebirge Chiemgauer Alpen – Civettagruppe – Cristallogruppe und Pomagagnonzug – Dachsteingebirge Ost – Dachsteingebirge West – Eisenerzer Alpen – Ferwallgruppe – Geisler-Steviagruppe – Glockner- und Granatspitzgruppe – Hochschwab – Kaisergebirge – Karnischer Hauptkamm – Karwendelgebirge – Kitzbüheler Alpen – Lechtaler Alpen – Lechquellengebirge – Lienzer Dolomiten – Loferer und Leoganger Steinberge – Marmolada-Hauptkamm – Niedere Tauern – Ortlergruppe – Ötztaler Alpen – Pelmo—Bosconero – Puez/Peitlerkofel – Rätikon – Rieserfernergruppe – Rofangebirge – Samnaungruppe – Schiara – Schobergruppe – Sellagruppe – Sextener Dolomiten – Silvretta – Stubaier Alpen – Tannheimer Berge – Tennengebirge – Totes Gebirge – Venedigergruppe – Wetterstein und Mieminger Kette – Ybbstaler Alpen – Zillertaler Alpen

Zu beziehen durch alle Buchhandlungen

Ausführliche Verzeichnisse vom

## Bergverlag Rudolf Rother GmbH · München

● 15 **Landeck,** 816 m

Größter Ort des Oberinntals, Bezirksstadt, Schnellzugstation, Postauto-Knotenpunkt. Gotische Pfarrkirche; Schloß Landeck. Ausgangspunkt für Venet, Piller und Kaunerberg.
Venetseilbahn. Talstation und Parkplatz an der Bundesstraße 1 zwischen Landeck und Zams. Mehrere Schlepplifte im Höhenbereich. Thial-Lift vom Ortsteil Perfuchs.

*Spaziergänge:*

● 16 **Schloß Landeck**

Schloßterrasse mit Blick ins Tal und auf die Berge der Samnaungruppe. Vom Schloß schöner Spaziergang in den Schloßwald. Über den Knappenbüchl zu den Galltaunwiesen.
Über die Tramswiesen nach Zams.
Durch die Innschlucht nach Urgen.
Zur Stanzer Leiten.

● 17 **Fließ,** 1073 m

Alte Siedlung mit gotischer Pfarrkirche. Oberhalb des Ortes das Schloß Bideneck. Mehrere Gaststätten. Ausgangspunkt für Venet und Touren im äußersten Kaunergrat (Aifenspitzen).

*Ausflüge:*

● 18 **Gacher Blick**
1—1½ Std.

Blick auf den 700 m tiefer fließenden Inn von dem kleinen Platz oberhalb des Abbruches. Aussicht auch in das oberste Inntal, auf Prutz und die Berge des äußeren Glockturmkammes. Ghs. Pillerhöhe, 1559 m, 15 B.

● 19 **Piller**
1 Std.

Waldwanderungen zu den Dörfern der Hochfläche, Fuchsmoos, Piller. Von hier in einer Std. hinab nach Wenns im Pitztal (auch Fahrstraße). Zwei Ghs.

● 20 **Kaltenbrunn** (über Kauns am Kaunerberg)
3 Std.

● 21 **Prutz,** 864 m

An der Mündung des Kaunertals in das Inntal, in schöner Lage.

Mehrere Gaststätten. Ausgangspunkt für Kaunergrat und äußeren Glockturmkamm. Freischwimmbad.

*Ausflüge:*

- **22　　Nach Ladis**
  1 Std.

Schöner Spaziergang auf das westl. über dem Inntal gelegene Dorf und zur Burg Laudeck. Von Prutz westw. über den Inn und jenseits auf dem Fahrweg oder (kürzer) auf dem sogenannten Felsenweg zum Dorf. Oder über die Pauferhöfe.

- **23　　Leitenwald und Burgschrofen,** 1614 m
  2 Std.

Von Prutz ostw. auf der Kaunertalstraße ein Stück talein und in den Leitenwald.

- **24　　Kauns und Kaunerberg,** 1054 m
  ¾ Std.

Von Prutz auf der Kaunertalstraße ein Stück talein; wo die Straße zum Faggenbach abzweigt, über die Brücke und jenseits empor auf den Kaunerberg.

- **25　　Gacher Blick und Piller**
  3 Std.

Von Prutz nordostw. auf einem Fahrweg über den Faggenbach. Über die Weiler Inner-, Ober- und Außergufen zum Erzbach. Über ihn und über den Weiler Paschlin nordw. zum Gachen Blick. Von dort zum Piller.

- **28　　　　　　　　Ried,** 876 m

In einer Ausweitung des Inntals an der Einmündung des Fendler Baches gelegen. Schwimmbad. Pfarrkirche aus dem 14. Jahrhundert. Schloß Siegmundsried im Dorf. Mehrere Gaststätten. Talort für Anton-Renk-Hütte (R 255) und Glockturmkamm.

- **30　　　　　　　　Fendels,** 1352 m

Im Fendler Tal östl. hoch über Ried gelegen. Fahrstraße von Prutz. Das kleine Dorf liegt auf der nördl. Talseite über dem Fendler Bach. Schlepplifte, Ghs. Ausgangspunkt für Anton-Renk-Hütte (R 255) und äußeren Glockturmkamm. Ausflug zur Fendler Alm (Matonalm), 1½ Std.

● **31**                      **Tösens,** 930 m

Besteht aus den Weilern Brücke, Klettach und Steinach. Gaststätten: Wilder Mann, Tschupbach. Ausgangspunkt für die Umrahmung des Bergler- und Platzertales und den Glockturmkamm.

*Ausflüge:*

● **32**      **Nach St. Georgen und Serfaus**
            1½ Std.

Von Tösens über den Inn und nordw. empor zum St.-Georgen-Kirchlein. Sehr altes Bauwerk. Gotisches Schnitzwerk. Von St. Georgen steil aufwärts nach Serfaus.

● **33**      **Auf das Schönjöchl,** 2676 m
            4—5 Std.

Eine Kammerhebung zwischen Bergler- und Platzertal. Von Tösens auf dem neuen Weg (über Klettach) die bewaldete Steilstufe in das Berglertal empor und zu den Höfen von Übersachsen. Über die Höfe von Bichl talein zur Unteren Berglerhütte und zuerst neben dem Bach, dann auf der westl. Tallehne aufwärts talein, bis hinter der oberen Bergleralm nach rechts, südwestl., ein Weg zum Schönjöchl abzweigt. Abstieg über die Anlagen des aufgelassenen Silber- und Bleibergwerkes und talaus durch das Platzertal nach Tösens.

● **35**                      **Pfunds,** 970 m

Mit dem Ortsteil Stuben am (orographisch) linken und Dorf am rechten Innufer. Pfunds ist der größte Ort des „Oberen Gerichts", wie das Inntal oberhalb von Landeck genannt wird, 5 km von der Schweizer, 16 km von der italienischen Staatsgrenze entfernt. Mehrere Gaststätten, Privatpensionen. Talort für Hohenzollernhaus, Schmalzkopf, St.-Ulrichs-Kopf, Ochsenkopf und Affenkopf.

*Spaziergänge:*

● **36**      **Nach Hochfinstermünz,** 1137 m
            1—1½ Std.

Fahrstraße nach Nauders. Ghs. Hochfinstermünz. Blick auf die wilde Wald- und Berglandschaft. Unterhalb von Hochfinstermünz der alte Wartturm.

● **37**      **Auf den Vorderen und Hinteren Kobel,** 1437 m
            2½ Std., oder mit Pkw.

Alte Bauernhäuser, jetzt Ghs., am westl. Talhang hoch über Pfunds.

**PFUNDS/Oberinntal, 970 — 1400 m**

Ausgangspunkt in die westlichen Ötztaler Alpen; durch das Radurscheltal (Bild) zum Hohenzollernhaus und Glockturm (3350 m) usw. — Wanderparadies, über 100 km Wander- und Bergwanderwege, geführte Wanderungen der Bergwacht von Mai bis Oktober; mildes Klima, niederschlagsarm, ausgedehnte Nadelwälder, außerordentliche Vielfalt an Blumen, sehr wildreich. Dreiländereck: Ausflüge nach Meran, St. Moritz und Innsbruck (je ca. 100 km), usw.

Von dort auf Almweg empor auf die Preißwiesen. Zurück nach Pfunds über Rauth.

● 40                    **Nauders,** 1394 m

Auf einer Hochfläche nahe der italienischen und Schweizer Staatsgrenze, neuerdings beliebter Wintersportort: Bergkastelbahn, 2. Sektion auf den Mataunkopf, 2895 m, mehrere Lifte bis 2600 m. Zahlreiche Gaststätten. Pfarrkirche aus dem 16. Jahrhundert, im Oberdorf Häuser aus dem 15. und 16. Jahrhundert; auf einem Hügel südl. über dem Ort das Schloß Nauderberg und die St.-Leonhards-Kapelle. Nauders war bis 1919 der höchstgelegene Gerichtsort der k.u.k. Monarchie. Talort für Nauderer Skihütte und den westl. Teil der Nauderer Berge.

*Spaziergänge:*

● 41   **Zum „Ortlerblick"**

Von der Pfarrkirche über den Friedhof zum Kreuz. Blick auf den Ortlerstock, 3900 m.

● 42     **Zur Schöpfwarte**
        ½ Std.

Zum Weiler Mühlen (südl. von Nauders) und auf der Straße weiter zum Kreuz (Ghs.). Hier führt die Straße rechts, westw., nach Martinsbruck hinab. Rechts auf einem Weg zuerst über Felder, dann durch den Wald zur Schöpfwarte, einem Aussichtspunkt ins Inntal.

● 43   **Nach Martinsbruck**
       1 ½ Std.

Wie oben zum Kreuz. Gleich danach biegt von der alten Straße die neue ab; dieser folgend hinab nach Martinsbruck am Inn. Zollhaus und Ghs. Jenseits der österr.-schweiz. Grenze das schweizerische Dorf Martinsbruck.

● 44   **Nach Altfinstermünz**
       1 Std.

Von Nauders nordwestl. auf der Straße und den Abkürzungssteigen in die Felsenenge Hochfinstermünz mit dem ehemaligen Sperrfort. Von hier auf schöner Straße hoch über dem Inn weiter zum Hotel und hinab zum Inn und zur alten Festung Altfinstermünz, von der eine Brücke durch den alten Wartturm auf die Schweizer Seite hinüberführt.

● **50**                  **2. Das Ötztal**

Mit 60 km längstes Seitental des Inntals, begrenzt es die Ötztaler Alpen im O. In mehreren Stufen, die beim Rückgang der Gletscher entstanden sind, führt es durch Talengen und fruchtbare Böden bis Zwieselstein, wo es sich in das Gurgler und Venter Tal gabelt. In diesen liegen die zwei höchsten Dörfer der Ostalpen, Gurgl, 1927 m, und Vent, 1893 m. Das Venter Tal gabelt sich bei Vent in die zwei kurzen Hochtäler, das Rofental und das Niedertal, die bis an die Gletscher des Hauptkammes heranführen. Autostraßen bis Obergurgl und Vent, Paßstraße über das Timmelsjoch.

● **51**                 **Bahnhof Ötztal**, 704 m

An der Einmündung des Ötztals in das Inntal; Schnellzugstation, Haltestelle aller im Ötztal verkehrenden Autobusse. Ghs. Ötztaler Hof.

● **52**                 **Sautens**, 812 m

Sommerfrischdorf, günstiges Klima (Aprikosenanbau), die Gegend ist seit der Bronzezeit besiedelt. Mehrere Gaststätten und Privatunterkünfte. Schlepplift. Zufahrt vom Weiler Ebene (an der Ötztaler Straße) über die neue Achenbrücke oder von Roppen im Oberinntal (R 2) auf kleiner Güterstraße.

*Spaziergänge:*

● **53**    **Zum Ritzlerhof**
        ¼ Std.

Auf Güterstraße von der Kirche durch Wiesen und Wald zum Ritzlerhof, schöne Aussicht.
**Haderlehn,** Ghs., Jausenstation. Von hier zum Piburger See. Oder zur Karalm, 2123 m, 2½ Std., und zur Blose, 2538 m, 3½ Std.

● **55**                 **Oetz**, 812 m

Beliebter Ferienort in fruchtbarem Talbecken mit mildem Klima. Zahlreiche Gaststätten und Hotels, geheiztes Freischwimmbad; Schwimmbad am Piburger See. Acherkogelbahn auf 2020 m ins Gebiet der Bielefelder Hütte, Schlepplifte an der Bergstation. Abzweigung der Straße nach Kühthai.

*Ausflüge:*

● **56**    **Zum Piburger See**
        ¾ Std.

Karwendel

Panorama 1
Standpunkt: Venetberg
Aufnahmerichtung:
Ostnordost – Südsüdost

Geigenkamm

Blockkogel,
3098 m

**Kaunergrat**

**Rofelewand,
3352 m**

- Verpeilsp., 3427 m
- Schwabenkopf, 3379 m
- Wazespitze, 3533 m
- Rostizkogel, 3407 m
- Kaunertal

**Brechkogel, 2918 m**

**Wildgrat, 2974 m**

**Acherkogel,
3010 m**

**Stubaier Alpen**

Birchkogel,
2831 m

Fundusfeiler,
3080 m

Bliggspitze, 3454 m

Glockturmkamm

Köpfle, 2836 m

Aifenspitz, 2566 m

Luibiskogel, 3112 m

Hundstalkogel, 3083 m

Karlspitze, 2924 m

Weißkugel, 3739 m

Glockturm, 3355 m

Ried im Oberinntal

## Für Schlechtwettertage: Humor und Unterhaltung

Karl Tiefengraber

### Alpines Panoptikum

Ein gelungener Versuch von Franz Xaver Wagner, dem langjährigen Kolumnist Karl Tiefengraber in der Zeitschrift Bergwelt, Bergsteiger auf den Arm zu nehmen, sie auf satirische Gipfel zu tragen und ihnen die Aussicht von dort oben zu zeigen. Daß dabei Ähnlichkeiten mit tatsächlichen Verhältnissen sichtbar werden, ist der zunehmenden Annäherung alpiner Wirklichkeiten an satirische Übertreibung zuzuschreiben. Das Büchlein gehört in die geistige Rucksackapotheke jedes Bergsteigers!

Illustriert von Sebastian Schrank, Größe 12 × 16 cm, kartoniert.
112 Seiten. 2. Auflage 1980.


Franz Xaver Wagner/Sebastian Schrank

### Alpines Alphabet

Satirische Stichworte und Zeichnungen für Bergsteiger und Skifahrer haben die Autoren des „Alpinen Panoptikums" in ihrem zweiten Bändchen zusammengestellt. Sie schufen das „Alpine Alphabet", weil es bis dato noch kein Bergbuch gab, das bei einem Gewicht unterhalb dem einer Dose Bier auch in der Höhe und ohne künstlichen Sauerstoff Denkanstöße zu geben vermochte. Das „Alpine Alphabet" wird jedem die Zeit vertreiben, der sich auf faden Gipfeln langweilt, mutterseelenallein in den leeren AV-Hütten sitzt, oder die trostlose Einsamkeit eines beliebten Klettersteigs nicht aushält...

Größe 12 × 16 cm, kartoniert, 112 Seiten, 2. Auflage 1982.


Zu beziehen durch alle Buchhandlungen

## Bergverlag Rudolf Rother GmbH · München

Mehrere Ghs. Von Oetz südw. aus dem Dorf und westw. über die Achbrücke. Durch Wiesen an den Talhang und durch Wald empor. Bei einer Wegteilung nach S aufwärts, beim „Teufelsstein" vorbei. Zuletzt im Wald zwischen Blöcken abwärts zum waldumgebenen Piburger See, 915 m, Ghs. Eine Straße führt um den See herum, auf der man durch Wald zur Achbrücke von Oetz hinabgelangt.

● 57  **Nach Sautens und Roppen**
　　　 1½ Std.

Von Oetz westw. aus dem Dorf und über die Achbrücke. Durch Wiesen zum Weiler Pircher und nach Sautens. Nordwestw. durch Wald zur Bahnstation Roppen.

● 58  **Nach Kühtai und zur Dortmunder Hütte**
　　　 4½ Std.

Hinter der Kirche von Oetz auf Straße nordw. zum Dörfchen Au, auf einer Hochfläche. Weiter ins Nedertal und ostw. neben dem Stuibenbach talein über Ochsengarten, Wald, 1542 m, und Marlstein, 1789 m, oder näher und mit dem Talweg von Ochsengarten nach Mareil, 1734 m, (Ghs.). Von hier auf gutem Weg durch Wiesen und Zirbenbestände aufwärts zur Dortmunder Hütte, 1964 m, und wenige Min. weiter ostw. empor nach Kühtai, 1966 m.

● 60  **Habichen,** 844 m

Kleines Sommerfrischdorf mit schönen alten Häusern. Ghs. Habichen, ½ Std. talein von Oetz. Von Habichen führt die Straße über die Achbrücke und in Kehren durch die Felsenge empor auf die zweite Talstufe mit dem Ort Tumpen.

● 61  **Tumpen,** 937 m

Kleiner Sommerfrischort am N-Ende des Umhausener Beckens. Ghs. Acherkogel.

● 62  **Umhausen,** 1031 m

Hauptort der zweiten Talstufe, Ferienort und Tourenzentrum für Stubaier und Ötztaler Alpen. Älteste Niederlassung im Ötztal. Gaststätten; Freischwimmbad. Talort für Frischmannhütte, Erlanger Hütte und Gubener Hütte.

*Spaziergänge und Ausflüge:*

● 63  **Zum Stuibenfall**
　　　 ¾ Std. Größter Wasserfall Tirols (140 m hoch).

Von der Kirche ostw. über den Bach und zu den Häusern von Sand. Südostw. auf Waldweg zum Ghs. Stuibenfall und im Wald empor, bis man gegenüber dem Wasserfall steht.

● 64    **Vom Stuibenfall nach Niederthai,** 1537 m
　　　　1 Std.

Der rechts des Wasserfalls die Hänge aufwärts führende Weg geht in einen Steig über und überschreitet den Bach oberhalb einer natürlichen Felsbrücke. Man gelangt auf die nach Niederthai führende Straße. Von dort auf der alten Straße zurück nach Umhausen.

● 65    **Zur Guben-Schweinfurter Hütte,** 2030 m
　　　　4 Std., bez.

Von Umhausen südostw. auf dem Fahrweg empor zum Hairlachbach (Stuibenfall) und nach Niederthai (Ghs. Alpenrose). Im Hairlachtal einwärts über Bergmähder und durch Zirbenwald. Über die Untere Zwieselbachalm zur Hütte.

● 66    **Zur Frischmannhütte**
　　　　4 Std., bez. (s. R 225).

● 67    **Köfels,** 1401 m

Weiler am westl. Talhang über Umhausen. Zwei Ghs. Ausgangspunkt für Hauerseehütte. Von Umhausen: Auf der Straße 1 km talein, dann rechts ab (Ww.) und über die Ötztaler Ache. Auf dem Fahrweg in 40 Min. nach Köfels.

● 68    **Längenfeld,** 1177 m

Der größte Ort im Ötztal, an der Mündung des Sulztals; der Fischbach teilt den Ort in Ober- und Unterlängenfeld. Zahlreiche Gaststätten und Privatunterkünfte. Talort für die Tourengebiete von Winnebachseehütte, Amberger Hütte und Hauerseehütte. Spätgotische Pfarrkirche; Heimatmuseum im Weiler Lehn.

*Spaziergänge und Ausflüge:*

● 69    **Zum Kropfbichl**
　　　　½ Std.

Vom Ort westw. dem Fischbach entlang hinab und auf schmaler

*Umhausen im Ötztal.*

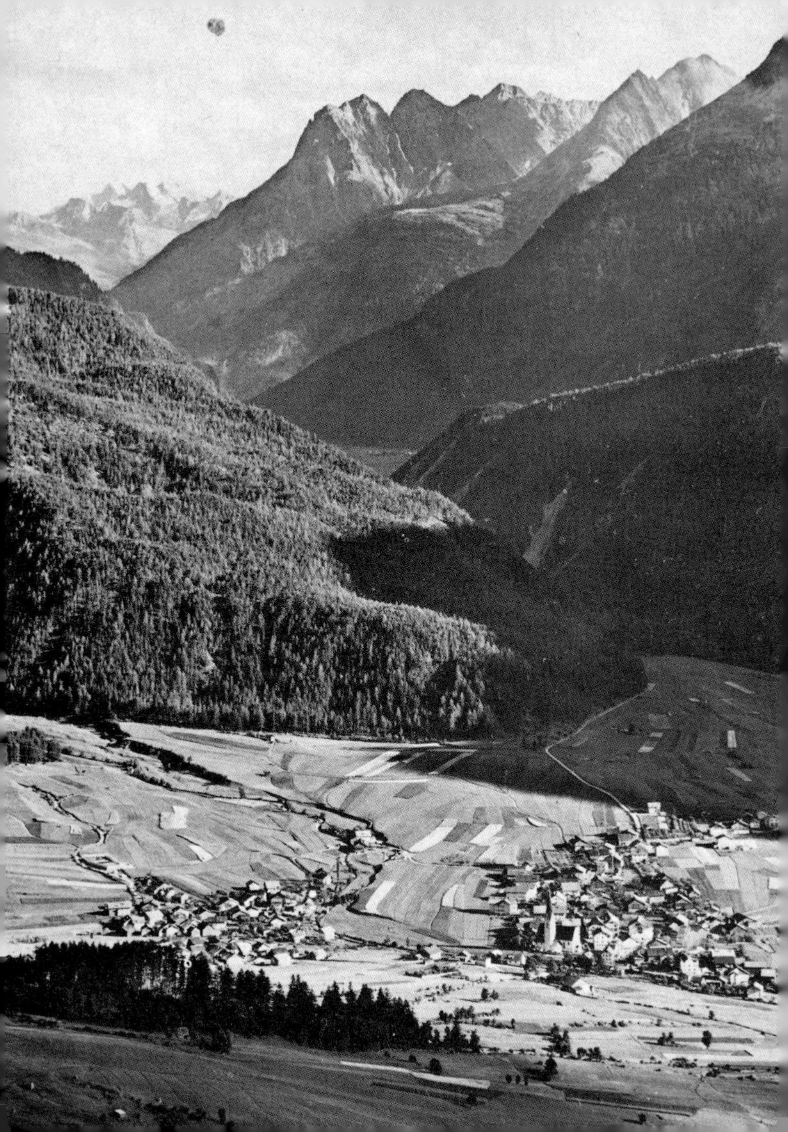

Brücke über die Ache. Über den bewaldeten Hang empor zum Kropfbichl mit der Dreifaltigkeitskirche. Das Kirchlein ist von einem ehemaligen Pestfriedhof umgeben; es wurde 1661 erbaut, zum Teil spätgotische Bauweise.

● **70**    **Über Brand nach Burgstein**
     1 Std.

Vom Ort auf dem Weg ins Sulztal, bis nach 10 Min. rechts der Weg nach Brand abzweigt (links ins Sulztal). Die Höfe von Brand liegen auf einer schönen Wiesenhochfläche, 1380 m, weiter, aus dem Wald und über die Wiese zu einem Bildstöckl. Rechts von diesem mehrere große, runde Felsblöcke. Auf der Oberfläche eines dieser Blöcke finden sich eine tiefe und mehrere kleine, verwitterte Schalen — wahrscheinlich Spuren der ersten Siedler (Schalenstein). Auf der Wiesenhochfläche weiter zum Ghs. Burgstein, 1400 m. (Oder direkt von Oberlängenfeld auf der Fahrstraße.) Von hier südw. hinab auf die Talstraße bei Huben oder über die Wiesen zurück und beim Waldrand hinter dem Zaun auf dem Güterweg gerade hinab zur Talstraße zum Ghs. Hirschen in Oberlängenfeld. Von Burgstein Forstweg zum Wiesle, einem schönen Aussichtspunkt.

● **71**    **Nach Gries im Sulztal** (Bergstraße) **und auf den Gamskogel**
     4 Std., bez. Steig, Trittsicherheit erforderlich.

Von Längenfeld ostw. auf der Straße nach Gries, 1 Std. Von dort südw. über den Bach und empor zur Nißalm. Über Grasböden und südw. in schrofigem Gelände zum Gamskogel, 2813 m. Gries im Sulztal hat 6 Ghs., Pensionen, zwei Schlepplifte, Hallenbad, Spazierwege. Außerdem: Zur Alpengastwirtschaft Wurzbergalm (Waldruhe) und weiter über die Leckalm zur Innerbergalm (Forstweg); auf halbem Weg Jausenstation Stabelealm; zum Wiesle und weiter nach Niederthai; zur Grubealm (Whs.).

● **74**                                  **Huben,** 1194 m

Am S-Ende des Längenfelder Beckens, an der Mündung von Breitlehn- und Pollestal. Gaststätten und Privatunterkünfte. Talort für Touren im Geigenkamm (Hoher und Niederer Breitlehnkogel, Breiter Kogel, Halkogel, Wartkogel).

*Ausflüge:*

● **75** Über das Breitlehnjöchl nach Trenkwald im Pitztal (s. R 343).

Über das Weißmaurachjoch zur Neuen Chemnitzer Hütte und nach
Planggeroß (s. R 344).
Zur Ebner Alm, 2046 m, 2½ Std. (R 235).

● 78                      **Sölden,** 1377 m

Moderner Wintersportort mit Riesenhotels, Hallenbädern, Seilbahnen und Skiliften in großer Zahl, Tennisplatz, Selbstbedienungsläden, Sportartikelhandel, Skiverleih, Bars usw. Der Ort besteht aus mehreren Weilern und Einzelhöfen zu beiden Seiten der Ache und auf dem westl. Mittelgebirge (Kaisers, Schmiedhof, Rechnau, Rettenbach, Windau, Platte und Moos auf der östl. Talseite; Granstein, Lochlehn, Hainbach, Reinstadl, Grünwald, Magpuit, Berghof, Bichl, See, Plödern, Rettenbach, Hof, Außerwald, Innerwald, Unterwald, Infang, Pitze, Wohlfahrt auf der westl. Talseite).
Skigebiete Geislacher Kogel („Ötztaler Gletscherbahn"), Gletscherskigebiet Rettenbachferner (Ötztaler Gletscherstraße, Maut), Hochsölden (Sessellift von Sölden).
Talort für südl. Geigenkamm (Polleskamm) und den nordöstl. Teil des Weißkamms.

*Ausflüge:*

● 79        **Über die Geislacher Alm in das Venter Tal**
            4 Std., bez.

Von der Kirche in Sölden über die Höfe von Plödern, den Weiler Innerwald, das Ghs. Gstrein am Geislacher Sattel, 1982 m, zur Geislacher Alm. Von hier steil hinab ins Venter Tal und nach Heiligenkreuz.

● 80        **Nach Hochsölden**
            Der Weg Sölden — Hochsölden ist mit Pkw befahrbar.
            Geregelter Einbahnverkehr. Zu Fuß 1¾ Std.

Westw. über Sölden auf der Hochfläche der Heinbachalm. Höhenkurort und Wintersportplatz, 2090 m. Hierher auch mit Sessellift oder Einseilumlaufbahn Giggijoch.

● 81        **Zur Hildesheimer Hütte,** 2896 m
            5 Std., bez.

Von Sölden auf dem ausgebauten Fahrweg durch das Windachtal talein über die Windachalm zum Ghs. Fiegl, 1950 m, Jeeptaxi. (Von hier zur Hochstubaihütte.) Talein und bei der Wegteilung rechts (links zum Bildstöckljoch). Bei der nächsten Wegteilung links und in Kehren den steilen Hang empor zur Hütte in der Nähe eines kleinen Sees.

- **82** **Zur Hochstubaihütte** (Wildkarhütte) auf der Wildkarspitze, 3173 m
  5—6 Std. von Sölden, 3 Std. vom Ghs. Fiegl, vgl. R 81.

Von Sölden auf dem Fahrweg ins Windachtal, nach ¼ Std. links ab zur Kleblealm und auf gut markiertem Steig vorbei am Laubkarsee, zuletzt über Firn und Schrofen, zur Hütte.

- **83** **Zur Siegerlandhütte,** 2712 m
  5 Std., bez.

Von Sölden zum Ghs. Fiegl und talein bis zur Wegteilung im innersten Talboden. Rechts talein und neben der Windache aufwärts. Links der Klamm empor in den Talgrund, zuletzt links zur Hütte.

- **85** **Zwieselstein,** 1450 m

Kleines Dorf an der Talgabelung Venter Tal — Gurgltal, am Fuß des Mittagskogels. Gaststätten; Talherberge des AV-Zweiges Hamburg, 17 B., 30 M., 10 N.). Talort für die Hütten, die vom Gurgler und Venter Tal aus zu erreichen sind; für die Umrahmung des Timmelstals.

*Wanderung:*

- **86** **Ins Windachtal**
  3 Std.

Von Zwieselstein auf der rechten, östl., Seite der Ache auf dem Talweg zu den Höfen von Innermoos. Von hier rechts auf einem Weg zum Falkner-Whs., 1973 m (Wegabzweigung zum Brunnenkogelhaus). Der linke Weg, der etwas oberhalb des Ghs. abzweigt, führt hinab ins Windachtal. Talein zum Ghs. Fiegl und weiter zur Hochstubaihütte, Siegerlandhütte oder Hildesheimer Hütte. Über die Brunnenbergalm auf den Brunnenkogel (Brunnenkogelhaus), 2735 m, 4½ Std. von Zwieselstein.

- **87** **Untergurgl** (Angern), 1793 m

Kleiner Ort nahe der Abzweigung der Timmelsjochstraße. Doppelsessellift nach Hochgurgl. Gaststätten und Pensionen. Zu Fuß von Zwieselstein 2½ Std.

*Blick auf Sölden.*

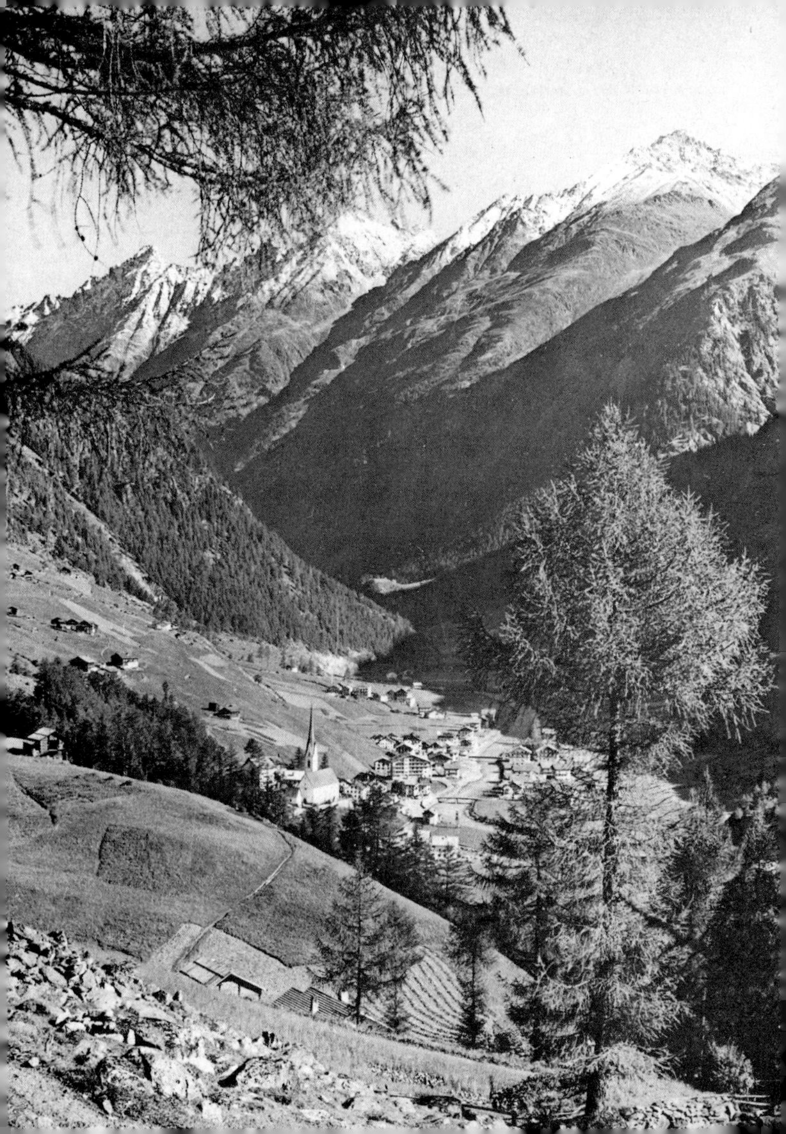

## Alpine Lehrschriftenreihe des Bergverlages

*Eine umfassende Darstellung aller Wissensgebiete des Bergsteigens. Gestaltung und Konzeption wie die OeAV-Lehrschriftenreihe.*

Thomas Hanschke
**Alpine Ausrüstung**
224 Seiten, 174 Abbildungen, 32 Skizzen und Tabellen. 1. Auflage 1984.

Dr. Franz Berghold
**Richtige Ernährung beim Bergsteigen**
104 Seiten, zahlreiche ein- und mehrfarbige Abbildungen, Skizzen und Tabellen. 1. Auflage 1980.

Dr. A. W. Erbertseder
**Gesundheit und Bergsteigen** – Erste Hilfe in den Bergen.
144 Seiten, zahlreiche ein- und mehrfarbige Abbildungen sowie zweifarbige Skizzen. 2. Auflage 1977.

Dieter Seibert
**Grundschule zum Bergwandern**
144 Seiten, 72 ein- und mehrfarbige Abbildungen, zahlreiche Graphiken. 1. Auflage 1980.

Ottomar Neuss/Hermann Kornacher
**Mit Kindern in die Berge**
168 Seiten, 36 teils farbige Fotos, 16 Zeichnungen und 1 Übersichtskarte. 30 für Kinder geeignete Bergfahrten werden beschrieben. 2. Auflage 1981.

Dieter Seibert
**Orientierung im Gebirge mit Karte, Kompaß und Höhenmesser**
128 Seiten, 63 Abbildungen und Zeichnungen, 7 Kartenausschnitte und ein Winkel- und Entfernungsmesser zum Zeichnen von Kursskizzen. 1. Auflage 1984.

Pit Schubert
**Alpiner Seilgebrauch für Anfänger und Fortgeschrittene**
64 Seiten, zahlreiche Abbildungen und Skizzen. 2. Auflage 1985.

Adolf Schneider
**Wetter und Bergsteigen**
192 Seiten, 68 zum Teil farbige Abbildungen, zahlreiche Skizzen und Tabellen sowie mehrfarbige Wetterkarten und Satellitenfotos. 4. Auflage 1981.

Zu beziehen durch alle Buchhandlungen

# Bergverlag Rudolf Rother GmbH · München

● 90　　　　　　　　**Hochgurgl,** 2150 m

Hotelsiedlung mit schöner Fernsicht an der Timmelsjochstraße. Zahlreiche Skilifte (Wurmkogel, 3070 m). Die Timmelsjochstraße (Mautstraße) verbindet das Ötztal mit St. Leonhard im Passeier und ist eine landschaftlich großartige Hochalpenstraße, die in den Sommermonaten Nord- und Südtirol verbindet. Von Obergurgl auf Fußweg 2—2½ Std. nach Hochgurgl. Siehe Abb. S. 57.

● 91　　　　　　　　**Obergurgl,** 1927 m

Höchstes Kirchdorf der Ostalpen, im innersten Gurgltal in eindrucksvoller Gebirgsumrahmung gelegen. Moderne Hotelsiedlung. Schönes Skigebiet; mehrere Skilifte (Festkogel, Hohe Mut). Talort für Skihütte Schönwies, Langtaler-Eck-Hütte, Hochwildehaus, Ramolhaus. Siehe Abb. S. 57.

*Spaziergänge und Ausflüge* (gut gebahnte und beschilderte Wege):

● 92　　**Zum Rotmooswasserfall**
　　　　1¼ Std.

Von Obergurgl am Bundessportheim rechts vorbei auf breitem Fahrweg nach SW, den Gaißbergbach überquerend, an die Gurgler Ache. Hier links ab (oder auch geradeaus sanft ansteigend weiter) durch den Zirbenwald und über sumpfige Wiesen immer südw. empor zu einem Aussichtspunkt gegenüber dem Rotmooswasserfall. Zurück fast eben nach NO auf den Fahrweg von der Skihütte Schönwies und auf ihm zurück nach Obergurgl.

● 93　　**Schönwiesgipfel,** 2328 m
　　　　1¼ Std.

Von Obergurgl zur Skihütte Schönwies und nordwestw. auf die grasige flache Kuppe des Schönwiesgipfels.

● 94　　**Zur Gurgler Haide**
　　　　2 Std.

Wie zum Festkogel noch vor der Gaißbergbrücke links vom Fahrweg ab. Bei einer Wegteilung abermals links. Sanft ansteigend über die Gurgler Haide empor, die Trasse des Lifts querend und um einen Felsvorsprung herum absteigend zur Mündung des Ferwalltals. Auf dem Weg vom Ferwalljoch (R 397) nach Obergurgl zurück.

● 95　　**Zum Beilstein,** 2123 m
　　　　1 Std. Schöner, aussichtsreicher Spaziergang, bez.

Vom Weg zum Ramolhaus bei den ersten Kehren links ab, um einen Felsvorsprung herum und über Mähder ansteigend zum Beilstein.

● **96** **Itlsee,** 2680 m
2—3 Std.

Von Obergurgl nordw. auf einem Weg aus dem Dorf, über die Achbrücke und auf dem Steig die westl. Talhänge empor, zuletzt weniger steil nach NW in das Kar mit dem See.

● **97** **Heiligkreuz,** 1710 m

Kleine Siedlung im Venter Tal mit Kirche auf schroffem Felshügel.

● **98** **Winterstallen,** 1721 m

Weiler innerhalb von Heiligkreuz. Talort für Stockkogel, Zirmkogel, Gampleskogel, Mutkogel und Innere Schwarze Schneide.

● **100** **Vent,** 1894 m

Siedlung im innersten Venter Tal, nach Obergurgl zweithöchste Siedlung der Ostalpen. Sommer- und Winterfremdenverkehr. Doppelsesselbahn in zwei Sektionen bis in Höhe der Breslauer Hütte.

Talort für Breslauer Hütte, Vernagthütte, Brandenburger Haus, Hochjochhospiz, Whs. Schöne Aussicht, Martin-Busch-Hütte auf Samoar, Similaunhütte und Ramolhaus.

Hinter Vent gabelt sich das Tal in das südw. ziehende Niedertal und das südwestw. ziehende Rofental mit den Rofenhöfen, 2014 m, die zu den ältesten Siedlungen des Ötztales zählen.

● **105** **3. Das Pitztal**

Mit etwa 40 km Länge das zweitlängste Tal des Gebirges, enger, steiler und dünner besiedelt als das Ötztal. Landschaftlich sehr schön, im W vom Kaunergrat, im O vom Geigenkamm überragt. Postautoverkehr vom Bhf. Imst bis Mittelberg.

● **106** **Arzl,** 880 m

Auf der Talstufe über der Einmündung des Pitzbachs in den Inn gelegen; zur Gemeinde gehören mehrere Weiler und Gehöftegruppen der Umgebung. Gaststätten und Privatunterkünfte. Talort für Venet, Wildgratstock und den nördlichsten Kaunergrat.

*Die Orte Obergurgl und Hochgurgl mit dem Anstieg zum Kirchenkogel.*

**Hochstubaier Berge**

**Kirchenkogel**

881

Hochgurgl

Obergurgl

*Spaziergänge:*

- **107  Zum Osterstein,** 946 m
  Rundgang, 1 Std.

Hügel nördl. von Arzl, freistehend und bewaldet. Auf Steig am SW-Abhang des Hügels.

- **108  Zum Imster Berg**
  1½ Std.

Von Arzl nordwestw. um den Ausläufer des Venet herum an dessen N-Hang zum Dorf Imsterberg. Von dort hinab in die Imsterau und auf dem Unterwaldweg zurück nach Arzl, 1½ Std.

- **110  Wald,** 890 m

An der östl. Talseite gegenüber von Arzl gelegen. Straße von Arzl. Vom Bhf. Imst auf Fußweg in 1 Std. Ghs. Traube. Talort für die Berge des Wildgratstockes.
In Wald (Nr. 79) das **Selber Haus** der AV-S. Selb. Selbstversorgerhütte, im Sommer beaufsichtigt. Anmeldung bei H. Juber, Grünhaidenstr. 5, D-8671 Schönwald. 15 B. 14 M. Schlüssel bei J. Schuler, Wald Nr. 53.

*Ausflüge:*

- **111**  Über die Weiler und Höfe Ried, Leins, Gischelwies nach Jerzens, 1 Std. Zeigerberg (Sechszeiger), 2392 m, 4 Std. Abstieg zum Hochzeigerhaus und nach Jerzens. Über die Dörfer zurück nach Wald. Wildgrat, 3074 m, 5 Std. (s. R 331).

- **112  Wenns,** 982 m

Auf weiter Wiesenfläche am SO-Fuß des Venet. Südwestw. zieht ein Wiesental zum Piller hinauf. Zahlreiche Gaststätten; geheiztes Schwimmbad. Talort für Venet, Hochzeiger und den nördlichsten Kaunergrat. Ein Netz von bezeichneten Waldwegen, die mit Ruhebänken versehen sind, durchzieht das Venetgebiet bei Wenns.

*Spaziergänge:*

- **113  Zum Alpengasthof Plattenrain am Hang des Venetberges,** 1476 m
  2 Std.

Auf dem Wanderweg über Auders über Wiesen und durch Wald in Kehren ansteigend.

- **114    Zur Oberdorfer Alm,** 1600 m
  2½ Std.

Über eine Säge durch Wald in Kehren ansteigend zur Oberdorfer Alm, kein Ghs., aber Almprodukte.

- **115    Zur Larcheralm im Venetgebiet,** 1814 m
  2½ Std.

Am Weg zum Venetberg (Almprodukte).

- **116    Zur Gallfluh im Venetgebiet**
  3 Std.

Am Weg zum Venetberg. Kein Ghs., nur Almprodukte.

- **118                           Jerzens,** 1107 m

Wintersportort. Sesselbahn Hochzeiger, Skilifte. Mehrere Gaststätten. Talort für Hochzeigerhaus, Hochzeiger und den Wildgratstock.

- **120                   Wiese, Zaunhof,** 1150 m

Kleine Ortschaften im mittleren Pitztal. Ghs. Wiese, Zaunhof. Talort für Lehnerjochhaus. Übergang über das Niederjoch ins Kaunertal.

- **121                      St. Leonhard,** 1372 m

Hauptort des inneren Pitztals. Ghs. Alte Post, Liesele, Haid. Talort für Geigenkamm (Blockkogel, Plattigkogel, Langkarlspitze, Feuerkögel, Luibiskogel) und Kaunergrat (Peischlkopf, Dristkogel, Gsallkopf, Rofelewand). Übergang über das Wallfahrtsjöchl ins Kaunertal.

*Ausflüge:*

- **122    Zum Wilden See,** 2700 m, im Geigenkamm unter dem Plattigkogel
  4 Std., bez. bis 2400 m.

Von St. Leonhard talaus bis zur Mündung des Ronachbachs südl. vor dem Weiler Wiesle. Hier an der östl. Talseite (bez.) auf Almsteig empor und über die Innere Schwarzbergalm zum See.

- **123    Zur Tiefentalalm**
  2—2½ Std.

Von der Kirche St. Leonhard auf steilem Almsteig westw. empor und durch Wald, zuletzt neben dem Bach zur Alm.

Oder von St. Leonhard in Höhe des Ghs. Liesele westw. über die Pitze, nach Überschreiten der Brücke gleich rechts durch die Holzgatter und den schon sichtbaren Weg talauswärts hinauf, bis er in einer Spitzkehre in entgegengesetzter Richtung (talein!) abbiegt (an dieser Stelle geradeaus zur Neubergalm bzw. abwärts wieder ins Pitztal nach Wald). Nun auf dem taleinwärts führenden Weg, der in mehreren Kehren zur Tiefentalalm führt. St. Leonhard, Liesele — Tiefentalalm 1½—2 Std.

● 125  Trenkwald, 1525 m

Taleinwärts von St. Leonhard liegen die Weiler Piößmes (Übergang über die Hauerscharte ins Ötztal; Ghs. Alte Post, St. Leonhard), Stillebach (Ghs. Wildspitzblick), Weixmannstall, Neurur (Ghs. Pitztal) und Trenkwald (Ghs. Edelweiß). Übergang über das Breitlehnerjöchl ins Ötztal und das Verpeiljoch ins Kaunertal. Talort für Hundstalkogel, Sturpen, Hohen Kogel, Breiten Kogel, Hohe Geige, Silberschneide, Gametzkögel, Sonnenkögel, Rofelewand.

● 126  Planggeroß, 1617 m

Bergbauernsiedlung im innersten Pitztal. Mehrere Gaststätten. Talort für Chemnitzer Hütte, Kaunergrathütte, Taschachhaus, Riffelseehütte und Braunschweiger Hütte. Übergänge: Weißmaurachjoch ins Pollestal und Ötztal (R 344); Madatschjoch ins Kaunertal (R 353). Kurz talein der Weiler Tieflehn (Ghs., Talstation des Riffelseelifts).

● 127  Mandarfen, 1682 m

Weiler talein von Tieflehn (zu Fuß 10 Min.), Ghs. Andreas Hofer, Hotel Wildspitze.

● 128  Mittelberg, 1740 m

Letzte Dauersiedlung im Talschluß des Pitztals. Endpunkt der Postautolinie, Talstation der örtlichen Gletscherbahn. Stollenbahn zum Mittelbergferner. Ghs. Falbesoner, Mittelberg, Gletscherblick. Großer Parkplatz (Gebühr). Talort für die Braunschweiger Hütte.

● 130  4. Das Kaunertal

Es zieht von Prutz zunächst ostw., dann südw. auf den größten Gletscher der Ötztaler Berge, den Gepatschferner zu. Wie es sich für ein modernes Tiroler Bergtal ziemt, ist es mit einem Stausee und einem Gletscherskigebiet ausgestattet. Im O wird es vom Kaunergrat, im W von Glockturmkamm begleitet.

● **131** **Kauns,** 1050 m

Nördl. über der Talschlucht, mit der der Faggenbach ins Inntal durchbricht, liegen die Weiler des Kaunerbergs auf sonniger Hangstufe, bis über 1600 m Höhe. Tiefer, an der Straße von Prutz, liegt Kauns. Ghs. Goldener Adler, Hirsch. Talort für den nördlichsten Kaunergrat.

● **132** **Kaltenbrunn,** 1260 m

Ältester Wallfahrtsort Nordtirols (13. Jh.). Übergänge über das Wallfahrtsjöchl nach St. Leonhard im Pitztal, über das Niederjoch nach Wiese (Pitztal). Ghs. Zur Krone.

*Spaziergang:*

● **133** **Auf dem Waldweg nach Feichten**
1 Std.

Auf breitem Waldweg von der Kirche talein zu den Poschenhöfen, wo der Gallrutbach herabkommt. Weiter zum Weiler Nufels. Auf der Talstraße weiter über Platz und Vergötschen nach Feichten.

● **135** **Feichten,** 1287 m

Hauptort der Gemeinde Kaunertal. Weiler Nufels, Platz, Boden, Vergötschen, Unterhäuser, Mühlbach, Ögg, Grasse. Mehrere Gaststätten, Privatzimmer. Talein der Gepatsch-Stausee und die Kaunertaler Gletscherbahn auf dem Weißseeferner (Mautstraße, in der Betriebszeit Postautoverkehr). Talort für Verpeilhütte, Gepatschhaus, Rauhekopfhütte, Brandenburger Haus.

● **137** **5. Der Vinschgau**

Der Vinschgau begrenzt die Ötztaler Berge im S, im obersten Teil von W. Er beginnt westl. von Meran auf der Töll, 510 m, und streicht 80 km bis zum nahezu 1000 m höher gelegenen Reschenpaß, 1504 m.

Das Tal läuft vom Reschen zuerst südw. bis Mals — Glurns, macht dort einen Knick nach O und behält diese Richtung bis Meran. Eine Eigenart des Tales ist der Gegensatz im Bewuchs des Schatten- und des Sonnenberges des von O nach W ansteigenden Tales. Der Schattenberg (Nördersberg) ist mit Nadelholz bewachsen, der Sonnenberg karstartig von unzähligen Rissen durchzogen. Er wurde schon in vorgeschichtlicher Zeit durch Brandrodung entwaldet. In den letzten Jahren versucht man unter großen Kosten eine Neuaufforstung.

● **138**   **Meran,** 325 m

Berühmter und traditionsreicher Kurort, bis 1383 Hauptstadt der Grafschaft Tirol. Hauptort des Burggrafenamts, zweitgrößte Stadt von Südtirol. In weitem Talkessel am Zusammenfluß von Passer und Etsch gelegen, außerordentlich sonnig und windgeschützt.
Bahnverbindung nach Bozen; Vinschgaubahn (von Schließung bedroht). Straßen ins Passeiertal, Schnalstal, Ulten- und Martelltal, durch den Vinschgau zum Reschenpaß, durch das Passeier zum Timmelsjoch und Jaufenpaß.
Hotels, Gaststätten, alle Einrichtungen des heutigen Fremdenverkehrs. Seilbahn Meran — Hafling. Skigebiet „Meran 2000", auf der Pfiffinger Alm, über Hafling, Seilbahn Dorf Tirol — Hochmut.
Sehenswerte Altstadt; Pfarrkirche aus dem frühen 14. Jh. Schlösser Tirol, Schenna, Thurnstein, Forst in der Umgebung. Landwirtschaftliches Museum auf der Brunnenburg bei Dorf Tirol. Meran ist Ausgangspunkt für Wanderungen und Bergfahrten im Bereich der Texelgruppe. Meraner Höhenweg (R 141).

*Spaziergänge und Ausflüge:*

● **140**   **Meran — Gratsch — Algunder Waalweg — Töll — Marling**
4 Std.

Von Meran mit dem Bus nach Gratsch (es liegt nordwestl. von Meran am Fuß der steil aufstrebenden Hänge, die die Mutspitze und die Rötelspitze tragen, am Rand des Meraner Beckens). Von der Endstation Martinsbrunn noch etwa 500 m auf der Thurnsteiner Straße bis zum Kirchlein St. Magdalena. Dort links ab und steil durch die Weinberge hinauf zum Algunder Waalweg. Der Weg führt am Sonnenhang oberhalb von Algund westw. bis Plars. Kurz auf der Straße zur Etsch hinunter und zur Töllbrücke. Am jenseitigen Ufer beginnt neben der Schleuse der Marlinger Waalweg, der zuerst ostw. eben durch Wald, dann nach S umbiegend am ganzen Berghang entlang bis Marling führt. Von dort Busverbindung nach Meran und Lana.

● **141**   **Meran — Tappeinerweg — Dorf Tirol — Segenbühel**
2 Std. Der Tappeinerweg wurde bereits im 19. Jahrhundert angelegt und bildet ein Glanzstück Merans. Seine üppige, fast tropische Vegetation bietet fast zu jeder Jahreszeit eine Fülle von Blüten und Farben.

In der Stadt zur landesfürstlichen Burg und auf der Straße in mehreren Kehren empor direkt zum Beginn des Tappeinerweges. Der Weg führt entlang des Küchelberges bis Gratsch, wo die Promenade in die Thurnsteinstraße mündet. Nach etwa 100 m am Thurner Schlößl nach rechts und auf schmalem Weg unterhalb der Brunnenburg den Hang hinauf nach Dorf Tirol. Rückweg über den Falknerweg und den Tiroler Steig, die etwas oberhalb des Tappeinerweges zurück und über den Segenbühel hinunterführen zum Tappeinerweg (beim Café Saxifraga). Von hier die steinerne Treppe zur Pfarrkirche und zur Meraner Altstadt hinunter.

● **142**     **Meran — Dorf Tirol — Hochmuter,** 1361 m **— Gasthof Mutkopf — Mutspitze,** 2295 m
        4½ Std.

Von Meran mit Bus oder Pkw nach Dorf Tirol und zur Talstation der Kabinenseilbahn Hochmut (Parkplatz). Von der Bergstation über eine Treppe steil empor zum Ghs. Steinegg, 1450 m. Von dort rechts auf gutem Weg mäßig ansteigend durch Wald zum schön gelegenen Ghs. Mutkopf, 1684 m. Von hier auf Steig, zuerst noch kurz durch Wald empor auf den ausgeprägten O-Rücken der Mutspitze. Steiler über den Rücken hinauf zum aus großen Blöcken aufgetürmten Gipfel. Von hier bietet sich eine prächtige Rundschau von den Texelbergen, Ortlergruppe, Ultener Berge, Dolomiten, Iffinger, Hirzer bis ins Passeier und auf die Ötztaler Gletscher.

● **143**     **Meran — Algund — Vellau,** 906 m **— Leiteralm,** 1550 m **— Hochganghaus,** 1839 m **— Hochgangscharte,** 2455 m
        6 Std.; die größere Runde 8 Std. Sehr lohnende, aussichtsreiche Bergwanderung.

Von Meran mit Pkw oder Bus nach Algund. Von hier mit Lift (oder Pkw) empor nach Vellau. Von hier mit dem Korblift hinauf zur Leiteralm. Nun auf gut angelegtem Weg durch Wald in leichtem Auf und Ab hinauf zum Hochganghaus, 1½ Std. Nun steil nordw. in Kehren die Hänge empor, zuletzt über Felsstellen (Seilsicherungen) in die Hochgangscharte; 2 Std. Sehr schöner Aussichtspunkt! Blick hinunter auf den Langsee, einen der Spronser Seen. Auf demselben Weg zurück.

Man kann auch von der Scharte jenseits hinab zu den Seen steigen und im Spronser Tal hinunter bis zur Bockerhütte (Oberkaser) wandern. Von hier auf gutem Steig hinüber und hinab zum Ghs. Mutkopf. Von dort in gut 1 Std. zur Bergstation der Hochmutseilbahn und nach Dorf Tirol. Von der Hochgangscharte zur Seilbahnstation: 3½—4 Std.

● 145  Töll, 510 m; **Partschins,** 626 m

Zwei Orte am Unterende des Vinschgaus. Partschins ist Talort für Lodnerhütte und Texelgruppe. Fahrweg Richtung Lodnerhütte bis Wasserfallwiesen (Birkenwald). Der Partschinser Wasserfall ist der höchste Südtirols. Hier beginnt der Partschinser Höhenweg (R 427). In beiden Orten mehrere Gaststätten.

● 146  **Naturns,** 566 m

In der Nähe die Schlösser Hochnaturns, Dornsberg und Juval. Berühmt wegen des Kirchleins St. Prokulus bei Naturns, mit Wandgemälden aus karolingischer Zeit (Schlüssel im Pfarrheim). Gaststätten. Tennisplatz, Schwimmbad etc.

● 147  **Bahnhof Schnalstal,** 534 m

Bahnhaltestelle und Hotel, keine Siedlung. Hier mündet das Schnalstal in den Vinschgau.

● 148  **Kastelbell,** 597 m

An Straße und Bahn gelegen, 25 km von Meran. Burgruine Kastelbell. Mehrere Ghs.

● 150  **Latsch,** 638 m

Schloß Annaberg; Spital- und Pfarrkirche mit gotischen Malereien. Seilbahn nach St. Martin am Kofel, 1736 m. Talort für Graue Wand, Vermoispitze, Mastaunspitze. Schöne Wander- und Höhenwege. Gaststätten.

● 151  **Goldrain,** 662 m

Talort für das östl. Ortlergebiet (Cevedale). Ghs. Goldrain, Bahnhof. Nahebei die Burgen Goldrain, Annaberg, Montain.

● 152  **Schlanders,** 706 m

Hauptort des Vinschgaus, Marktgemeinde, Gericht. Am Ausgang des Schlandrauntals (Übergang über das Taschljöchl nach Kurzras im Schnalstal, R 442). Talort für die südl. Salurngruppe. Mehrere Gaststätten, Frei- und Hallenbad. Gotische Pfarr- und Spitalkirche.

● 153  **Laas,** 859 m

Am W-Rand der Laaser Höhe (der Gadriamure, einem Murenkegel, der das ganze Tal absperrt). Nördl. mündet bei Allitz das kleine, steile Strimmtal, von dem Weiße Riepl und Litzner erstiegen werden. Gaststätten, Schwimmbad. Marmorverarbeitung.

● **155**  **Eyrs,** 903 m
Südl. unter dem Hohen Kreuzjoch und dem Schwarzen Knott gelegen. Gaststätten: Ghs. Post, Hirschen, Lamm.

● **156**  **Spondinig,** 885 m
Hier beginnt die Stilfser-Joch-Straße, von der bei Gomagoi die Straße nach Sulden, zu Ortler und Königspitze führt. Gaststätte: Hotel Neuspondinig.

● **157**  **Schluderns,** 919 m
Liegt am Ausgang des Matscher Tales (Saldurbaches). Hier beginnt der alte Fußweg nach Matsch und zu den Glieshöfen. Ausgangsort für die Berge des äußersten Salurnkammes. Von Schluderns zweigt nach links die Straße nach Glurns — Münstertal — Ofenpaß — St. Moritz (Engadin) ab.
Mehrere Gaststätten. Schloß Churburg, mittelalterliche Waffensammlung, Führungen Ostern bis Mitte Oktober. Schöne Wanderwege.

● **158**  **Glurns,** 908 m
Städtchen mit erhaltener Ringmauer und mittelalterlichem Stadtbild. Am Knickpunkt des Vinschgaus, am Unterende der Malser Haide.

● **160**  **Tartsch,** 1030 m
An der Hauptstraße zwischen Schluderns und Mals. Nach 4 km talaufwärts Abzweigung ostw. ins Matscher Tal. Skizentrum Latsch — Tartscher Alm, 2250 m, Sessel- und Schlepplifte.

● **161**  **Mals,** 1047 m
Hauptort des Obervinschgaus, am O-Rand der Malser Haide. Straßen nach Schleis, ins Schlinigtal und zur Sesvenna-Lischanna-Gruppe, über den Ofenpaß ins Engadin, über den Reschen ins Oberinntal und über die Malser Haide ins Planeiltal. Marktort, zahlreiche Ghs.

● **162**  **Burgeis,** 1215 m
Malerische Ortschaft, Fürstenburg, Benediktinerstift Marienberg oberhalb mit schöner Aussicht auf Obervinschgau und Ortlerberge. Straße zum Bergdorf Schlinig, 1726 m. Skilifte. Wanderwege auf die Burgeiser Alm, zum Pfaffensee am Watles, zur Sesvennahütte (Pforzheimer Hütte). Burgeis östl. gegenüber mündet das Planeiltal.

● **165**  **Planeil,** 1599 m

Am Ausgang des gleichnamigen Tals am O-Rand der Malser Haide, in deren halber Höhe. Fahrweg von Mals. Planeil ist der Stützpunkt für die Berge in der Umrahmung des Tals, aber auch für die Übergänge ins Matscher Tal und nach Langtaufers.

● **166**  **Plawenn,** 1720 m

Uralte Siedlung am Ausgang des kleinen Tals gleichen Namens. Im Hintergrund des Tals die Plawennalm. Von hier aus sind Großhorn, Mittereck, Steinmanndlkopf und Kofelboden zu erreichen.

● **167**  **St. Valentin auf der Haide,** 1470 m

An der Seenplatte am Oberrand der Malser Haide, am S-Ufer des großen Stausees. Mehrere Ghs. Seilbahn und Lifte. Schutzhütte Haideralm an der Bergstation. Straße ins Rojental.

● **168**  **Graun,** 1520 m

Am Ausgang des Langtauferer Tals. Das alte Dorf ist im Reschen-Stausee versunken, der Kirchturm ragt noch aus dem Wasser. Neues Dorf rechts am Berghang. Höhenwege siehe R 747 und R 1219.

● **170**  **Reschen,** 1510 m

Das neue Dorf Reschen, der Ersatz für das im Stausee versunkene alte, liegt gleichhoch wie der nahe Reschenpaß. Von der Paßhöhe, 1504 m, 20 Min. zur Grenze. Reschen ist Ausgangspunkt für die Nauderer Berge. Gaststätten.

● **173**  **6. Die Seitentäler des Vinschgaus**

Hier werden, entsprechend der Thematik dieses Führers, nur die nördl., in die Ötztaler Alpen reichenden Seitentäler behandelt.

● **174**  **Das Zieltal**

Es steigt westl. von Partschins nordw. ins Zentrum der Texelgruppe empor. Dort steht auf 2259 m die Lodnerhütte (R 313). Westl. öffnet sich das Lafaistal (Ginggljoch). Stützpunkte sind die Ghs. Birkenwald, Giggelberg und Nassereith (1523 m, privat, 10 B., 10 M., bew. 15. Mai bis 20. Oktober). Befahrbar bis Birkenwald; Parkplatz.

*Im Talschluß des Schnalstales. Blick nach Nordwesten zur Schwemser Spitze und zur Äußeren und Inneren Quellspitze.*

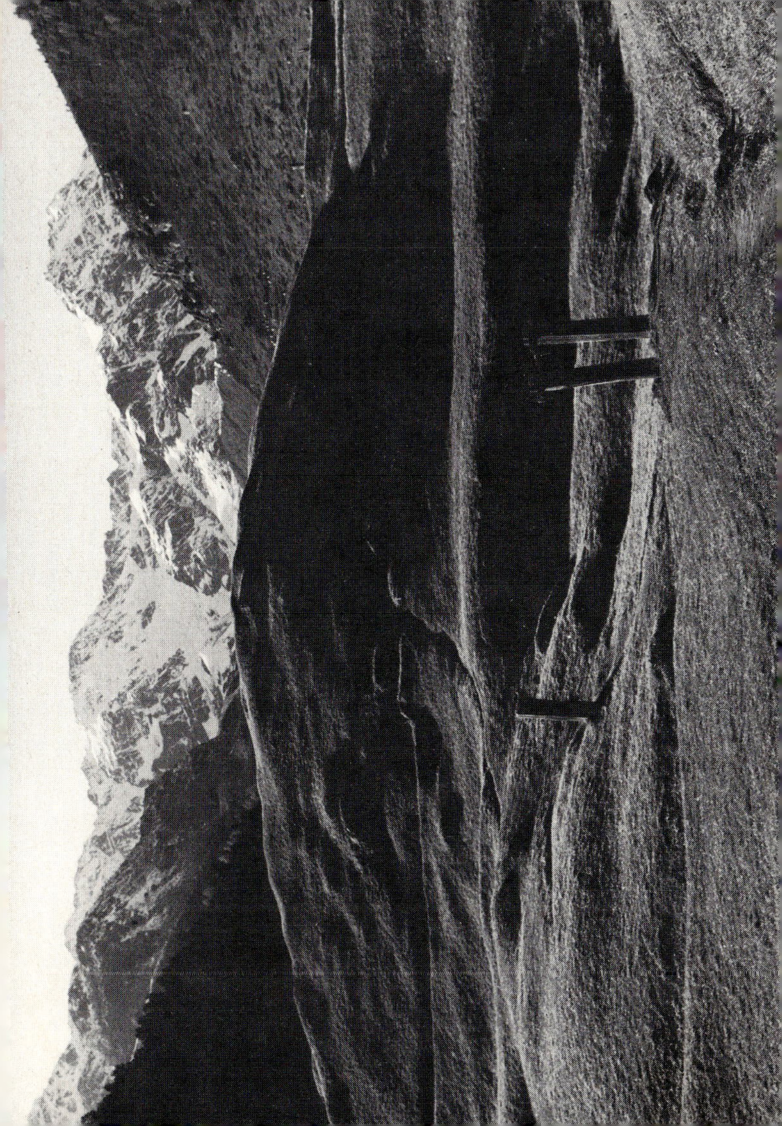

### ● 175                 Das Schnalstal

Es mündet westl. von Naturns in den Vinschgau. Es steigt nach NW bis unter das Hochjoch im Hauptkamm; Länge 24 km. Postauto von Meran. Fahrstraße bis Kurzras. Gletscherskigebiet und Stausee im Talhintergrund. Das Schnalstal ist der wichtigste Zugang in die südl. Ötztaler Alpen.

### ● 176                 Neu-Ratteis, 941 m

Im engen vorderen Schnalstal liegen nacheinander die Weiler Ladurn, Alt- und Neu-Ratteis; gegenüber St. Katharinaberg.

### ● 177                 Karthaus, 1321 m

Mehrere Ghs., Talort für das Pfossental, die Berge um die Lodnerhütte und die Stettiner Hütte. Schöne Wanderungen ins Pfossental, nach Vorderkaser, Mitterkaser, zum Eishof; zum Saxalber See.

### ● 180                 Unser Frau, 1478 m

Hauptort des Tals, zahlreiche Ghs. und Privatunterkünfte. Talort für Similaunhütte und Whs. Schöne Aussicht; für den mittleren Salurnkamm und die Berge westl. des Similauns. Wanderungen talein nach Kurzras, 2—2½ Std.; durch das Mastauntal zur Mastaunalm; zu den Höfen Obervernagt, Tisens, Fineil. Die Straße führt am östl. Ufer weiter nach Obervernagt, rechts oben die Vernagthöfe mit dem Tisental — Zugang zur Similaunhütte, 3 Std. Am Stauseeufer entlang neue Fahrstraße. Ghs. Vernagt am See, 1700 m. Rechts oben am Hang die Fineilhöfe.
Hier zieht nordw. das Fineiltal zum Fineiljoch empor. Westw. weiter zu den Gerstgrashöfen. Gegen W streicht das Lagauntal gegen die Innere Salurnspitze empor.

### ● 181                 Kurzras, 2011 m

Talstation der Schnalstaler Gletscherbahn; Sporthotel Kurzras. Lifte. Talort für Salurnspitze und umliegende Berge; Fineilspitze und die Gipfel westl. davon.

### ● 182                 Das Pfossental

Es mündet bei Karthaus in das Schnalstal. Kurzes, steiles Hochtal zwischen Texelgruppe und Ötztaler Hauptkamm. Alte, einzeln stehende Bauernhöfe. Ghs. Mitterkaser. Der wiederaufgebaute Eishof bietet Unterkunft und Verpflegung. Stützpunkt für Stettiner Hütte, Texelgruppe und Hauptkamm (Hochwilde bis Similaun).

● 185 **Das Schlandrauntal**

Das kurze, einsame Tal zieht von Schlanders gerade nordw. empor, bis es sich bei der Kortscher Alm gabelt. Der westl. Ast streicht bis an den Fuß der Inneren Salurnspitze empor.
Übergang über das Ramudeljoch in das Ramudeltal zum Whs. Glieshof im Matscher Tal (R 443).
Der östl. Talast führt empor auf das Taschljöchl (R 442) zwischen Kortscher Schafberg und Berglerspitze.
Am linken Talhang liegt die Schlanderer Hütte, 1980 m, des CAI Meran, 3½ Std. von Schlanders, Selbstversorgerhütte mit 8 M. Schlüssel bei Michael Sailer in Schlanders.

● 186 **Das Matscher Tal**

Anfangs schluchtartig, zieht es von Schluderns gegen NO. Die Straße führt bis zum Whs. Glieshof und ist von Mai bis November befahrbar.

● 187 **Matsch**, 1540 m

Das einzige Dorf des gleichnamigen Tals, am steilen westl. Hang. Bergtouren auf beiden Talseiten (spärliche Fußsteige oder weglos); Übergänge ins Planeil-, Schlandraun- oder Schnalstal.
1½ Gehstunden hinter Matsch das Whs. Innerer Glieshof, 1807 m, Sommerwirtschaft, 10 B., bester Stützpunkt für Touren im Salurnkamm.

● 188 **Das Planeiltal**

Mündet nordöstl. von Burgeis; das Dörfchen Planeil liegt am Ausgang des Tales. Zufahrt von Mals oder von St. Valentin über Ulten. Stützpunkt für Touren in den Planeilbergen.

● 190 **Das Langtauferer Tal (Langtaufers)**

Verläuft in ost-westl. Richtung und mündet bei Graun. Kahle Sonnseite und dicht bewaldete Schattseite wie im Vinschgau. Skigebiet Langtaufers (1500—2600 m); Restaurant und Herberge an der Bergstation.

● 191 **Pedroß**, 1700 m; **Hinterkirch**, 1873 m;
**Melag**, 1915 m

Ortschaften im Langtaufers. Straße bis Melag (Ghs. Melag, Weißkugel, Wieshof). Melager Hütte, 1925 m, am Weg zur Weißkugelhütte (privat, 11 B.). Melag ist Stützpunkt für die Weißkugelhütte. Autostraße bis Melag.

Übergänge ins Planeil-, Matscher und Schnalstal sowie über die Staatsgrenze nach Nordtirol (Nauders, Kauner-, Pitz- und Ötztal).

● **194**  **Das Passeiertal**

Es zieht von Meran nordw. bis St. Leonhard, wo es sich gabelt. Rechts führt die Straße empor über Walten zum Jaufenpaß. Links, westw., führt tief ins Gebirge hinein das hintere Passeiertal, das sich bei Moos neuerlich gabelt; westw. weiter das Pfelderstal, gegen N — dem Timmelsjoch zu — das hinterste Passeiertal mit Rabenstein und Schönau.

Das Passeiertal bildet die südöstl. Begrenzung der Ötztaler Alpen. Die Timmelsjochstraße ist im Sommer für den allgemeinen Verkehr geöffnet (Mautstraße; Grenzübergang).

● **195**  **Kuens**, 592 m; **Riffian**, 545 m;
**Saltaus**, 493 m

Ortschaften des vorderen und mittleren Passeier. Von Kuens zieht das Spronser Tal, von Saltaus das Saltauser Tal in die Texelgruppe. Hoch am Talhang über Saltaus das Bergdorf Vernuer, 1099 m, der Ausgangspunkt schöner Höhenwege (R 425).

Schmale asphaltierte Straße nach Gfeis bzw. Vernuer und weiter bis Öberst, 1387 m; Parkmöglichkeit.

In Saltaus Talstation der Hirzer-Seilbahn. 2 Sektionen. Bergstation Klammalm, 1980 m. Ausgangspunkt für die Besteigung des Hirzer, 2781 m.

Sehenswert ist der Schildhof Saltaus an der Passeirer Straße.

● **196**  **St. Martin**, 588 m

Größte geschlossene Siedlung im Passeier; an der Mündung des Falser Tals. Talort für die östl. Texelgruppe. Blühender Ort mit modernsten Hotels und Pensionen, in den letzten Jahren viele Neubauten. In der Nähe mehrere sehenswerte Schildhöfe (z. B. kurz talein der Schildhof Steinhaus). Kleine Handwerks- und Industriezone.

● **197**  **St. Leonhard**, 680 m

Hauptort des Tals; nach O zweigt das Waltental zum Jaufenpaß ab; Ruine Jaufenburg, Fremdenverkehrsort; viele neue Hotels und Pensionen sowie Privatunterkünfte. Schöne Spaziergänge. Schlepplifte. Südl. des Ortes das Whs. Sandhof, Geburtshaus des Tiroler Helden Andreas Hofer (mit zwei Kapellen, Freilichttheater; kleines Museum mit Erinnerungsstücken).

Auf dem Sonnenhang über St. Leonhard liegen die Orte Stuls und

Glaiten. Von hier prächtige Aussicht über das Passeier. Auf Straßen erreichbar, aber auch zu Fuß vielbesucht.

● **198**                  **Moos,** 1020 m

Am Ausgang des Pfelderstals im unteren Hinterpasseier. Von Moos ziehen Tal und Straße nach N, Richtung Timmelsjoch. Mehrere Ghs. Reger Touristenbetrieb.

● **199**                  **Platt,** 1147 m

Eine halbe Gehstunde über Moos am südl. Talhang, am Fuß des vom Hahnenkamm (Kolbenspitze) herabziehenden waldigen Rückens. Stützpunkt für Bergfahrten und Wanderungen im Pfelderstal: Matatzspitze, Kolbenspitze, Mutspitze. Neue Straße von Moos über Platt nach Pfelders (bis Innerhütt); die Reststrecke ist im Bau (Ende 1985). Straße nach Ulfas. In Platt gut ausgebaute Naturrodelbahn.

● **200**        **Rabenstein,** 1350 m; **Schönau,** 1682 m

Im hintersten Passeier, bevor die Straße zum Timmelsjoch ansteigt. Ghs. Ennemoser, Ghs. Schönau (Belprato). Talort für die ehem. Essener Hütte und Granatenkogel, Hoher First, Seewerspitze; sowie St. Martin im Schneeberg (in den Stubaier Alpen).

● **201**              **Das Spronser Tal**

Zieht von Kuens (R 195) nach NW in die Texelgruppe. Im hintersten Talgrund die Spronser Seen. Übergang über das Spronser Joch, 2581 m, in das Lazinser Tal und nach Pfelders (R 429).
Fahrstraße von Dorf Tirol bis zum Longfallhof, 1075 m, Gastwirtschaft. Private Unterkunft in der Oberkaseralm, 2131 m, an der Kaserlacke, 12 B., 20 N.

● **202**              **Das Pfelderstal**

Es zweigt bei Moos nach SW ab. Der Hauptort ist Pfelders, 1628 m. Kleinbusverkehr von Moos. Zahlreiche Ghs. und Pensionen. Sessellift und Schlepplifte. Talort für Zwickauer (Planferner-)Hütte und Stettiner Hütte sowie die nordöstl. Texelgruppe.
Von Pfelders führt ein Fahrweg (nicht befahrbar; bzw. nur bis Zepbichl) am S-Hang talein zum Weiler Lazins, 1782 m, und weiter zum Lazinser Kaser, 1858 m, bew. Mai bis Oktober. Hier zweigt der Weg zum Eisjöchl ab; Übergang ins Pfossen- und Schnalstal, über das Halseljoch (R 431) zur Lodnerhütte und in den Vinschgau, über das Spronser Joch (R 429) ins Spronser Tal und nach Meran.

# III. Schutzhütten und Berggasthäuser

Anmerkung: Alle AV-Hütten und auch die meisten Privathäuser im Gebirge sind Meldestellen des Bergrettungsdienstes. Von dort werden Meldungen über Bergunfälle schnellstens an die BRD-Ortsstellen weitergeleitet. Überdies befindet sich in jeder Schutzhütte BRD-Ausrüstung.

## 1. Geigenkamm

● 210  **Forchheimer Biwakschachtel,** 2443 m
Unterstandshütte am Forchheimer Weg knapp oberhalb des Mutzeigers. AV-S. Forchheim. Einrichtung: 1 Tisch, 1 Bank, 2 Decken; kein Wasser. 6 bis maximal 10 Biwakplätze.

● 211  **Von Roppen**
5 Std., Fahrmöglichkeit zur Maisalm, 1631 m, von dort 2½—3 Std. Übergang zur Erlanger Hütte 4 Std. (s. R 330, Forchheimer Weg).

● 212  **Erlanger Hütte,** 2541 m
Am O-Rand einer Mulde, die den obersten Abschluß des nördl., engen Seitenastes des Leierstales bildet, gelegen. AV-S. Erlangen. Bew. Ende Juni bis Mitte September. 12 B., 30 L., 10 N.; WR, 2 L.; Schlüssel beim Hüttenwirt, Gotthard Schmid, Umhausen-Neudorf HNr. 262.

● 213  **Von Umhausen durch das Leierstal**
4½ Std. Auffahrt mit Taxi (Scharfetter, Telefon 0 52 55 / 52 51) zur Vorderen Leierstalalm möglich, 2 Std. unter der Hütte. Bez. Weg.
Nach Überschreiten der Ötztaler Ache auf der Neudorfer Brücke auf dem neuen Almweg erst wenig, später in Kehren steiler ansteigend durch den Wald nordwestw. aufwärts zur Wegkreuzung (links ab der Weg zur Frischmannhütte). Bald nach der Wegteilung wird der Fundusbach überschritten. Man quert zum schluchtartigen Leierstal hinüber; dort mündet der entlang des Leiersbaches heraufführende alte Almweg ein. Der bez. Weg führt durch das Leierstal

bergan, und man erreicht den Boden der Vorderen Leiersalm. Durchs Leierstal weiter, fast eben talein; kurz vor der Mittleren Leiersalm führt der AV-Weg rechts in die enge nördl. Verzweigung des Leierstales. Von hier in vielen Kehren zur Hütte.

- **214** **Von Roppen (Forchheimer Weg)**
  9 Std., von der Maisalm 7 Std., von der Forchheimer Biwakschachtel 4 Std., s. R 330.

- **215** **Armelehütte,** 1747 m

Hoch über der Armelewand, am Eingang und N-Hang des Tumpener Tals gelegen. Privatbesitz. Ende Juni bis Anfang September bew., Übernachtungsgelegenheit. 4 B., 2 M. Bew.: Jos. Plattner, Oetz 152.

- **216** **Von Oetz**
  2½ Std., bez.

Auf gutem Weg über die Ache zur Kohlstatt. Von hier auf schmalem Steig steil auf den felsigen N-Hang des Ersten Karkopfes, dann südw. an den W-Hang des Ötztales. (Hier die Armelewand.) Hier Einmündung in den von Tumpen herkommenden Weg, der zuletzt nach N umbiegend zu einem aussichtsreichen Platz mit den ersten Almböden und der Hütte führt.

- **217** **Von Tumpen**
  2 Std., bez. Oder über den Güterweg ins Tumpental (auch zur bew. Tumpenalm, 1831 m).

- **220** **Hochzeigerhaus,** 1829 m

Alpengasthof am W-Hang des Hochzeigers auf der Tanzalm an der Mittelstation der Bergbahn Hochzeiger gelegen. Skigelände. Privatbesitz. Bew. Weihnachten bis Ende April, 15. Juni bis 30. September. 70 B., 46 M.

- **221** **Von Jerzens**
  Fahrstraße zur Talstation, dann Lift. Auf dem Fußweg 2 Std.

- **222** **Lehnerjochhütte,** 1959 m

Auf der Oberlehneralm über Zaunhof im Pitztal. AV-S. Ludwigsburg. Bew. Ostern, Pfingsten, 1. Juli bis 15. September, Weihnachten/Neujahr und auf Vereinbarung. 9 B., 36 M. WR, 2 L. (AV-Schloß). Bew.: Gusti Genewein, 6481 St. Leonhard/Pitztal.

● 223    **Von Zaunhof-Wiese**
2 Std., bez.

Von der Kirche in Zaunhof ansteigend zum Egghof und steil durch Wald empor zu der an der Baumgrenze liegenden Lehnerjochhütte. Von Egghof neu angelegter Hüttenweg (bequem; im Winter lawinengefährdet).

● 225    **Frischmannhütte**, 2192 m

Im hintersten Fundustal, auf den grünen Böden des Funduskares gelegen. Österreichischer Touristenklub Wien, bew. 1. Juli bis Mitte September. 6 B. 54 L., WC, Dusche. Pächter: Irmgard Grießer, Umhausen, HNr. 227, Tel. 0 52 55 / 53 93.

● 226    **Von Umhausen**
4 Std., bez.

Von Neudorf auf der Fahrstraße abwärts und über die Ötztaler Ache. Jenseits (Ww.) auf breitem, schon von Umhausen sichtbarem Almweg schräg den Hang empor. Nun in Kehren durch Wald hinauf zur Wegteilung (rechts ab in das Leierstal und zur Erlanger Hütte) beim Eintritt in das Fundustal. Weiter steil durch Wald empor, zuletzt flacher in das Fundustal hinein und talein zur Vorderen, Mittleren und über eine Talstufe zur Hinteren Fundusalm. Von hier rechts hinab, bei dem kleinen See vorbei und rechts, westw., am Hang empor. Bei einem Ww. rechts ab (links flacher zu einer Alm und im Bogen zur Hütte), und empor auf den Rand des Karbodens, auf dem die Hütte liegt.
Die Wegstrecke über den neuen Almweg ist etwas länger, aber bequemer.

● 227    **Von Köfels**
3 Std., bez.

Von Köfels westw., bez., durch Wald empor und steil durch eine Waldschneise auf die obersten Grasböden. Nun durch das Blockwerk der Scharte, 2084 m, in das Fundustal. Am Hang bleibend (unter der Scharte die Hintere Fundusalm), einem Wasserleitungsgraben folgend, südw. eben hinein in das Fundustal und in großem Bogen nach rechts und empor zur Frischmannhütte.

● 228    **Unterkunft am Hauersee**, 2383 m

Am Hauersee im Luibiskar nordöstl. des Luibiskogels. AV-S. Ludwigsburg. Selbstversorgerhütte, 6 L., 5 N., Kochstelle (Gaskartuschen Gaz C 200 sollten mitgeführt werden). Schlüssel gegen Kaution von 300,— ÖS auf Frischmann- und Neuer Chemnitzer Hütte (1. Juli bis 15. September), sonst bei Irmgard Grießer, Umhausen, HNr. 227, 0 52 55 / 53 93.

● **229** **Von Unterried oder Lehn**
3½—4 Std., bez.

Von beiden Weilern führen bez. Steige am steilen westl. Talhang empor, die sich schließlich vereinigen. Nach 2 Std. erreicht man die Stabelealm an der Waldgrenze (Sommerwirtschaft). Talein zur Innerbergalm; hier südw. hinauf zur Woeckelwarte und über den breiten Rücken der „Eggen" zur Hütte. Von Köfels führt ein bez. Weg über das Ghs. Waldruhe zur Stabelealm.

● **230** **Von Längenfeld**
3½ Std., bez.

Nördl. des Fischbaches zur Ötztaler Ache, über die Brücke und zur Heiliggeist-(Pest-)kapelle. Auf nicht mehr gut erhaltenem Weg durch den Wald hinan, bei der Wegverzweigung rechts und um den Giggelberg herum ins oberste Hauertal und zur Unterkunft.

● **233** **Neue Chemnitzer Hütte,** 2323 m

Im Pitztal am Höhenweg Roppen — Braunschweiger Hütte gelegen (R 336). AV-S. Rüsselsheim/Main 35 M., 5 N. Materialseilbahn mit Gepäcktransport. Bew. Mitte Juni bis Mitte September von Albert Kirschner, 6481 Piößmes/St. Leonhard, HNr. 67, Tel. 0 54 13 / 226.

● **234** **Von Planggeroß**
2 Std., bez.

Talaus, bei den Wegtafeln (Blick auf die Chemnitzer Hütte), zuerst über einen begrünten Schuttkegel, dann auf dem linken Hang aufwärts und in vielen Kehren empor zur Hütte.

● **235** **Schutzhütte Halkogelhaus (Ebneralm),** 2053 m

Sommerwirtschaft mit Unterkunftsmöglichkeit, Privatbesitz. Bew. 1. Juni bis 20. September, 6 B., 8 M., AV-Mitglieder begünstigt; Materialseilbahn zur Hütte.

● **236** **Von Huben**
2½ Std., bez.

● **237** **Hochsölden,** 2070 m

Hotelsiedlung westl. über Sölden (s. R 80). Spazierwege und Sessel-

# Alpenvereins-Skiführer der Ostalpen

### Band 1
### Von der Rotwand zur Wildspitze

Ammergauer Alpen, Wetterstein und Mieminger Kette, Karwendel, Tegernseer und Schlierseer Berge, Rofan, Ötztaler Alpen, Stubaier Alpen, Tuxer Voralpen und Zillertaler Alpen (ohne Gerlosgebiet).
240 Seiten, 70 Bilder, 18 siebenfarbige Kartenausschnitte, dreifarbige Übersichtskarte 1:600000.

### Band 2
### Vom Geigelstein zum Ankogel

Chiemgauer Alpen, Kaisergebirge, Loferer und Leoganger Steinberge, Berchtesgadener Alpen, Zillertaler Alpen (Gerlosgebiet), Kitzbüheler Alpen, Dientner Schieferberge, Hohe Tauern.
240 Seiten, 101 Bilder, 14 siebenfarbige Kartenausschnitte, dreifarbige Übersichtskarte 1:600000.

### Band 3
### Vom Allgäu bis zur Bernina

Allgäuer Alpen, Tannheimer Berge, Lechtaler Alpen, Östliches Ferwall, Samnaunberge, Silvretta, Unterengadin, Münstertaler Alpen, Oberengadin.
248 Seiten, 102 Bilder, 12 siebenfarbige Kartenausschnitte, dreifarbige Übersichtskarte 1:600000.

### Band 4
### Zwischen Hafnergruppe und Seckauer Tauern

Salzkammergutberge, Tennengebirge, Dachsteingebirge, Totes Gebirge, Hafnergruppe, Nockberge, Radstädter Tauern, Rottenmanner Tauern, Triebener Tauern und Seckauer Tauern.
208 Seiten, 53 Bilder, 20 siebenfarbige Kartenausschnitte, zweifarbige Übersichtskarte 1:500000.

Zu beziehen durch alle Buchhandlungen

# Bergverlag Rudolf Rother GmbH · München

bahn von Sölden; Autostraße. Bergbahnen und Lifte. Oberhalb auf der Leitenbergalm die *Edelweißhütte,* 1821 m, privat, 6 B., bew. 15. Juni bis 15. September.
Im Rettenbachtal an der Ötztaler Gletscherstraße die *Rettenbachalm,* 2020 m, das Ghs. Falkner, 2138 m, und ein Restaurant an der Talstation der Gletscherbahn.

## 2. Kaunergrat

● **240** **Alpengasthof Plattenrain,** 1476 m
Am NO-Kamm des Venet hoch über Imst. Privatbesitz. 38 B.

● **241** **Von Arzl**
1½ Std., bez. Zufahrt mit Pkw von Arzl über Timmls.
Vom Brunnen nahe der Kirche auf gutem Weg westw. empor zu schütterem Föhrenwald. (Rechts ab der Weg zur aussichtsreichen Warte Burgstall.) Von der Aussichtswarte südwestw. empor auf bez. Weg, sodann links hinauf durch die Wiesen- und Weidehänge zu den Höfen von Arzlair, und noch ein Stück weiter linkshaltend, dann rechts hinauf zum Wald, wo ein bez. Weg von Timmls heranführt. Ein Stück durch Wald, dann hinaus auf die Wiesen von Plattenrain.

● **242** **Verpeilhütte,** 2025 m
Im hinteren Verpeiltal am Fuß des Schwabenkopfs. AV-S. Frankfurt/M. 4 B., 45 M. WR mit AV-Schloß, 8 M. Bew. Ostern, Mitte Juni bis Mitte September von Erich Hafele, Feichten, Unterhäuser, HNr. 46.

● **243** **Von Feichten**
1½—2 Std., bez. Bis zur Verpeilalm auf eigene Gefahr befahrbar.
Von Feichten führt ein neuer Fahrweg bis zur Verpeilhütte. Zuerst in Serpentinen durch den Wald, an der Verpeilalm vorbei und stets am orografisch linken Bachufer zur Hütte.

● **245** **Kaunergrathütte,** 2811 m
Im Herzen des Kaunergrats auf einem Felssporn östl. des Madatschjochs. Akademische Sektion Graz. 8 B., 52 M. WR (offen),

12 M. Bew. Ende Juni bis Mitte September von Hermann Bratschko, 8010 Graz, Jahng. 2, Tel. Hütte 0 54 13 / 82 42. Siehe Abb. S. 201.

● 246    Von Planggeroß
3½—4 Std., bez. Siehe Abb. S. 201.

Über die Brücke des Pitzbaches und westw. auf gutem Steig über die Steilstufe. Nun rechts hinauf zum Wasserfall des Lußbaches und weiter in die Senke mit der Planggeroßalm. Von der Alm westw. talein, bei einer kleinen Almhütte vorbei und steiler empor über eine Talstufe in eine zweite Senke (Einmündung des Steiges vom Riffelseehaus) und neben einem Moränenrücken in das große Kar unter dem Planggeroßferner. Rechts über Schutthänge hinauf zur Kaunergrathütte.

● 247    Riffelseehütte, 2293 m

Im hintersten Pitztal, über dem schönen Riffelsee auf dem Muttenkopf. Kreuzungspunkt lohnender Höhenwege (vgl. R 354 ff.) AV-S. Frankfurt/M. 12 B., 45 M.; WR 10 M., AV-Schloß. Bew. 20. Dezember bis 10. Januar, 1. Februar bis 25. April. 15. Juni bis 25. September von Christian Waibl, 6471 Arzl, HNr. 80. Tel. Tal 0 54 12 / 3 49 52; Hütte 0 54 13 / 82 35. Die Hütte ist mit Sessellift von Tieflehn erreichbar. Am Fußweg Gepäcktransport mit Materialseilbahn.

● 248    Von Tieflehn
1—1½ Std. von der Taschachalm, 2½ Std. von Tieflehn, bez.

Etwa 300 m hinter Tieflehn zweigt der Fahrweg zur Taschachalm rechts ab und leitet über eine Brücke auf die westl. Talseite. Am Hang ansteigend zur Talstation der Materialseilbahn (Telefon zur Hütte, Gepäcktransport) und zur Taschachalm. Weiter leicht ansteigend ins Taschachtal (nicht verwechseln mit dem Weg zum Taschachhaus im Talgrund); nach 5 Min. rechts ab und im Zickzack empor. In der Nähe des Seeausflusses wiederum rechts und zur Hütte.

● 250    Taschachhaus, 2433 m

Auf dem vom Pitztaler Urkund herabziehenden begrünten Rücken über den Zungen des Taschach- und des Sexegertenferners. AV-S. Frankfurt/M. 40 B., 85 M. WR in der alten Hütte, 16 L., offen. Materialbahn; Rucksackbeförderung ab Breitgampen (Zufahrt mit Pkw nicht mehr möglich). Bew. Ostern und Anfang Juli bis Ende September von Bruno Füruter, Weißwald 41, Tel. Tal 0 54 13 / 82 05 oder 82 20; Funktel. Hütte 2 71 09.

● 251    Von Planggeroß
3½ Std., von der Taschachalm 2½ Std., bez.

Wie in R 248 zur Taschachalm. Über den Steg auf die rechte Seite des Taschachbaches und den Bach entlang bis zum nächsten Steg. Dem Fahrweg folgend über den Steg und talein bis zur Talstation des Gepäckaufzuges, Breitgampen, 2042 m. Über den Steig und nun in Kehren, bald den Sexegertenbach querend, den Moränenrücken hinauf auf den grünen Rücken am N-Fuß des Pitztaler Urkund, auf dem die Hütte steht.

● 252    Gepatschhaus, 1928 m
Im Talschluß des Kaunertals auf der Gepatschalm (vgl. R 135). AV-S. Frankfurt/M. 35 B., 43 M., 8 L. WR (AV-Schloß), 8 L. Bew. Pfingsten, 15. Juni bis Mitte September von Peter und Johanna Weiskopf, 6551 Pians, Margaretenweg, Tel. 0 54 42 / 38 14. Autostraße zum Haus, Postautoverkehr. Am Ende der Gletscherstraße am Weißseeferner befindet sich ein Restaurant.

## 3. Glockturmkamm, Nauderer Berge

● 255    Anton-Renk-Hütte, 2261 m
Im nördlichsten Teil des Glockturmkammes, im innersten Stalanzer Tal gelegen. AV-S. Aachen. Selbstversorgerhütte. AV-Schloß. Holz und für Beleuchtung Gaskartusche mitbringen. Quelle 50 m südl. 12 B., 2 N. Schlüssel bei Schuhhaus H. Sailer, A-6531 Ried, HNr. 65.

● 256    Von Ried über die Stalanzer Alm
4 Std., bez.

Auf bez. Weg südw. durch Wald den Berghang entlang. Im Bogen sich nach SO wendend steiler hinauf in das Stalanzer Tal. Im innersten Talgrund liegt die Stalanzer Alm, 1910 m. Über die Felsen im SO stürzen die Wasser des „Fallenden Baches". Links davon in Kehren über den Bachlehner empor, dann rechts hinter dem Felsriegel empor zur Hütte.
Oder von Ried über den Saurückenwald, 3 Std.

● **257    Hohenzollernhaus,** 2123 m

Im innersten Pfundser Radurscheltal. AV-S. Hohenzollern. 9 B., 24 M., 10 L. WR (Schlüssel beim Hüttenwirt). Bew. bei Bedarf ab Mitte März und Mitte Juni bis Ende September von Renate und Dietmar Netzer, 6542 Pfunds, HNr. 127.

● **258    Von Pfunds**
4 Std., bez. Straße bis zum Radurschelhaus, von dort 1 Std.

Am O-Ende des Dorfes Pfunds, vor der Talbachklamm, rechts auf einem Sträßchen hinauf zum Kirchlein St. Ulrich auf der Talstufe des Radurscheltales. Leicht ansteigend auf breitem Weg im Wald talein. (Vor den Forsthütten in Wildmoos zweigt rechts ein Weg ab, der ins Nauderer Tscheytal führt.) Schattiger ist der breite Talweg, der später links über den Bach zum Radurschelhaus, 1795 m, führt (Forsthaus, keine Unterkunft). Vom Radurschelhaus durch Wald am östl. Talhang empor und zum Hohenzollernhaus.

● **260    Nauderer Skihütte,** 1910 m

Kleines Holzhaus im Pienger Tal. AV-S. Bremen. Nicht bew., kein AV-Schloß. Anmeldung: AV-S. Bremen, D-2800 Bremen, Eduard-Grunow-Str. 30, Schlüssel beim Gendarmerieposten-Kommandanten Alois Unterrainer, 6543 Nauders, HNr. 198. 10 M. Schönes Skigebiet. Skilifte. Nahebei das Ghs. Goldseehütte.

● **261    Von Nauders**
1½—2 Std., Fahrweg.

Der Weg zweigt in Nähe der Talstation der Bergkastelbahn von der alten Straße zum Reschen ab.

● **262    Von Nauders über Novelles und Stables**
2—2½ Std., bez., schöner Fußweg.

Gleich oberhalb der Kirche südw. auf breitem, anfangs gepflastertem Weg empor bis zu einem Zaungatter. Hier links empor durch Wald zum Novelleshof, 1694 m. Südw. weiter zum Hof Stables auf weiter Wiese, 1833 m, und in gleicher Richtung hinein durch den Brandwald in den Graben des Arsangsbaches. Über den Bach und in südl. Richtung empor auf den gegen W gerichteten Rücken, auf dem die Hütte steht.

## 4. Weißkamm

● **265**        **Geislacher Alm,** 1982 m

Ghs. Sonnenplatte am Geislachsattel über Sölden, privat, 25 B., 4 M. Ghs. Geislacher Alm und Hochgeislach. Sommerwirtschaft.

● **266** **Von Sölden**
2 Std., Fahrweg oder bez. Waldweg. Jeepverkehr (R 79).

● **267** **Von Heiligkreuz**
2½ Std., bez.

Von Heiligkreuz talaus bis zur Wegabzweigung nach Geislach. Steil empor gegen die Geislacher Alm und hinüber zum Geislachsattel.

● **268**        **Braunschweiger Hütte,** 2759 m

Im hintersten Pitztal auf einer Kuppe über dem Karlesferner. AV-S. Braunschweig. 45 B., 80 M., 20 L. Güterseilbahn. Bew. Mitte März bis Ende April, Mitte Juni bis Mitte Oktober und an Pfingsten von Franz Auer, Stillebach Nr. 81, A-6481 St. Leonhard. Tel. 0 54 13 / 82 36. WR offen, 11 L. Das Gebiet der Braunschweiger Hütte ist jetzt in das kombinierte Pitz- und Ötztaler Gletscherskigebiet einbezogen. Siehe Abb. S. 83.

● **269** **Von Mittelberg**
3 Std., bez. (ohne Benützung der Stollenbahn).

Vom Ghs. Mittelberg ostw. über den Pitzbach zum gut ausgebauten Hüttenweg und zur Talstation der Materialseilbahn (Rucksackbeförderung, Hüttentelefon). In breiten Kehren hält sich der Weg neben dem Wildbach, bis zur Gletscherzunge des Mittelbergferners. Nach einigen Metern führt eine durch Steinstufen gangbar gemachte Felsrinne zum nördl. Abbruch der Seitenmoräne hinauf. Dann in etwas steileren Serpentinen und über Stufen zur Hütte.

● **270** **Von Sölden über das Pitztaler Jöchl**
1 Std. vom Parkplatz Rettenbachferner, bez., Trittsicherheit erforderlich.

Auf der Ötztaler Gletscherstraße zum obersten Parkplatz. In ½ Std. neben dem Schlepplift über den kleinen Ferner auf das Pitztaler Jöchl. Nun rechts (westw.) vom Jöchl in 20 Min. auf die Niedere Karlesschneid und in Kehren zur Hütte hinab.

● **271** **Breslauer Hütte,** 2840 m

Am Fuß des Ötztaler Urkunds, am N-Hang des Rofentales. AV-S. Breslau. 78 B., 93 M., 50 L. WR offen, 12 M. Bew. Anfang Juli bis Ende September von Valentin Scheiber, 6458 Vent Nr. 5, Tel. Tal 0 52 54 / 81 09. Güterseilbahn (Rucksacktransport) von Rofen.

● **272** **Von Vent**
  2½—3 Std., bez.

Auf gutem Weg nordwestw. empor zu den Stableiner Mähdern und in das Tal des Rofenbaches. Der Weg führt unterhalb der Zunge des Rofenkarferners über den Rofenbach und leitet dann steiler in großen Kehren zur Breslauer Hütte empor. Der Aufstieg zur Breslauer Hütte läßt sich mit der „Doppelsesselbahn Wildspitze" um 1 Std. verkürzen. Sie führt von Vent auf „Stablein", 2360 m, Verkehr bei Bedarf ab 5 Uhr (Anfragen bei Franz Scheiber, Vent Nr. 4).

● **275** **Vernagthütte (Würzburger Haus),** 2766 m

Im hinteren Rofental am N-Rand des Guslarferners. AV-S. Würzburg. 55 B., 85 M., 34 L. WR (20 M.) in eigenem Bau, offen, 30 m neben der Hütte. Bew. Anfang März bis Pfingsten, Ende Juni bis Ende September von Martin Scheiber, 6458 Vent, Wieshof 2.

● **276** **Von Vent**
  3—3½ Std., bez. (920).

Südwestw. durch das Rofental zu den Rofenhöfen. Auf der Wiese zur nahen Wegteilung. Hier rechts auf breitem Weg über die Hänge empor auf die Höhe des Plattei. Von hier fast eben zur Talstation der Materialseilbahn (Gepäcktransport, Hüttentelefon), über dem Vernagtbach in das Tal des Vernagtferners hinein und zur linken Moräne. Über den Vernagtbach und empor zur Hütte.

● **277** **Hochjochhospiz,** 2423 m

Im hintersten Rofental am SO-Hang der Guslarspitze. AV-S. Berlin. 20 B., 50 M., 16 L. WR (offen), 20 M. Bew. Anfang März bis Mitte Mai und Mitte Juni bis Ende September von Dietmar Wimmler, 6458 Vent Nr. 26, Haus Stefanie, Tel. 0 52 54 / 81 08.

● **278** **Von Vent**
  2½ Std., bez. (Nr. 902).

*Die Braunschweiger Hütte mit Blick zur Wildspitze.*

Rechter Fernerkogel  Wildspitze  Mittelbergjoch

Südwestw. auf breitem Weg durch das Rofental zu den Rofenhöfen und durch Wiesen zur Wegteilung. (Rechts führt der Weg empor zur Vernagthütte.) Auf dem Titzentalerweg (links) talein, über den Platteibach. Dann dem felsigen Hang entlang, über den Vernagtbach und in langsamer Steigung zum Hochjochhospiz.

● 280  Brandenburger Haus, 3272 m

Inmitten der großen Gletscher des Ötztals, Gepatschferner und Kesselwandferner, über dem Kesselwandjoch auf felsiger Anhöhe liegend. AV-S. Berlin. 25 B., 75 M. WR (offen), 20 M. Bew. Anfang Juli bis Mitte/Ende September von Gebhard Gstrein, 6458 Vent Nr. 26, Haus Stefanie, Tel. 0 52 54 / 81 08. Siehe Abb. S. 86/87.

● 281  Von Vent über die Vernagthütte und das Guslarjoch
5—6 Std., Gletscherwanderung, s. R 380.

● 282  Aus dem Kaunertal (Gepatschhaus — Rauhekopfhütte)
6 Std., vergletscherter Zugang. Weitwanderweg 902. Siehe R 381.

● 283  Rauhekopfhütte, 2731 m

Am Kleinen Rauhen Kopf über dem Gepatschferner. AV-S. Frankfurt/M. 34 M., nicht bew., WR offen. Hütte bewartet Mitte Juni bis Mitte September von Matthias Biedinger, Wolfgangstr. 82, 6000 Frankfurt/M. 1, Tel. 069/59 92 60.

● 284  Vom Gepatschhaus
3 Std., teilweise bez., Gletscher.

Vom Gepatschhaus talein zur nahen Wegkreuzung am Bach (Ww.). Gerade weiter durch ein kleines Tal, das links von einem Moränenwall gegen den Gepatschferner emporzieht. Der Weg wendet sich links aus dem Tälchen den Rasenhängen zu, die vom Wannetkopf herabziehen. Diesen Hängen entlang hoch über dem Gepatschferner zu Rasenböden. Auf diesen weiter, bald aber steil hinab über den Erdhang der Moräne, durch eine Blockhalde (Steinmanndln) zum Gepatschferner. Auf dem Gletscherrand einige Min. empor, bis man ungefähr die Richtungsmitte zweier Bäche links drüben erreicht hat. Von halbrechts zwischen Spalten über den Gletscher in Richtung auf einen rostbraunen Abbruch der jenseitigen Felsen. Unter diesem Abbruch auf dem Eis empor gegen eine Blockmulde. Vor dieser vom Gletscher rechts ab, den Steinmanndln folgend auf Steig empor zur Hütte.

● 285  **Weißkugelhütte,** 2544 m

Im innersten Langtauferer Tal am Sonnenhang über dem Langtauferer Gletscher. Ital. Rif. Pio XI alla Palla bianca. CAI-S. Desio. 4 B., 40 M. Bew. Anfang Juli bis Mitte September von Norbert Hohenegger, Langtaufers, I-39020 Graun, Tel. 04 73 / 8 31 57. Funkverbindung vom Ghs. Weißkugel, Melag, zur Hütte.

● 286  **Von Melag**
2½—3 Std., bez.

Talein, anfangs durch Wiesen, dem Karlinbach folgend, aber ihn nicht überquerend, an der Melager Alm links vorbei bis zum Falginbach. Nach der Brücke gleich links aufwärts in Serpentinen bis zu einer alten Moräne hoch über dem Tal („Permult"). Von dort in mäßiger Steigung zur Hütte.

## 5. Hauptkamm

● 288  **Zwickauer Hütte**
**(Planfernerhütte),** 2980 m

Am Weißen Knott über dem S-Rand des Planferners im Pfelderstal. CAI-S. Merano-Meran. Neubau 1983, 20 B., 80 M. Materialseilbahn (Rif. Plan). Gepäcktransport. Funk zur Hütte (Pisener Haus) 04 73 / 8 57 09.

● 289  **Von Pfelders**
3½ Std., bez. 6 A.

Nordwestw. aus dem Dorf und über den Bach; bei der Wegkreuzung links ab und am Sonnenhang steil über Wiesenhänge empor. Der Weg wendet sich im Bogen nach links, überschreitet vier Bäche und erreicht in Kehren ansteigend die Almhütte der Unteren Schneid. Über die Almhänge empor, südwestw. in Kehren steil zu den Hütten der Oberen Schneid. Von hier nordwestw. über Schrofen, dann über Blockhänge gegen das nordöstl. Eck des kleinen, südl. der Zwickauer Hütte eingelagerten Ferners und auf den felsigen Kopf des Weißen Knott, auf dem die Hütte steht.

● 290  **Von der Bergstation Hohe Mut** (Obergurgl)
3 Std. über das Rotmoosjoch. Vgl. R 399.

Das Brandenburger Haus mit den Übergängen zur Vernagthütte, R 380, zum Hochjochhospiz, R 383, und zur Weißkugelhütte, R 384.

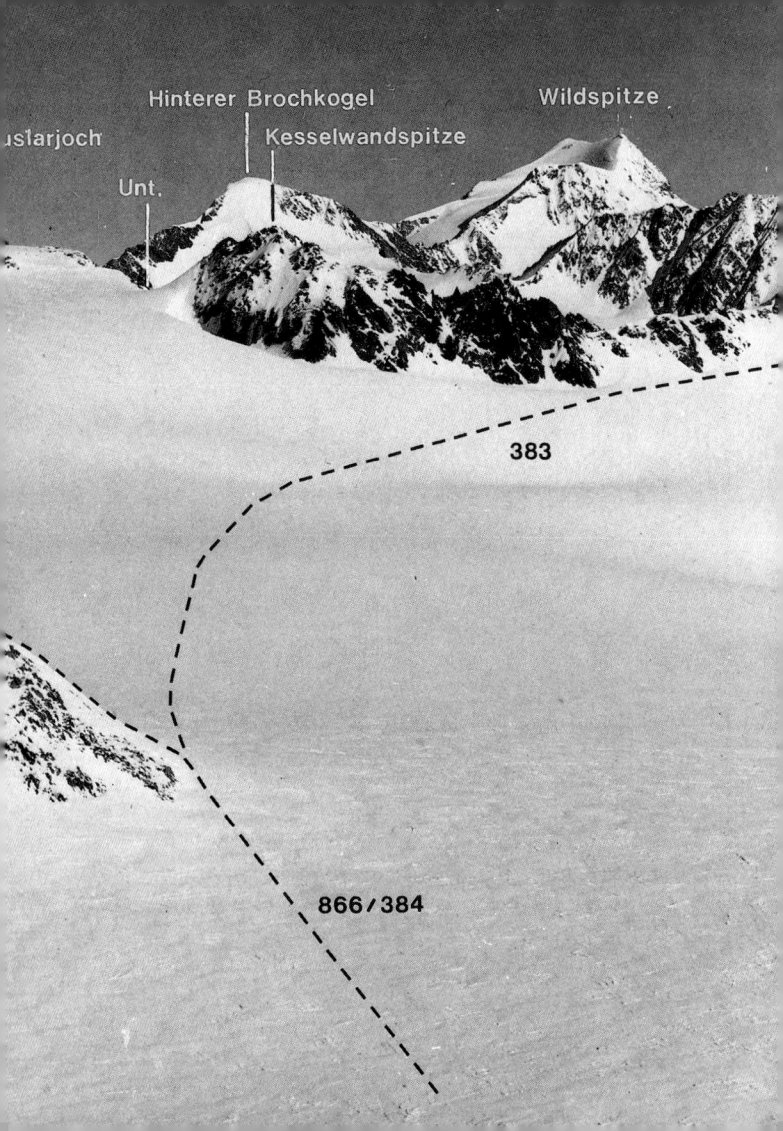

uslarjoch · Hinterer Brochkogel · Kesselwandspitze · Wildspitze
Unt.

383

866/384

● **291 Skihütte Schönwies,** 2262 m

An der Ausmündung des Rotmoostals ins Gurgler Tal. Privatbesitz (SC Gurgl). 6 B., 8 M. Bew. Mitte Dezember bis Mitte Mai und Mitte Juni bis Ende September. Der Zugang von Obergurgl folgt dem Hüttenweg zur Langtaler-Eck-Hütte, R 293.

● **292 Langtaler-Eck-Hütte,** 2438 m

Auch Neue Karlsruher Hütte. Am Langtaler Eck über dem Gurgler Ferner. AV-S. Karlsruhe. 12 B., 31 M. Offener Selbstversorgerraum mit 4 M. Materialseilbahn zum Hochwildehaus. Bew. Anfang März bis Anfang Mai und Ende Juni bis Ende September von Sigmund Gufler, 6444 Längenfeld, Burgstein 60, Tel. Hütte 0 52 56 / 233.

● **293 Von Obergurgl**
2½ Std., bez. (922).

Südw. die Hänge empor (neben dem Skilift), über die kleine Schlucht des Gaißbergbaches und weiter südw. über die Hänge und hinab in das Rotmoostal, über den Bach. Die Schönwieser Skihütte bleibt rechts oben liegen. Man wendet sich im Bogen nach links unter Felsen vorbei zur Gurgler Alm. Immer am Hang, hoch über dem Gurgler Tal, ansteigend zur Langtaler-Eck-Hütte. Die Strecke von der Schönwieser Skihütte zur Langtaler-Eck-Hütte ist als Fahrweg (nur Geländefahrzeuge) ausgebaut.

● **295 Hochwildehaus,** 2883 m

Am O-Rand des Gurgler Ferners, am Steinernen Tisch am Schwärzenkamm. AV-S. Karlsruhe. 29 B., 50 M., 10 L. Materialseilbahn von der Langtaler-Eck-Hütte. Die alte Fidelitashütte dient als Winterraum. 8 M. Bew. Anfang März bis Mitte Mai und Anfang Juli bis Mitte September von Sigmund Gufler, Burgstein 60, 6444 Längenfeld, Tel. 0 52 53 / 53 96, Tel. Hütte 0 52 56 / 233 (über Langtaler-Eck-Hütte).

● **296 Von Obergurgl**
5 Std., bez. (922), Trittsicherheit erforderlich.

Wie R 293 zur Langtaler-Eck-Hütte. Dann südw. hinab in das Langtal, über den Bach und jenseits westw. hinauf, am Felsrücken des Schwärzenkammes empor und zur Moräne des Großen Gurgler Ferners. Auf dieser mäßig steigend bei einem kleinen See vorbei zum Hochwildehaus.

● **297** **Ramolhaus,** 3006 m

Am SO-Hang des hintersten Gurgler Tales, auf einem Felskopf über der Zunge des Gurgler Ferners. AV-S. Hamburg. 26 B., 38 M., WR (Schlüssel beim Wirt), 10 M. Bew. Anfang Juli bis Mitte September von E. Scheiber, 6456 Obergurgl, Tel. Tal 0 52 56 / 223 und 224. Siehe Abb. S. 91.

● **298** **Von Obergurgl**
3½—4 Std., bez. (902).

Südwestw. über die Ache. Auf den westlichen Talhang in zwei Kehren empor, über einen Bach immer am Hang in mäßiger Steigung über Mähder talein. Eine Menge Bäche querend, unter den Schrofen- und Felshängen, die vom Ramolkogel herabziehen, weiter; zuletzt über Schutthänge empor und in einer großen Rechtskehre auf das Köpfl, auf dem die Hütte steht.

● **300** **Martin-Busch-Hütte auf Samoar,** 2470 m

Im Niedertal südl. von Vent. AV-S. Berlin. 49 B., 72 M., 40 L., davon 15 M. im WR (offen). Gepäcktransport mit dem Fahrzeug des Hüttenwirts möglich. Telefonische Voranmeldung zweckmäßig. Bew. Anfang März bis Mitte Mai, Pfingsten und Anfang Juli bis Ende September von Johann und Edeltraut Scheiber, 6458 Vent Nr. 34, Tel. Tal 0 52 54 / 81 30, Sprechfunk zur Hütte. Siehe Abb. S. 5.

● **301** **Von Vent**
2½ Std., bez. (923).

Wenige Min. südwestw. auf der Straße talein, dann links ab und über die Venter Ache und weiter über die Niedertaler Ache und entweder auf breitem Weg in einer Kehre empor in den Eingang des Niedertales, oder auf einem Abkürzungssteig gerade empor. Auf dem Fahrweg über der Talschlucht mäßig ansteigend zum Ochsenleger, weiter talein vorbei an der Schäferhütte und immer am Hang, zuletzt steiler, empor zur Hütte.

● **302** **Similaunhütte,** 3019 m

Über dem W-Rand des Niederjochferners am Niederjoch auf südtirolischem Gebiet gelegen. Besuch der Hütte von österreichischer Seite her erlaubt (offizieller Grenzübergang zwischen 30. Juni und 30. September).
Privat (keine AV-Preise). 40 B., 30 M. Bew. Mitte Februar bis September von Alois Platzgummer, Unser Frau im Schnalstal. Material-

seilbahn von Vernagt (Rucksacktransport, Nachfragen im Hotel Vernagt). Auskunft auch bei: Hotel Post, Vent, Alois Pirpamer, Tel. 0 52 54 / 81 19.

● 303  Von Vent über die Martin-Busch-Hütte
4—5 Std., teilw. bez. Siehe Abb. S. 5.

Wie R 301 auf die Martin-Busch-Hütte. Von dieser südwestw. auf dem Steig gegen die Zunge des Niederjochferners und rechts des Gletschers empor auf die nördl. Seitenmoräne. In südl. Richtung wird nun der Fernerast, der zum Hauslabjoch hinaufzieht, gegen das Niederjoch hin gequert, und man erblickt die Hütte, die am W-Rand des Niederjochferners, wenige Min. jenseits der österreichischen Grenze, liegt.

● 304  Von Unser Frau im Schnalstal
3 Std., bez. (2). Siehe Abb. S. 92/93.

Von Unser Frau über den Bach und talein an der nordöstl. Talseite. Nach Überschreiten des Vernagtbaches hinauf zu den Häusern von Gamp, Obervernagt und Tisen, 1814 m, (Unterkunft im Tisenhof, 7 B., bis hierher ist die Zufahrt mit Auto möglich) und hinein in das steile Tisental. Über den Leiterbach hinauf zum Bauernhaus Raffein. Von hier ansteigend zur Tisenberghütte (zerstört) und weiter steiler empor zum Niederjoch und zur Similaunhütte.

● 305  Wirtshaus Schöne Aussicht
(Bella Vista), 2842 m

Über dem vergletscherten Hochjoch, in unmittelbarer Nähe des Gletscherskigebietes Schnalstal. Privat. Besuch von österreichischer Seite erlaubt (offizieller Grenzübergang 30. 6. — 30. 9.). 43 B., 30 M. Bew. März bis Mai, Mitte Juni bis Mitte September. Siehe Abb. S. 95.

● 306  Von Vent
4½ Std., bez.

Wie R 278, bis etwa ¼ Std. vor Erreichen des Hochjochhospizes der Steig links zur Rofenbergalm abzweigt. Von hier eben hinein bis zur Hintereisbachbrücke. Nun in einigen Serpentinen hinauf zum Arzbödele. Gegenüber auf der linken Seite die Ruine des alten Hospizes. Weiter, immer westw., führt ein gut markierter Steig durch

*Blick vom Ramolhaus über den Gurgler Ferner zu den Gipfeln des östlichen Hauptkammes.*

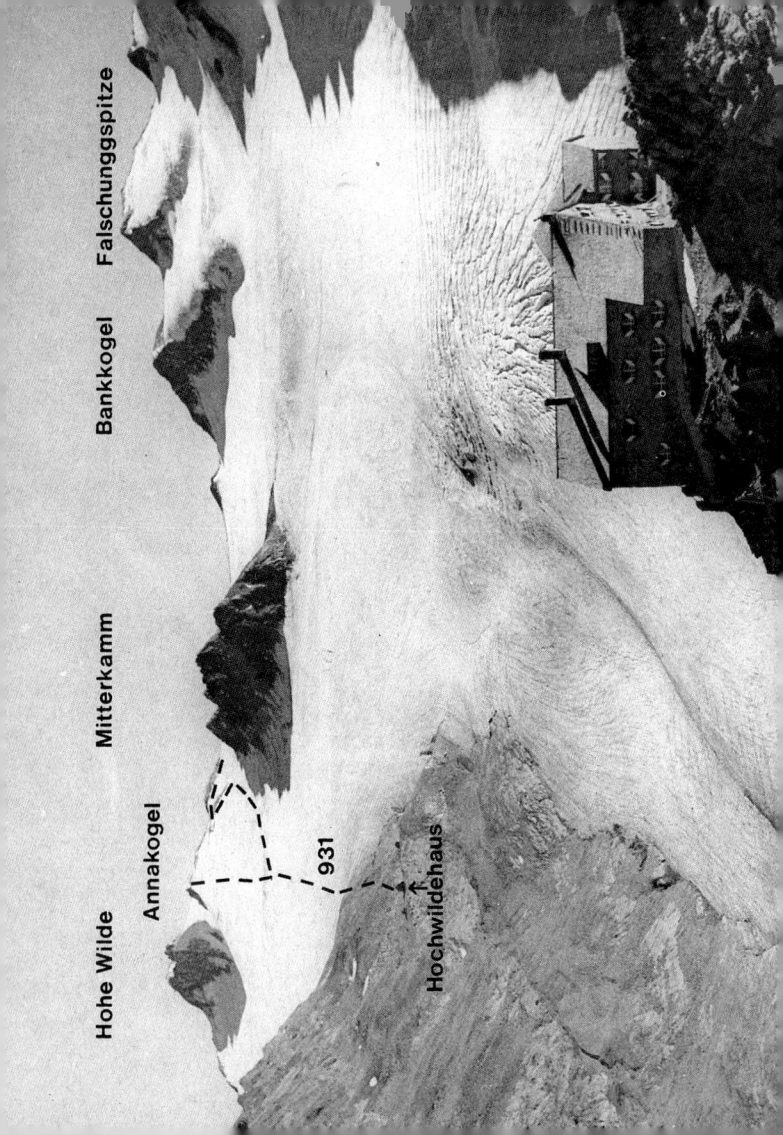

Hohe Wilde  Mitterkamm  Bankkogel  Falschunggspitze

Annakogel

931

Hochwildehaus

**Hintere Schwärze**
**Schwärzenjoch**

414
993

*Die Anstiege auf den Similaun, die Marzellspitzen und die Hintere Schwärze von Westen.*

ellspitzen  Similaun
999
002
1001
ilaunhütte
304

das Hochjochfernertal zur Hütte. Zuerst in der Talmulde, dann ansteigend am rechten Hang entlang, läßt man den Hochjochgletscher links hinter sich. Knapp vorbei am kleinen Zollwachhäuschen passiert man bald die österreichisch-italienische Grenze. Von dort auf bequemem Weg in 10 Min. zur Hütte.

- 307  **Von Kurzras**
  2 Std. ohne Benützung der Gletscherbahn auf bez. Weg.

Nordw. talein in das Oberbergtal. Der Steig wendet sich gegen rechts, ostw., um einen Rücken im Bogen herum, dann schräg links aufwärts gegen die Steinschlagspitze steil empor auf den Weideplatz Stueteben. Der Weg zieht nun sanft ansteigend bis zu den Jochköfeln, von hier über einen Steilaufschwung zur Hütte. Der gesamte Weg wurde vom Militär in einer Breite von 1½ m ausgebaut. Materialseilbahn vom Kurzhof.

## 6. Texelgruppe, Salurnkamm

- 310  **Hochganghaus**, 1834 m

Auf der Goyener Alm am Fuß der Röthelspitze. Privatbesitz, an die AV-S. Meran verpachtet. 20 B., 30 M. Bew. Mai bis Ende Oktober von Hermann Scheibenstock. Schlüssel bei der AV-S. Meran, Lauben 239. Materialbahn (Rucksacktransport).

- 311  **Von Partschins**
  3½ Std., bez. (7).

Von Partschins nordostw. nach Niederhaus und steiler nordw. empor nach Bad Oberhaus. Durch den Wald in Kehren steil bergan und auf die Hütte.

- 312  **Von Plars (Algund)**
  1¼ Std. mit Bahnbenützung.

Mit Kfz. oder Sessellift nach Vellau. Von hier mit der Gondelbahn zur Leiteralm, 1522 m. Nun auf dem Weg Nr. 24 durch Wald in leichtem Auf und Ab zum Hochganghaus.

*Das Wirtshaus Schöne Aussicht (Bella Vista) mit dem Anstieg auf die Schwarze Wand.*

Schwarze Wand 1028

● 313                  **Lodnerhütte**
**(Rifugio Cima Fiammante)**, 2262 m

Im Zentrum der Texelgruppe. CAI-S. Meran. 59 B., 29 M., 20 L. Bew. Mitte Juni bis Ende September von Alois Hofer, Partschins. Von Birkenwald über den Steinerhof nach Nassereith, von dort tägl. um 18 Uhr Rucksacktransport zur Hütte.

● 314    **Von Partschins**
4—5 Std., bei Seilbahnbenützung 2½—3 Std., bez. (8).

Von Partschins auf schmaler, steiler Straße leicht ansteigend nordwestw. in das Zieltal. Über Weideflächen zum Partschinser Wasserfall. Bis zu den Wasserfallwiesen befahrbar. Etwas unterhalb letzter öffentlicher Parkplatz. ¼ Std. über dem Parkplatz kleine Personen-Seilbahn zum Steinerhof. Von hier auf sehr schmalem Steig nordwestw. empor, dann wenig ansteigend durch Wald zum Ghs. Nassereith, 1523 m (Jausenstation, 20 M.); von hier Rucksacktransport zur Lodnerhütte. Ein Stück dem Bach entlang, dann westw. in Kehren aufwärts, über den Schraubach und in den Kessel „Im Ginggl" und zur Gingglalm. In Kehren empor und zur Zielalm wenige Min. unter der Lodnerhütte.

● 315    **Abstieg nach Meran**
6—7 Std., bez. Meist in der Abstiegsrichtung begangen.

Von der Lodnerhütte ostw. auf das Halseljoch. Jenseits längs des NO-Grates des Tschigat auf das Milchseeschartl, 2689 m. Biwakschachtel der AV-S. Meran, 9 Schlafplätze; Klapptisch und Bänke, Miniküche, Decken, Erste-Hilfe-Material. Jenseits hinab, bei den zwei Milchseen vorbei, zum N-Ufer des Langsees und zum Grünsee. Ostw. steil hinab auf den Oberleger der Spronser Alm. Im Spronser Tal talaus, vorüber an der Longfallalm und Ghs. Longfallhof nach Dorf Tirol und nach Meran.

● 316    **Von Pfelders**
4—5 Std., bez. (8).

Wie R 202 zum Lazinser Kaser. Auf dem Militärweg oberhalb der Alm vorbei. Man kann nun dem Militärweg (Weg zur Stettiner Hütte) etwa 20 Kehren folgen (auch Abschneider möglich), bis man links eine begrünte Schulter erreicht (Steinmann), von der aus nun ein Almsteig fast eben südw., hoch über dem Talgrund, hineinzieht zur Andelsalm. Von der Andelsalm auf dem bez. Steig zuerst über Weideböden, später über Moränenschutt und Fernerreste in südwestl. Richtung hinauf auf das Halseljoch. Hier trifft man auf den bez. Weg, der jenseits hinabführt, vorbei an den Tablander Lacken ins Zieltal und zur Lodnerhütte.

● 317                  **Mitterkaser,** 1949 m;
                              **Eishof,** 2069 m

Stützpunkte im innersten Pfossental, Unterkunft und Verpflegung im Sommer. Vgl. R 182. Fahrstraße bis Eishof.

● 318                  **Stettiner Hütte**
                         **(Eisjöchlhütte),** 2875 m

Unterm Eisjöchl am Fuß der Hochwilden. CAI-S. Bolzano-Bozen. 3 B., 12 M., 22 L. in Nebengebäude. Bew. Ignaz Hofer, Plan.

● 319    **Vom Eishof**
         2½ Std., bez.

Vom Eishof im Talboden ostw. talein, immer in der Nähe des Baches. Dann links, nordw., an dem Hang empor, zwei Bäche querend, zwischen Schrofen am Hang weiter und zuletzt in Kehren empor zum Eisjöchl (Am Bild). Jenseits hinab zur Hütte.

● 320    **Von Pfelders**
         4 Std., 2½ Std. vom Lazinser Kaser, bez.

Wie R 202 zum Lazinser Kaser. Südwestw. die Hänge empor und steil in Kehren über den Grünanger. Westw. mäßig ansteigend über Geröll und in mehreren Kehren hinauf in das weite Geröllkar im Putz (Wegabzweigung, davor ein Gebäude der italienischen Finanzwache, rechts Höhenweg zur Zwickauer Hütte). Südw. empor zur Hütte.

● 321                  **Glieshof,** 1824 m

Privater Ghf. im Matscher Tal. Fahrweg von Tatsch über Matsch, zu Fuß von Matsch 2 Std. Bew., 10 B. Im innersten Matscher Tal am S-Fuß der Weißkugel steht die verfallene Höllerhütte.

# IV. Übergänge und Höhenwege

## 1. Geigenkamm

- **330** **Forchheimer Weg: Roppen — Erlanger Hütte,** 2541 m
  9 Std., durchgehend neu bez. (911) und beschildert. Bis zur Maisalm Zufahrt mit Geländewagen (Taxi Neururer, Roppen) möglich.

Von der Maisalm, 1631 m, meist auf schlechtem Almweg weiter, dann auf Steig zur verfallenen Mutalm. Von hier auf den Gratrücken (gut bez.) und über ihn zum Mutzeiger, 2277 m. Unter dem Hahnenkamm vorbei und wieder zum Kamm und zur Forchheimer Biwakschachtel (R 210); 2 Std. von der Maisalm. Über den Rücken weiter empor, den Grat entlang, zuletzt westl. unter dem Weiten Karkopf südw. weiter in die Einsattelung zwischen Weitem Karkopf und Murmentenkarspitze, etwa 2600 m. Ww. Von hier hinunter bis in den Grund des Weiten Kares, Ww. Von hier Abstieg zur Tumpenalm oder Armelehütte (R 215) möglich. Über den Bach und jenseits in Kehren steil den felsdurchsetzten Kamm empor auf den langen Rücken (O-Kamm des Brechkogels). Man überquert diesen mächtigen Kamm, steigt jenseits hinab und quert den Hang südwestw. hinein (Hütte von hier sichtbar). Zuletzt über einen felsigen Absatz empor zur Erlanger Hütte (R 212). Von der Biwakschachtel 4—5 Std.

- **331** **Hochzeigerhaus,** 1829 m **— Erlanger Hütte,** 2541 m
  5—6 Std., bez., Trittsicherheit erforderlich. Schöner Übergang.

Man geht vom Hochzeigerhaus zunächst an der Jerzner Alm vorbei auf einem Steiglein aufwärts zum Fuß des Hochzeiger-W-Grats, überquert diesen und verfolgt das Steiglein in den Hintergrund des Riegelkars hinein, gewinnt, bevor man sich dem zerrissenen Verbindungskamm Wildgrat — Riegelkopf nähert, links hinauf über steile Schutthänge und leichten Fels die W-Schulter und über vereinzelte Schrofen den Wildgratgipfel, 2971 m. Über den Gipfelblock jenseits hinunter und nahe unter dem schwach ausgeprägten O-Grat auf Steigspuren über Schutt und Firnfelder, manchmal auch plattigen Fels hinab zum Verbindungsweg Erlanger Hütte — Frischmannhütte. In wenigen Min. auf diesem zur Hütte.

- **332   Lehnerjochhütte**, 1935 m — **Hochzeigerhaus**, 1829 m
  5—6 Std., bez., Trittsicherheit erforderlich.

Von der Hütte in nordwestl. Richtung durch die Hänge unterm Hohen Gemeindekopf. Östl. des Kopfes (Kreuz, 2771 m) überschreitet man den Kamm und steigt jenseits ins Riegelkar ab. Dort trifft man auf R 331; rechts, ostw., zur Erlanger Hütte, links, westw., zum Hochzeigerhaus.

- **333   Lehnerjochhütte**, 1935 m — **Erlanger Hütte**, 2541 m
  (oder **Frischmannhütte**, 2192 m)
  3½ Std., bez. Lohnend.

Von der Lehnerjochhütte ostw. empor zur breiten Einsattelung des „Lehner", 2512 m. Aussichtsreicher Sattel. Vom Joch jenseits hinab zum Verbindungsweg Erlanger Hütte — Frischmannhütte. (Von hier nach rechts zur Frischmannhütte (vgl. R 334). Auf diesem links, nordw., hoch über dem Grund des Leierstales durch Mulden, über kleine Zweiggrate und Rücken in leichtem Auf und Ab einem Seitenkamm zu. Mit längerem Anstieg in Kehren empor in eine Scharte dieses Seitenkammes. Dem guten Steig folgend hinab zum See und rechts zur Erlanger Hütte.

- **334   Erlanger Hütte**, 2541 m — **Frischmannhütte**, 2192 m
  4½ Std., bez. (911). Ausgesetzter Höhenweg.

Von der Erlanger Hütte auf dem Steig zum schön gelegenen Wettersee. Am südseitigen Ufer kurz entlang, dann in Kehren empor auf den Kamm, der vom Wildgrat nach O streicht. Jenseits hinab in die weite Mulde des obersten Leierstals. In leichtem Auf und Ab unterhalb des Lehnerjochs vorbei zu Wegteilung (Ww.); 2 Std. von der Erlanger Hütte. Hier mündet der vom Lehnerjoch herführende Weg ein (R 333). Von hier zu dem großen Schutthang, der zur Feilerscharte emporzieht. In Kehren, zuletzt steil empor zur Scharte zwischen Fundusfeiler und den Grießkögeln, Feilerscharte, 2926 m. (4 Std. von der Erlanger Hütte.) Jenseits zuerst über Firn hinab, dann ziemlich steil (die Felspartien teilw. gesichert), gut bez., hinab. Man quert dann nach rechts an den Ausgang des steilen, schluchtartigen Kares. Kurz hinab und über die Almhänge hinaus zur Frischmannhütte, 1½—2 Std. von der Scharte.

- **335   Frischmannhütte**, 2192 m — **Felderjoch**, 2801 m — **Hauerseehütte**, 2383 m
  5 Std., neu bez., Abstieg vom Felderjoch gesichert. Landschaftlich sehr schön.

Von der Frischmannhütte südw. leicht über die O-Hänge des Blockkogels ansteigend empor, dann über die Schneefelder und Moränenhügel empor aufs Felderjoch, 2801 m (Ww.), 2—2½ Std. Vom Joch auf ausgesetzter, neu gesicherter Steiganlage sehr steil hinab zum schön gelegenen Weißensee am S-Fuß des Steilhangs. Man umgeht den See an der O-Seite, überschreitet seinen Abfluß und quert die steilen Hänge des hinteren Innerbergtals. Unter den Abstürzen der Berge zur Rechten (Langkarlesschneid, Fernerkogel) hinein, in leichtem Auf und Ab bis unter den Rücken, auf dem die Hütte steht. Zuletzt empor und zur kleinen Hauerseehütte (R 228).

● **336** **Hauerseehütte**, 2383 m — **Chemnitzer Hütte**, 2323 m
8 Std., teilw. bez., kleiner Gletscher; sonst Steiganlage.

Von der Hauerseehütte auf dem bez. Steig in Kehren hinauf zum Hauerferner. Man steigt im rechten (orographisch linken) Teil des Ferners unter den Felsabstürzen des Luibiskogels ziemlich steil aufwärts. Dann wird der Ferner flach, und man erreicht wenig ansteigend die Luibisscharte; 2 Std. (Will man den Luibiskogel besteigen, steigt man schon vor Erreichen der Scharte nach rechts in die SO-Flanke des Luibiskogels ein, teilw. bez. in ¾ Std. zum Gipfel, R 512). Von der Scharte durch die Rinne sehr steil über Schutt, Erde und grobes Blockwerk hinab in das wilde obere Luibiskar. Über große Blöcke und Schnee links (südw.) haltend unter Reiserkogel und Reiserscharte vorbei und ansteigend, zuletzt steiler, auf das Sandjoch, 2820 m. Jenseits steil gerade über den Erdhang hinab ins südl. Luibiskarle und auf dem Steig um den Fuß des Hundstallkogels herum und empor auf eine Einsattelung östl. des Jochkogels; Steinmann. Dann leicht fallend über Platten zum Breitlehnerjöchl queren, 2639 m; 2¾ Std. von der Luibisscharte. Südw. hinab in das weite Kar. Zuerst wenig fallend über Schutt und Blockwerk hinab, weiter fallend unter den steilen Abstürzen des Hohen Kogels hinab und leicht ansteigend bis unter den steilen Hang des Rötkarljoches (auch Kapuzinerjoch), 2710 m. Der Weg führt in sehr steilem Zickzack, zuletzt über Felsstufen, empor (gut gesichert); 2 Std. vom Breitlehnerjöchl. Jenseits hinab und südw., die oberste Mulde des Rötkarls ausgehend, erreicht man zuletzt sehr steil den grasigen Rücken Gahwinden, 2649 m; Aussichtsbank und Kreuz. Auf dem Steig leicht fallend bis in Fallinie der Hütte. Von hier kann man

*Das Rheinland-Pfalz-Biwak am Mainzer Höhenweg vor den Gipfeln des Weißkammes.*

- Similaun
- Rechter Fernerkogel
- Wildspitze
- Grabkogel
- Mittagskogel
- Hinterer Brochkogel
- Petersenspitze

über eine steile Erdrinne direkt zur Hütte absteigen. Der Steig führt hinüber ins Weißmaurachkar, Wegverzweigung. Westw. hinab zur Hütte. 3—4 Std. vom Breitlehnerjöchl.

- **340 Chemnitzer Hütte**, 2323 m — **Braunschweiger Hütte**, 2759 m **(Mainzer Höhenweg)**
  10 Std., teilw. bez. Steig. Hochalpine Gratwanderung, Überschreitung mehrerer Dreitausender. Biwakschachtel für 6 Personen auf P. 3247 m (Rheinland-Pfalz-Biwak). Siehe Abb. S. 101.

Von der Hütte aus in östl. Richtung, vorbei an der Hinweistafel „Braunschweiger Hütte", über einen Moränenkegel in das Weißmaurachkar. Der bez. Steig führt an der orographisch rechten Hangseite, zuletzt in steilen Kehren, zum Weißmaurachjoch, 2923 m; 2 Std. ab Chemnitzer Hütte. Vom Joch aus geht es auf dem NO-Sporn des Puitkogels bis zur zweiten Markierungsstange, dann nach links, in östl. Richtung abbiegend, und fast eben bis zur Grubigkarleswand. In einer kleinen Scharte wird sie überschritten (Markierungsstange). An Stahlseilsicherung kurz hinab auf den nördl. Puitkogelferner, der in fast gleicher Höhe, etwa 3000 m, in südl. Richtung überquert wird. Dann steigt man durch das Knappenloch (Seilsicherung) zum O-Ausläufer des Puitkogels auf und gelangt zum Frühstücksplatz (Hinweisschild). Von dort durch eine steile Rinne etwa 30 m abwärts auf den südl. Puitkogelferner, der in weitem Bogen leicht fallend (etwa 100 m) in 3000 m Höhe überquert wird, und dann zu dem Gratausläufer hinauf, der vom Geigenkamm zum Pollestal herabzieht. Von hier gelangt man absteigend auf ein Schuttkar nordöstl. des Sonnenkogels und weiter über einen Felssporn (Stahlseilsicherung) auf das östl. Firnfeld des Sonnenkogels. Über das Firnfeld geht es weiter in südl. Richtung bis zum Ausläufer des Sonnenkogel-O-Grates. Von da aus in südwestl. Richtung, über das Firnfeld aufsteigend, zur tiefsten Einsattelung des Hauptkammes zwischen dem Sonnen- und Wassertalkogel. Nun weiter in südöstl. Richtung über den Grat hinauf zum „Rheinland-Pfalz-Biwak" (6 L.) auf dem Wassertalkogel, 3247 m; Gehzeit 5½ Std. ab Chemnitzer Hütte.

Von der Biwakschachtel aus, stets dem nach S verlaufenden Grat folgend, zum Gschrappkogel, 3197 m. Dahinter in steilen Kehren absteigend bis in eine tief eingeschnittene Rinne und von hier wieder zum Grat. Der Weg folgt nun ständig dem Gratverlauf. Dabei werden das Wilde Männle und der Wurmsitzkogel überschritten. Danach senkt sich der Mainzer Höhenweg zum Nördlichen Pollesjöchl, 2937 m, wobei der Weg nun östl. vom Grat verläuft (Steinmann im Pollesjöchl). Von hier aus weiter zum Pollesfernerkopf, 3015 m, der jedoch westl. umgangen wird. Danach durch einen flachen Sattel und wieder aufsteigend zum Nördlichen und Südlichen Polleskogel. Die zwei nahe beisammenliegenden Gipfel werden jedoch nicht erstiegen, denn kurz vorher führt der Weg durch eine steile Rinne hinunter ins Südliche Pollesjöchl, 2961 m, und weiter durch eine steile Rinne (Stahlseilsicherung) auf die Ausläufer des Rettenbachferners, auf dem aufsteigend das Pitztaler Jöchl erreicht wird. 4 Std. Gehzeit vom Rheinland-Pfalz-Biwak. Danach folgt auf gutem Steig der Abstieg zur Braunschweiger Hütte.

- **341**     **Piößmes**, 1400 m — **Reiserscharte**, 2809 m — **Huben**, 1190 m
    3—4 Std. von Piößmes auf die Reiserscharte; Abstieg 2 Std. Teilw. bez., Steigspuren.

In das Luibiskar gelangt man von Piößmes im Pitztal (20 Min. taleinwärts von St. Leonhard) über die Luibisalm, 2077 m, zu der ein Steiglein über die steilen Talhänge emporführt (1½ Std.). Von dort in südöstl. Richtung empor über teilweise ziemlich steile Weidehänge. Das Luibiskar ist ein Wiesenkar mit fast ebenem, wasserdurchronnenem Grund, von dem breite Blockkare emporziehen. In südöstl. Richtung leiten Steigspuren hinauf in das die Fortsetzung bildende Mitterkar, von dem man über Geröllhänge, sich rechts haltend, zuletzt durch eine Rinne auf die schmale Scharte gelangt. Jenseits reichen die Geröllhänge des Reiserkares bis auf die Höhe herauf und gestatten einen leichten Abstieg in dasselbe und weiter in das mittlere Breitlehnertal und zur Breitlehneralm.

- **342**     **Piößmes**, 1400 m — **Luibisscharte**, 2914 m — **Längenfeld**, 1171 m
    6—7 Std., vgl. R 336, 341.

Wie R 341 ins Mitterkar. Hier gerade, ostw., empor (Steigspuren) in die Scharte.

- **343**     **Huben**, 1190 m — **Breitenlehnerjöchl**, 2639 m — **Trenkwald im Pitztal**, 1510 m
    5—6 Std., bez. Lohnend. Von Trenkwald auf das Jöchl 3 Std. Vgl. R 336.

Von Huben westw. durch das Dorf, dem alten Bett der Ache zu, das man auf einer Brücke überschreitet. Hinter derselben zweigt nach links der Weg zur Ebneralm ab, während der Weg in das Breitlehnertal über den hier vereinigten Pollestaler und Breitlehnerbach hinüber nach dem Weiler Mühl führt (in der Talnische gerade unterhalb des Ausganges des Breitlehnertals). Nach den ersten Häusern vom Talweg ab und westw. durch eine Wildlichte schräg rechts aufwärts auf einen kleinen Kammrücken, wo man auf einen Steig trifft, der vom weiter nördl. gelegenen Weiler Gottsgut heraufführt. Nun in Kehren durch steilen Wald aufwärts, schließlich nach rechts hinaus in einen kleinen waldigen Graben. Nach kurzer Steigung südw. zu den Hütten der Breitlehneralm, 1874 m. Hinter der Alm auf leicht auffindbarem Steig westw. durch die Almweiden aufwärts in das Breitlehnertal, das man bei einer weiten Mulde am linken Talufer betritt. Von hier auf schlechterem Steiglein etwas über dem Tal an den nördl. Hängen wenig ansteigend taleinwärts. Im Hintergrund erreicht das Steiglein nach und nach die mit Blockfeldern und Geröll gefüllte Talsohle, in der es schließlich in südwestl. Richtung über sanftgeneigte Schutthalden zur breiten Einsattelung des Breitlehnerjöchls aufsteigt. Jenseits über grasige Geröllhänge durch mehrere Mulden, später über eine steilere Talstufe zur Hundsbachalm, 2300 m (kleine Almhütte rechts des Baches). Nun auf schmalem Wiesensteiglein gerade hinab in das steil heraufziehende Tal, über den Bach und an der linken Bachseite weiter talaus. Am Talausgang, wo der Bach bereits in einer tiefen Schlucht zu verschwinden beginnt, quert man fast eben die steilen, mit Gesträuch bewachsenen Hänge gegen S. In vielen Kehren über eine steile Wiesenhalde hinab in das Pitztal und taleinwärts zum Weiler Trenkwald.

● **344** **Huben,** 1190 m — **Weißmaurachjoch,** 2959 m — **Planggeroß im Pitztal,** 1617 m
6—7 Std., bez., teilweise Steigspuren. Stellenweise Steinschlaggefahr. Für Erfahrene lohnend. Siehe Abb. S. 105.

Von Huben vom südl. Dorfausgang über die Wiesen und über die Brücke der alten Ache an den Taleinschnitt des westl. vom „Eck", 1607 m, emporziehenden, waldumrandeten Wiesentals, durch dieses auf gutem Almsteig empor zu der im S dieses Tälchens abschließenden schulterförmigen Einsattelung „Sattel", 1501 m. Nun in die Flanke des Pollestals. Nach kurzer Zeit erreicht man den Talgrund,

*Hohe Geige und Silberschneide mit dem Anstieg zum Weißmaurachjoch. R 531 bezeichnet den Normalweg auf die Hohe Geige.*

Hohe Geige   Silberschneide

531

344

Weiß-
maurach-
joch

um dann am orographisch linken Ufer des Baches auf steilem Weg anzusteigen. Weiter taleinwärts in die Talmulde und fast eben einwärts zur Vorderen Pollesalm, 1773 m. Von hier auf gutem Almweg am rechten Bachufer gleichmäßig zur Hütte der Hinteren Pollesalm, 2083 m, die am murendurchzogenen östl. Talhang liegt. Von der Alm noch ein Stück taleinwärts, dann über den Bach (Brücke fehlt derzeit; zwischen Hinterer und Vorderer Pollesalm auch am linken Ufer Steigspuren) und im Bogen nach rechts empor auf die das Tal sperrende Stufe. Dort gegen W auf einem Viehsteiglein empor in das Weite Kar. Vom Weiten Kar entlang einer dürftigen Steinmanndl- und Farbmarkierung unter den Schrofen von P. 2823 mühsam über Schutt, oft auch Schnee, steil ins Weißmaurachjoch, 2959 m (mit Markierungsstange und auffallendem Schartenmanndl; die linke, südl. der beiden Gratsenken).
Jenseits rechts von einer Eisschlucht über einen schmalen Geröllhang in das Weißmaurachkar hinab. An der nördl. Lehne des Kars führt ein bez. Steig westw. talauswärts. Vom Ausgang des Kars auf einen schönen Steig, der zur Chemnitzer Hütte leitet. Von der Hütte wie R 234 hinunter nach Planggeroß im Pitztal.

## 2. Kaunergrat

● **350** **Wenns,** 982 m — **Piller,** 1353 m — **Gacher Blick,** 1559 m — **Fließ,** 1073 m
3 Std., bequem, lohnend.

Nicht auf der Pitztaler Straße, sondern auf dem breiten Fahrweg darüber südwestw. durch die Wiesen, zuerst an Einzelhöfen vorbei, schließlich durch Wald zur Ansiedlung Piller, 1353 m; Ghs. Sonne, Hirsch. Skigelände. Geeignet als Tourenstützpunkt für Venet, Aifenspitz und die Berge des nördlichsten Kaunergrates.
Von Piller auf Fahrweg südwestw. durch Wiesen, zuletzt den Pillerbach überschreitend zum Weiler Fuchsmoos, 1344 m, dessen Höfe rechts bleiben. Von da auf neuem Weg durch schönen Wald weiter zur Pillerhöhe und zu dem am Rande des Steilhanges ins Inntal liegenden „Gacher Blick", 1559 m; Aussichtspunkt. Von hier kann man auch (links, südw.) nach Kaltenbrunn ins Kaunertal hineinwandern. Westw. auf bez. Weg hinunter gegen den Mühlbachgraben, und, das Schloß Bidenegg links liegenlassend, nach Fließ.

- **351** **Kaltenbrunn im Kaunertal,** 1263 m — **Wallfahrtsjöchl,** 2770 m — **St. Leonhard im Pitztal,** 1372 m
  7 Std., teilw. weglos, teilw. bez. Steige. Für Geübte unschwierig.

Vom Ghs. Zur Krone oder der Kirche in Kaltenbrunn auf dem ebenen, breiten Weg, der talein führt, in 2 Min. zu einem baufälligen Haus. Knapp hinter diesem zweigt ein steiniger, gut kenntlicher Almsteig ab, der in zwei Kehren durch Wald emporsteigt, den gegen das Gehöft Bichlwies führenden Weg links läßt und bald darauf wieder nach S umbiegt. Nun durch Wald steil empor in das Tal hinein, in dem der Weg hoch über dem Bach einwärts führt. Schließlich erreicht man das Bachufer und steigt auf schmalen, steilen Wiesenstreifen aufwärts, bis bei der Vereinigung der beiden Bacharme der Weg auf zwei Brücken über die Weiden der Gallruttalm in östl. Richtung die Alm selbst erreicht. Auf ausgetretenem Steig ostw. weiter, wobei der oben befindliche, inselförmige Waldhang rechts bleibt, auf die grünen Rücken, die gegen den mitten in der Talweitung aufragenden Rösselkopf, 2611 m, emporleiten. Von hier aus kann man entweder das Kar gegen den Dristkogel und von den Moränen über steilere Schutthänge und kurze Felsen hinter dem Rösselkopf die nördl. Karbucht erreichen oder gleich unter den westl. Felsen derselben nordostw. in diesen Karteil gelangen, aus dem man über Schutthalden zuletzt durch eine lange, rutschige Geröllrinne die felsige Jochhöhe erreicht; Bildstöckl.

Vom Joch nordostw. hinab in den Kargrund, und an der nordseitigen Lehne hinaus, schließlich rechts hinüber zum Neubergsattel, 2354 m. Von hier auf einem Steiglein hinunter. Oberhalb der Waldgrenze hinüber in das Tiefental mit der aus Blöcken geschichteten Tiefentalalm, 1853 m. Ein Weg führt von hier über die bewaldete Steilstufe, zuerst in der Nähe des Baches, dann rechts taleinwärts zur Kirche von St. Leonhard.

- **352** **Trenkwald,** 1510 m — **Verpeiljoch,** 2830 m — **Verpeilhütte,** 2025 m
  5 Std., bez. Teilw. verfirnt. Unschwierig, aber sehr mühsam.

Von Trenkwald westw. über die Pitze und auf Steig schräg nordwestw. ansteigend an der Waldgrenze talauswärts, bis der vom Weiler Neurur hereinführende Almweg, noch vor dem aus dem Seebachtal kommenden Bach, einmündet. In steilen Kehren durch Wald aufwärts, dann gegen S auf eine Wiesenmulde und über die

Wiesen zu einem Schäferhüttchen, zu dem man vor Erreichen des Baches im Grund des Seebachtals gelangt. Nach Überschreiten des Baches über grasdurchsetzte Blockhalden knapp am linken Talufer zu einer Talschlucht. An der nördl. Bachseite empor, dann über grüne Hänge nordwestw. zu den Moränen des kleinen Gletscherfeldes, das der Jocheinsenkung vorgelagert ist. Fast eben über das Firnfeld am nördl. Rand an den Fuß der tiefsten Scharte und über einen kurzen Schutthang auf die Einsattelung. Auf der Kaunertalseite anfangs sehr steil über Geröll in das Hinterverpeil zu den dem Verpeilferner nördl. vorgelagerten Moränen hinab. Dann an den nördl. Hängen dieses Hochtals, im unteren Teil die begrünten Flecken benützend, schließlich wieder über etwas steilere, bewachsene Hänge auf den Talgrund. Nun eben hinaus zu der schon sichtbaren Verpeilhütte.

● **353** **Verpeilhütte,** 2025 m — **Madatschjoch,** 3010 m — **Kaunergrathütte,** 2811 m
3—4 Std., vergletschert, nur für Geübte.

Von der Hütte südw. über den Wiesenboden hinüber zum Beginn des AV-Steiges. Auf diesem, das schuttbedeckte Kühkarle rechts umgehend, empor und weiter allmählich mehr nach O haltend zum Madatschferner. Südl. ragen die dunklen, zersplitterten Madatschtürme, nördl. die Wände des Schwabenkopfes empor. Am N-Rand des Gletschers weiter bis zur tiefsten Einsenkung unter dem N-Pfeiler der Wazespitze und über Schutt hinauf zum jetzt aperen „Schneeigen Madatschjoch". Der bisher bevorzugte Übergang über das „Apere Madatschjoch", mit Kreuz (im S-Grat des Schwabenkopfes) ist bei den derzeit auf der O-Seite bestehenden Eisverhältnissen weniger empfehlenswert.
Vom Joch hinab auf den Planggeroßferner, der hier einige Spalten aufweist, über diesen linkshaltend zu einem Moränenwall, auf dem ein Steig zur Kaunergrathütte führt.

● **354** **Kaunergrathütte,** 2811 m — **Riffelseehütte,** 2293 m
**(Cottbuser Höhenweg)**
3 Std., bez. Sicherungen häufig durch Steinschlag beschädigt; nur für Geübte.

Von der Kaunergrathütte auf dem Weg nach Planggeroß hinab bis oberhalb der zweiten Talstufe. Wegabzweigung bei einer Tafel. Ostw. in großem Bogen durch das oberste geröllgefüllte Kar auf das nordöstl. Eck des Steinkogels. Nun südw. gegen das Alzeleskar, auf gesichertem Steig quer durch die von Steilrinnen durchfurchten Hänge. Vom tiefsten Punkt mitten in der Steilschlucht steiler Anstieg auf die zuvor innegehabte Höhe. Nun in leichtem Auf und Ab durch den O-Hang des Brandkogels, schließlich in Kehren hinab zu einer Einsattelung über dem östl. Seeufer. Durch den südwestl. Hang des Muttekopfes leitet der Weg südostw. fast eben zur Riffelseehütte. Verfehlt man bei schlechter Sicht den Weg durch den SW-Hang des Muttekopfes, so ist es ratsam, auf dem Rücken des Muttekopfes zu gehen, über den man ebenfalls zur Riffelseehütte gelangt.

- **355** **Riffelseehütte**, 2293 m — **Wurmtaler Joch**, 3119 m — **Gepatschhaus**, 1928 m **(Offenbacher Höhenweg)**
  6—9 Std., bez., hochalpiner Übergang, jedoch nur für Geübte ratsam.

Über den Steg am Abfluß des Riffelsees. Am linken Ufer entlang in das Riffeltal hinein, ansteigend bis gegen den Riffelferner. Über das Firnfeld aufwärts gegen den weißen Stab im Joch. Links abwärts über Geröll, dann rechts in der Fallinie bis an die Moränenbuckel. Dazwischen in etlichen Windungen bis an einen Bach. Diesem rechts absteigend folgen bis an die Seitenmoräne ins Wurmtal. Auf der Moräne abwärts, dann links über den Steg des Wurmbaches auf die andere Talseite. Der Markierung folgend auf der linken Talseite hoch oberhalb des Gepatschspeichers bis in den Talgrund des Kaunertals und zum Gepatschhaus.

- **356** **Riffelseehütte**, 2293 m — **Taschachhaus**, 2434 m **(Fuldaer Höhenweg)**
  3 Std., bez. (925). Landschaftlich schöner Weg. Siehe Abb. S. 110/111.

Vom SO-Rand des Sees knapp unterhalb des Seeausflusses über die Brücke. Auf gutem Steig hoch über dem Taschachtal durch die steinigen Weidehänge, bis der alte Weg ins Tal abzweigt. Von hier gerade weiter, immer etwa in gleicher Höhe bleibend, den Hang entlang. Der auffallende, vom Vorderen Köpfl (P. 2740) herabziehende Felsgrat wird auf Grasbändern gequert. Eine abschüssige Felsplatte ist durch eine Steiganlage gangbar gemacht. Nun zunächst eben am Hang entlang und dann gegen die auffallenden roten Felsplatten am linken Ufer des Sexegertenbachs absteigend. Über den Steg und rechtwinkelig vom Bach weg bis zum Weg Taschachhaus — Sexegertenferner. Über diesen Weg ein kurzes Stück talaus, ostw., zum Taschachhaus.

**Rostizkogel**

**Schneidige Wandle**

248

*Die Gipfelrunde über dem Riffelsee und der Fuldaer Höhenweg.*

**Seekogel**

**Seekarlesschneid**

356

Riffelseehütte

- **357** **Taschachhaus,** 2434 m — **Ölgrubenjoch,** 3013 m — **Gepatschhaus,** 1928 m
  4 Std., in Gegenrichtung 4½—5 Std. Bez. (924), teilw. vergletschert. Vielbegangen. Der Weg durch das unübersichtliche, von Moränenblöcken bedeckte Tal ist ziemlich beschwerlich. Schlechte Bez., kein gut sichtbarer Steig. Siehe Abb. S. 211.

Vom Taschachhaus auf bez. Steig talein und über die östl. Mittelmoräne des Sexegertenferners ansteigend, bis der Ferner eben wird und man zu einem großen Felsblock kommt. Am Felsblock roter Pfeil nach W. Rechtwinklig von der Moräne weg über den Ferner, die westl. Mittelmoräne und weiter, bis man in der westl. Seitenmoräne wieder zu einem großen Felsblock kommt. Am Felsblock roter Pfeil für die entgegengesetzte Wegrichtung. Hier setzt der Steig wieder ein und leitet über die vom Taschachhaus sichtbare rote Moräne zu einem kleinen See. Kurz hinter dem See zieht eine Geröllrinne, manchmal auch verfirnt, nach W. Am südl. Rand der Rinne erhebt sich bald ein kleiner Steilabbruch, den man auf schmalem Steig überwindet. Oben Steinmann! Nun durch das Firnbecken hinauf zum Jochkreuz (nicht die tiefste Einsattelung), 3013 m. Jenseits zunächst ein Stück fast eben über Geröll oder Firn und dann in leichtem Bogen nach rechts (N) in eine Schutt-, bzw. Schneerinne. Der Rinne nach S folgend, bis man das talwärts nach W führende Kar erreicht. Auf dem Steig durch das Kar abwärts bis auf den Almboden hoch über dem Gepatsch. Nun in Serpentinen hinab zum Gepatschhaus.

---

Der unentbehrliche Begleiter für Bergsteiger und Bergwanderer:

### Die Alpenvereinshütten

Beschreibung sämtlicher Schutzhütten des DAV, OeAV und AVS; Kurzinformationen über mehr als 500 Hütten anderer Vereinigungen.
Mehr als 500 Fotos und Lageskizzen; übersichtliche, mehrfarbige Ostalpenkarte 1:500 000.

Erhältlich in allen Buchhandlungen

**Bergverlag Rudolf Rother GmbH München**

Panorama 2
Standpunkt: Ramolhaus
Aufnahmerichtung:
Ost – Süd

Langtalerjoch-
spitze 3151 m

Mittl. Seelenkogel, 3426 m — P. 3424 — Hint. Seelenkogel, 3472 m — Rotegg, 3341 m

Granatenkogel, 3304 m

Hochfirst, 3405 m

Hochebenkamm, 3166 m

Liebener-spitze, 3400 m

Eiskögele, 3228 m  Vord. Seelenkogel, 3290 m

Bankkogel, 3309 m

Falschungspitze, 3363 m

Gurgler Ferner

## Für Schlechtwettertage: Humor und Unterhaltung

Karl Tiefengraber

### Alpines Panoptikum

Ein gelungener Versuch von Franz Xaver Wagner, dem langjährigen Kolumnist Karl Tiefengraber in der Zeitschrift Bergwelt, Bergsteiger auf den Arm zu nehmen, sie auf satirische Gipfel zu tragen und ihnen die Aussicht von dort oben zu zeigen. Daß dabei Ähnlichkeiten mit tatsächlichen Verhältnissen sichtbar werden, ist der zunehmenden Annäherung alpiner Wirklichkeiten an satirische Übertreibung zuzuschreiben. Das Büchlein gehört in die geistige Rucksackapotheke jedes Bergsteigers!

Illustriert von Sebastian Schrank, Größe 12 × 16 cm, kartoniert.
112 Seiten. 2. Auflage 1980.


Franz Xaver Wagner/Sebastian Schrank

### Alpines Alphabet

Satirische Stichworte und Zeichnungen für Bergsteiger und Skifahrer haben die Autoren des „Alpinen Panoptikums" in ihrem zweiten Bändchen zusammengestellt. Sie schufen das „Alpine Alphabet", weil es bis dato noch kein Bergbuch gab, das bei einem Gewicht unterhalb dem einer Dose Bier auch in der Höhe und ohne künstlichen Sauerstoff Denkanstöße zu geben vermochte. Das „Alpine Alphabet" wird jedem die Zeit vertreiben, der sich auf faden Gipfeln langweilt, mutterseelenallein in den leeren AV-Hütten sitzt, oder die trostlose Einsamkeit eines beliebten Klettersteigs nicht aushält...

Größe 12 × 16 cm, kartoniert, 112 Seiten, 2. Auflage 1982.


Zu beziehen durch alle Buchhandlungen

## Bergverlag Rudolf Rother GmbH · München

## Alpine Lehrschriftenreihe des Bergverlages

*Eine umfassende Darstellung aller Wissensgebiete des Bergsteigens. Gestaltung und Konzeption wie die OeAV-Lehrschriftenreihe.*

Thomas Hanschke
**Alpine Ausrüstung**
224 Seiten, 174 Abbildungen, 32 Skizzen und Tabellen. 1. Auflage 1984.

Dr. Franz Berghold
**Richtige Ernährung beim Bergsteigen**
104 Seiten, zahlreiche ein- und mehrfarbige Abbildungen, Skizzen und Tabellen. 1. Auflage 1980.

Dr. A. W. Erbertseder
**Gesundheit und Bergsteigen** – Erste Hilfe in den Bergen.
144 Seiten, zahlreiche ein- und mehrfarbige Abbildungen sowie zweifarbige Skizzen. 2. Auflage 1977.

Dieter Seibert
**Grundschule zum Bergwandern**
144 Seiten, 72 ein- und mehrfarbige Abbildungen, zahlreiche Graphiken. 1. Auflage 1980.

Ottomar Neuss/Hermann Kornacher
**Mit Kindern in die Berge**
168 Seiten, 36 teils farbige Fotos, 16 Zeichnungen und 1 Übersichtskarte. 30 für Kinder geeignete Bergfahrten werden beschrieben. 2. Auflage 1981.

Dieter Seibert
**Orientierung im Gebirge mit Karte, Kompaß und Höhenmesser**
128 Seiten, 63 Abbildungen und Zeichnungen, 7 Kartenausschnitte und ein Winkel- und Entfernungsmesser zum Zeichnen von Kursskizzen. 1. Auflage 1984.

Pit Schubert
**Alpiner Seilgebrauch für Anfänger und Fortgeschrittene**
64 Seiten, zahlreiche Abbildungen und Skizzen. 2. Auflage 1985.

Adolf Schneider
**Wetter und Bergsteigen**
192 Seiten, 68 zum Teil farbige Abbildungen, zahlreiche Skizzen und Tabellen sowie mehrfarbige Wetterkarten und Satellitenfotos. 4. Auflage 1981.

Zu beziehen durch alle Buchhandlungen

# Bergverlag Rudolf Rother GmbH · München

Hochwilde, 3482 m
Annakogel, 3336 m
Mitterkamm, 3200 m
Hochwildehaus

Schwärzenspitze, 2980 m

# Alpenvereinsführer

*die Führer für den vielseitigen Bergsteiger aus den Gebirgsgruppen der **Ostalpen** und der **Dolomiten** (Arbeitsgebiete des Deutschen, Oesterreichischen und Südtiroler Alpenvereins), aufgebaut nach dem Grundsatz der **Einheitlichkeit** (erleichtern das Zurechtfinden) und der **Vollständigkeit** (ausführliche Beschreibung der Talschaften, Höhenwege, Klettersteige und Gipfelanstiege einer Gruppe).*

*Bisher liegen vor:*

Allgäuer Alpen – Ammergauer Alpen –
Ankogel-/Goldberggruppe – Bayerische Voralpen Ost
mit Tegernseer/Schlierseer Bergen und Wendelstein –
Benediktenwandgruppe, Estergebirge und Walchenseeberge –
Berchtesgadener Alpen – Bregenzerwaldgebirge
Chiemgauer Alpen – Civettagruppe – Cristallogruppe und
Pomagagnonzug – Dachsteingebirge Ost – Dachsteingebirge
West – Eisenerzer Alpen – Ferwallgruppe – Geisler-Steviagruppe – Glockner- und Granatspitzgruppe – Hochschwab –
Kaisergebirge – Karnischer Hauptkamm – Karwendelgebirge –
Kitzbüheler Alpen – Lechtaler Alpen – Lechquellengebirge –
Lienzer Dolomiten – Loferer und Leoganger Steinberge –
Marmolada-Hauptkamm – Niedere Tauern – Ortlergruppe –
Ötztaler Alpen – Pelmo—Bosconero – Puez/Peitlerkofel –
Rätikon – Rieserfernergruppe – Rofangebirge – Samnaungruppe – Schiara – Schobergruppe – Sellagruppe – Sextener
Dolomiten – Silvretta – Stubaier Alpen – Tannheimer Berge –
Tennengebirge – Totes Gebirge – Venedigergruppe –
Wetterstein und Mieminger Kette – Ybbstaler Alpen –
Zillertaler Alpen

Zu beziehen durch alle Buchhandlungen

Ausführliche Verzeichnisse vom

# Bergverlag Rudolf Rother GmbH · München

# Bergwelt

Format 22 × 28 cm
Einzelheft DM 6,–
Jahresabonnement
DM 58,80

Sie sollten die
**BERGWELT** ansehen – fordernd Sie mit DM 1,– in Briefmarken (für Rückporto) ein kostenloses Probeheft an beim
**Bergverlag
Rudolf Rother GmbH,**
Postfach 190162,
8000 München 19.

Sie **wandern** oder **klettern,** Sie haben Spaß an **Skitouren,** am **Skilanglauf.** Oder Sie wollen mehr wissen über **Alpenpflanzen,** über die **Tierwelt** in den Bergen. Vielleicht auch über Aktuelles auf dem **Ausrüstungsmarkt,** über das **Fotografieren.** Dabei verschließen Sie Ihre Augen nicht vor der **Zerstörung der Umwelt,** die auch unsere Alpen bedroht. Und Sie bewahren sich Ihren **Humor** und können sich über eine gelungene Satire freuen.

Die **BERGWELT** wird Ihnen gefallen! Sie gehen selbst ins Gebirge. Deshalb freuen Sie sich über lohnende **Tourenvorschläge,** informieren sich durch ein ausführliches **Gebietsthema** jeden Monat über neue Ziele, begutachten mit Kennerblick das superbreite **Panoramafoto,** wollen auch hin und wieder über **nicht alltägliche Fragen** nachdenken, denen Fachleute in unterhaltsamen Beiträgen nachgespürt haben. Und natürlich wollen Sie etwas sehen: Ihre **Berge im Bild** – farbig, ganzseitig, doppelseitig. Vielseitig.

# 3. Glockturmkamm, Nauderer Berge

● **360**  **Anton-Renk-Hütte,** 2261 m — **Rifenkarscharte,** 2880 m — **Kreuzjöchl,** 2641 m — **Gepatschhaus,** 1928 m **(Aachener Höhenweg)**
8—10 Std., bez. Hochalpiner, für Geübte lohnender Übergang.

Von der Anton-Renk-Hütte über den Unteren Grießboden zum Oberen Grießboden im Fallenden-Bach-Kar mäßig ansteigend über Rasenpolster. Nun linkshaltend an den Fuß der N-Wand der Kuppkarlesspitze. Der Wand entlang durch Geröllfelder aufwärts zur Rifenkarscharte.
Nach Überschreiten des Grates — Vorsicht bei Vereisung! — jenseits steil in der Fallinie hinab zu einem kleinen See im Hüttekar. In südl. Richtung durchs Blockgewirr des Pfroslkars, allmählich an Höhe verlierend, zum Oberen Glockhaus im hintersten Fißladtal. Hierher Zustieg von der Kaunertalstraße (1 km außerhalb des Stausees) auf bez. Steig über die Fißladalm, 1½—2 Std. Auf der rechten Talseite der Markierung folgend über den Schutthang des Kreuzkopfs steil aufwärts zum Kreuzjöchl. Jenseits unter den Ausläufern des Atenkogels, hoch oberhalb des Gepatschstausees, durch Schrofengelände zur Nassereiner Alm. Das Gepatschhaus ist bereits von weitem zu sehen.

● **361**  **Hohenzollernhaus,** 2123 m — **Rotschragenjoch,** etwa 2970 m — **Kaiserbergtal**
2 Std. auf das Joch; gesamte Gehzeit 4 Std. Bez., guter Steig (932).

Vom Hohenzollernhaus talein zur Alplalm. Auf der Höhe des Zollwachhäuschens, jedoch am anderen Talhang, führt links, ostw., der Weg ins Hüttekar empor. In Kehren über den Hang empor, über einen felsigen Ausläufer des Bruchkopfes, sodann im Bogen gegen O in das hintere Kar. 100 Höhenmeter unter der Grathöhe zweigt rechts, südw. der Weg zum Riffljoch und dem Glockturm ab. Ostw. empor über die Steilstufe auf das Rotschragenjoch.
Jenseits über die Schuttreise mit etwas Vorsicht hinunter (steil, im Aufstieg mühsam). Steig durchs Kaiserbergtal ist sehr schlecht, Steg bei 2300 m fehlt. Zum Gepatschhaus also besser über Nassereiner Alm und Uferstraße.

- **362 Hohenzollernhaus,** 2123 m — **Riffljoch,** 3147 m — **Gepatschhaus,** 1928 m
  4—5 Std. vom Hohenzollernhaus, bez. (902). Vergletschert, nur für Geübte. Häufig in Verbindung mit dem Glockturm begangen.

Vom Hohenzollernhaus (wie in R 361) auf dem Steig empor zur Wegabzweigung zum Riffljoch. Nun südw. über den mitunter zerspaltenen Hüttekarferner. Wenig steil empor, zuletzt nach links auf den Firnsattel des Riffljochs (zwischen Riffljochturm und Rifflkarspitze; nicht jener höhere, südwestl. gelegene Sattel, von dem eine steile Eisschlucht zum Glockturmferner abstürzt).
Jenseits linkshaltend unter den Abbrüchen der Rifflkarspitze hinab ins Riffltal. Der Weg ist anfangs nicht leicht zu finden. Der See unterhalb des Rifflferners muß rechts liegen bleiben. Durch die verschiedenen Mulden und Absätze des Riffltals, stets auf der linken Talseite bleibend, hinaus zur Oberen Birgalm, zur Gepatschalm und zum Gepatschhaus.

- **363 Hohenzollernhaus,** 2123 m — **Glockturmjoch,** 3005 m — **Gepatschhaus,** 1928 m
  4—5 Std. vom Gepatschhaus. Teilw. bez., unschwierig.

Vom Gepatschhaus in das Krummgampental über die Gepatschalm. Stets am nördl. Bachufer bis in den Talhintergrund zu den Moränen des Krummgampenferners. Den Ferner überschreitet man gegen das Glockturmjoch zu am besten in seinem südl. Drittel gegen W und steigt sanft zu der wenig den Gletscher überragenden Senke empor. (Der Ferner ist stark zurückgegangen.) Jenseits betritt man nach einem kurzen Schutthang bald den Hinteren Hennesiglferner, dessen breites, flaches Schneefeld man schräg gegen NW abwärts verfolgt, um über dessen steiler abfallende nördl. Zunge und dann westw. über steile, schutt- und felsendurchsetzte Rasenhänge in das innerste Radurscheltal hinabzugelangen.
Besser und leichter, wenn auch etwas weiter: Den Gletscherboden ziemlich weit gegen SW durch das blockerfüllte Hennesiglkar hinaus verfolgen, bis man ins Radurscheltal hinabsieht; dann ins Tal hinab und zum Hohenzollernhaus.

- **364 Gepatschhaus,** 1928 m — **Weißseejoch,** 2960 m — **Melag,** 1915 m
  Vom Gepatschhaus zum Joch 3 Std., von Melag 4 Std. Bez. Grenzübergang. Auch als Übergang zur Weißkugelhütte geeignet.

Vom Gepatschhaus auf der Gletscherstraße oder dem sie abkürzenden bez. Steig zum Weißsee und rechts von ihm empor (Steigspuren von der 2. Kehre über dem See). Durch Blockwerk empor, immer in der Nähe des felsigen Abhangs zur Rechten. Die zwei oberen Karseen sowie das stark zusammengeschrumpfte Firnfeld bleiben links liegen. Südwestw. zur schmalen Jochscharte empor. Von dieser nach S in einen düsteren Trümmerkessel hinab, der sich nach W hinaus in das Melagtal öffnet. Mühsam über die steilen Trümmerhalden abwärts in das grüne Tal, das dann steil südwestw. zum Weiler Melag (½ Std. von Hinterkirch entfernt) abfällt (2 Std.).

Zur Weißkugelhütte: Bei der Brücke am Ausgang des Melagtals zweigt ein schwer aufzufindender Viehsteig ab, der über die Hänge der inneren Schafbergalm hinein zur Weißkugelhütte führt (2 Std.).

● 365    **Hohenzollernhaus,**  2133 m  —  **Radurschelschartl,** 2872 m — **Langtauferer Tal**
   2 Std. vom Hohenzollernhaus zur Scharte. Teilw. bez. Unschwierig, aber mühsam. Grenzübergang.

Vom Hohenzollernhaus auf dem Steig talein; auf der Höhe des Zollwachthäuschens wechselt man auf das westl. Bachufer hinüber. An diesem lange Zeit fast eben taleinwärts, dann über die Absätze, stets rechts der Talfurche empor. Rechts öffnet sich die Hochmulde des Hinteren Bergles; links zweigt ein Steig ins Hennesiglkar ab. Man hält sich rechts, südwestw., später fast genau südw. empor zum flachen, im Felskamm eingesenkten Sattel, dem Radurschelschartl.

Von der auf der südwestl. Ecke eingesenkten Übergangsplatte auf der südl. Seite steil hinab genau südw., zuerst über steile Blockfelder zu den Schafbergseen, dann über Almweiden, den Bach rechts lassend, an einer Schäferhütte vorbei. Schließlich durch steile Waldhänge hinunter nach Hinterkirch.

● 366    **Nauderer Skihütte,** 1910 m — **Saletzjoch,** 2801 m — **mittleres Langtauferer Tal**
   Hütte — Joch 3 Std., teilw. bez. Grenzübergang.

Von der Hütte kurz südw. hinab ins Tal und auf dem Steig immer in der Nähe des Baches am orographisch rechten Ufer talein ins Saletztal. Nach Überschreitung eines von O herabkommenden Grabens (Schafbachle) über den Talbach und steiler ansteigend hinauf zu den Mataunböden. (Auf 2580 m verfallenes Finanzerwachhaus.) Nun im Bogen nach rechts durch das Kar empor zum Jocheinschnitt.

Jenseits hinab zu den Karseen, zwischen diesen durch (hier überquert man den Militärsteig) und weiter gerade hinab zum Beginn des Pleifgrabens. Hier teilt sich der Steig: man kann links über die Pateinalm nach Patscheid, rechts, westw., nach Padöll — Kapron im Langtaufers absteigen; 1000 m Höhenunterschied vom Joch ins Tal.

- **367** **Nauderer Höhenweg: Bergstation der Bergkastelbahn,** 2150 m — **Labaunalm,** 1977 m
  6—7 Std., gut bez. Weg. Abstiegsmöglichkeiten im Piengtal, im Valdafur, auf dem Stablesboden und im Gamortal.

Vom Bergkastelboden ostw. zur Jagdhütte, dann leicht ansteigend zu einem Ww; nun der Bez. 22 folgend zur Piengalm, 1993 m. Weiter ostw. zum Saletzbach, über ihn und dann nach NW über einen Steilhang zu den „Wiegen"; um den Rücken, der zum Tscheyeck hinaufzieht, biegt man scharf ins Valdafur hinein. Über den Bach und zur Ruine der Valdafurner Alm, 2072 m. Danach quert man das steile Stammertal und erreicht durch schütteren Wald den Stablesboden. Man durchquert die „Täler" und gelangt auf den Novellesboden, überquert das Ferminztal und gelangt ins Gamortal. Weiter westw., den weißen Markierungsstangen folgend, dann durch den Kessel, in den das Parditschtal mündet, auf das Labauner Köpfl. Von dort absteigend kurz zur Labaunalm. Von der Alm auf bequemem Weg zu Tal (Bez. 14); 1 Std.

## 4. Weißkamm

- **370** **Pitztaler Jöchl,** 2995 m, **und Rettenbachjöchl,** 2988 m
  Häufig benützte Übergänge zwischen Ötztal (Rettenbachferner) und Pitztal (Braunschweiger Hütte). Pitztaler Jöchl s. R 270. Das Rettenbachjöchl wird als Skiübergang benützt.

- **371** **Braunschweiger Hütte,** 2759 m — **Tiefenbachjoch,** 3234 m — **Vent,** 1894 m
  Hütte — Joch 2 Std. Von Vent zur Hütte 6 Std. Gletscherwanderung.

Das Tiefenbachjoch ist nicht mit dem zwischen Linkem Fernerkogel und Tiefenbachkogel eingelagerten Firnsattel zu verwechseln, der den N-S-Übergang vom Hangenden Ferner zum Mittelbergferner bildet. Von der Braunschweiger Hütte südw. über den Karles-(Hangenden)Ferner ziemlich steil in die Einsattelung zwischen Linkem Fernerkogel und Innerer Schwarzer Schneide (Ersteigung mit dem Jochübergang leicht zu verbinden), dann fast eben südostw. querend zum Tiefenbachjoch. Jenseits südostw. über den Tiefenbachferner hinab und nach rechts zum Mutboden, von wo man entweder den Hängen entlang nach Vent oder gerade hinab über Stablen nach Heiligkreuz gelangen kann.

- **372 Braunschweiger Hütte,** 2759 m **— Taufkarjoch,** 3218 m **— Vent,** 1894 m
  Von der Hütte zum Joch 2—3 Std., Vent — Joch (steil, mühsam) 4—5 Std. Kürzer als R 371.

Als Taufkarjoch bezeichnet man alle Einsattelungen zwischen Taufkarkogel und Weißem Kogel. Die tiefste Einsattelung befindet sich westl. der Felsköpfe; als Übergang wird jedoch meist die etwas höher gelegene östlichste oder die mittlere Einschartung benützt.
Von der Braunschweiger Hütte hinab auf den Karlesferner, südwestw. hinüber auf den Mittelbergferner, nun südw., links, ab, über den zwischen den beiden Fernerkögeln herabfließenden Teil des Mittelbergferners aufwärts, den mittleren Bruch im Bogen links umgehend, sodann ziemlich genau südw. zu den Taufkarjöchern. Jenseits hinab in den Taufkarferner; von seinem Ende etwas mühsam über Moränen; man hält sich mehr dem Graben des rechten, westl., Abflusses zu (Weißbach). In den obersten Mähdern trifft man auf Steigspuren, die durch die Stableiner Mähder im Zickzack steil hinunterführen nach Vent. Im letzten Teil kann man den AV-Weg, der zur Breslauer Hütte führt, benützen.

- **373 Braunschweiger Hütte,** 2759 m **— Mittelbergjoch,** 3166 m **— Mitterkarjoch,** 3468 m **— Breslauer Hütte,** 2840 m
  4—5 Std., vergletschert, nur für Geübte; bei Vereisung können die Abstiege von den Jöchern beträchtliche Schwierigkeiten bieten. Häufig begangen, auch in Verbindung mit einer Besteigung der Wildspitze.

Von der Braunschweiger Hütte hinab auf den Karlesferner und hinauf in das rechte, große Becken des Mittelbergferners. Nun immer etwas linkshaltend über den langen Gletscher (spaltenarm) empor gegen das felsige Mittelbergjoch, die tiefste Einsenkung in dem den Mittelbergferner westl. begrenzenden Felsgrat.

Jenseits, linkshaltend, südw. hinab auf den Taschachferner. Gerade hier weist dieser eine ziemlich gut begehbare, fast spaltenfreie Zone auf, die in südwestl. Richtung (auf den Hinteren Brochkogel zu) emporführt auf die höhere Gletscherstufe. Eine spaltenreiche Zone zwingt meist zu einem weiten Ausholen nach rechts (W); nur selten kann man gerade auf das zwischen Wildspitze und Hinterem Brochkogel eingelagerte Mitterkarjoch zugehen.

Jenseits zuerst sehr steil hinab auf den Mitterkarferner, dessen Begehung meist ungefährlich ist, dennoch mehr Vorsicht empfehlen läßt, als meistens geübt wird. Dort, wo die Moränen vom Ötztaler Urkund (von links) herunterkommen, hält man sich links und trifft so am Rand des Eisfeldes auf einen guten Steig, der nach links hinausführt auf den begrünten Rücken, auf dem die Breslauer Hütte steht.

- **374** **Braunschweiger Hütte**, 2759 m — **Mittelbergjoch**, 3166 m — **Brochkogeljoch**, 3423 m — **Vernagthütte**, 2755 m
  5—6 Std., nur für Geübte; häufig ausgeführter Übergang, auch in Verbindung mit der Petersenspitze (R 805). Umgekehrte Richtung vgl. R 798.

Von der Braunschweiger Hütte wie oben über das Mittelbergjoch auf den Taschachferner. Seiner obersten Spaltenzone weicht man genügend weit rechts aus, hält dann auf die Petersenspitze, schließlich gerade auf das zwischen Petersenspitze und Hinterem Brochkogel eingeschnittene Brochkogeljoch, 3423 m, zu.

Jenseits steil hinunter ins oberste Becken des Kleinen Vernagtferners. Man hält sich nun rechts gegen den von der Petersenspitze nach S stechenden Felssporn. Knapp an ihm vorbei, dann im weiten Bogen gegen W ausholend durch die flachere, spaltenarme Zone des Großen Vernagtferners, zuletzt auf die felsigen Abhänge der Hintergraslspitze zu. Am Fernerrand trifft man sogleich auf den Steig, der auf dem Moränenkamm hinabführt zur Vernagthütte.

- **375** **Braunschweiger Hütte**, 2759 m — **Mittelbergjoch**, 3166 m — **Taschachhaus**, 2434 m
  4—5 Std., günstiger Übergang, nur für Geübte.

Von der Hütte wie R 374 über das Mittelbergjoch auf den Taschachferner. Nun nicht links aufwärts, sondern am rechten nördl. Gletscherrand in der Flußrichtung des Gletschers mit wenig Gefälle abwärts. Weiter unten kann man rechts auf einen Steig in der Moräne übertreten, der weit hinunterführt, zuletzt durch einen Graben. Dort, wo der Taschachferner nach N umzubiegen beginnt, links, westw., über eine flachere, spaltenärmere Rampe des Gletschers. Unter dem westl. Bruch in wildem Schuttgelände vorbei. Der Rückgang des Gletschers hat hier teilweise verheerende Verhältnisse geschaffen. Man trifft jedoch bald auf Steigspuren, die sich zum Steig sammeln, der durch plattiges Gelände, später durch die steilen Grashänge fast eben hinausführt zu dem schon lange sichtbaren Taschachhaus. (Im letzten Teil Orientierungsvermögen erforderlich.

- ● 376 **Taschachhaus,** 2434 m — **Taschachjoch,** 3241 m — **Vernagthütte,** 2755 m
  4 Std., hochalpiner, jedoch sehr günstiger Übergang zwischen den Hütten. Siehe Abb. S. 133.

Vom Taschachhaus südw. auf dem durch die O-Hänge des Pitztaler Urkunds angelegten Steig. Bei der Weggabelung etwa ½ Std. hinter der Hütte wählt man den rechten Steig, der nach oben durch die Hänge weiterführt, sich immer rechts des Randes des Taschachferners hält und sich höher oben verliert. Man wird nun links in die schmale begehbare Zone zwischen den Felsen des Urkunds und den Eisbrüchen zur Linken gedrängt. Gerade empor zum Urkundsattel, 3060 m. Vom Urkundsattel unschwierig über die flachere, gegen O emporziehende Gletscherzone. Zuletzt etwas steiler empor zum vergletscherten Taschachjoch.

Jenseits zuerst etwas steiler, dann über den weiten Großen Vernagtferner fast genau südw. hinunter (Richtung Hintergraslspitze). Man trifft auf die vom Brochkogeljoch kommende Spur und erreicht dort (R 374) bald den Gletscherrand, den Moränensteig und die Vernagthütte.

- ● 377 **Breslauer Hütte,** 2840 m — **Vernagthütte,** 2755 m **(Seuffertweg)**
  2½ Std., bez. Steig, lohnende Höhenwanderung.

Von der Breslauer Hütte westw. durch die Moränen des Mitterkarferners und über einzelne Einschnitte. Nun südwestw. einer begrünten Stufe folgend. Der Weg wendet sich um einen Ausläufer des Vorderen Brochkogels herum, überschreitet die Quellen des Platteibaches und führt eben weiter zum oberen „Plattei". Nun

*Pitztaler Urkund, Hochvernagtwand und Hochvernagtspitze von Nordosten. R 376 bezeichnet den Übergang vom Taschachhaus zur Vernagthütte.*

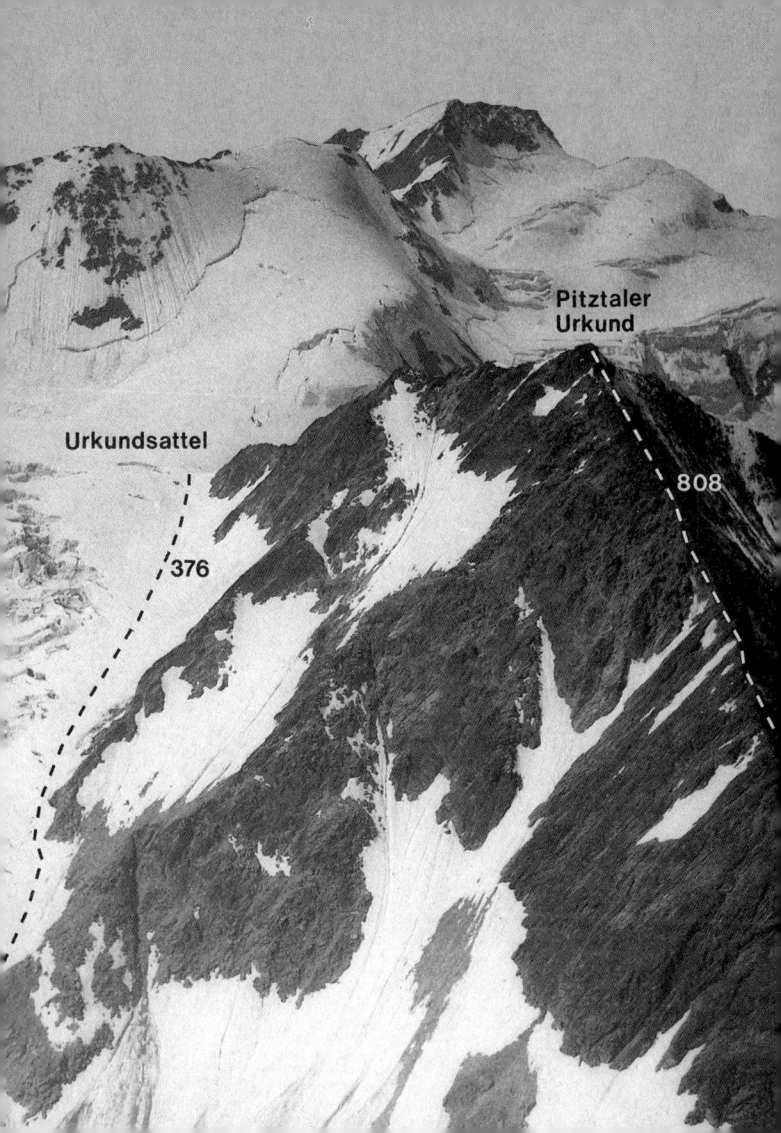

**Pitztaler Urkund**

**Urkundsattel**

376

808

westw. um den Rücken herum und ein wenig fallend in das Tal von Vernagt. Hier trifft der Höhenweg auf den alten Hüttenweg. Diesem folgend taleinwärts, zuletzt absteigend zum Steg über den Vernagtbach und auf dem Hüttenweg zur schon von weitem sichtbaren Vernagthütte.

- **378 Breslauer Hütte**, 2840 m — **Mitterkarjoch**, 3468 m — **Taschachhaus**, 2434 m

    4 Std., nur für Geübte; teils spaltenreicher Gletscher.

Von der Breslauer Hütte nordwestw. auf dem Steig empor auf den Mitterkarferner. Man hält sich zuerst rechts auf den Blockhalden, sodann links hinein auf den Ferner, empor in die hinterste Fernermulde, zuletzt genau nordw. steil empor aufs Mitterkarjoch. (Im Hochsommer offene Randkluft; der letzte Steilhang weist oft Blankeis auf.)

Vom Joch jenseits links, nordwestw., haltend gegen den Firnkopf der Taschachwand zu (gerade hinunter spaltenreiche, gefährliche Zone, sodann über die spaltenärmere flache Gletscherrampe im Bogen nach rechts, nordostw., in die Firnmulde unterhalb des Mittelbergjochs hinab. Von dort wie in R 375 beschrieben zum Taschachhaus.

- **379 Taschachhaus**, 2434 m — **Wannetjoch**, 3110 m — **Rauhekopfhütte**, 2732 m

    4 Std., vergletschert, teilw. weglos; kürzester Übergang zum westl. Weißkamm. Das Joch ist der vergletscherte Sattel zwischen Hinterer Ölgrubenspitze und Nördlicher Sexegertenspitze.

Vom Taschachhaus auf dem Steig hinunter auf den Sexegertenferner und über ihn südwestw. hinein in den hintersten Grund, stets gerade auf die Hintere Ölgrubenspitze zu. Zuletzt linkshaltend, südw., steil zum Wannetjoch empor.

Der Abstieg nach S über Östlichen Wannetferner stellt keine besonderen Ansprüche. Man gelangt auf die Moräne. Auf dem nördl. Moränenwall Steigspuren. Ein Stück hinab, dann gegen links auf den zerrissenen Gepatschferner, den man dort erreicht, wo der Weg vom Gepatschhaus zur Rauhekopfhütte auf das Eis übertritt. Wie dort (R 284) schräg über den Gletscher empor in Richtung auf einen rostbraunen Abbruch des jenseitigen Felsens. Unter diesem Felsabbruch, jedoch auf dem Eisfeld bleibend, empor gegen eine Blockmulde. Von dieser rechts auf den Felsen und dem Steig (Steinmanndln) folgend zur Hütte.

- **380**  **Vernagthütte,** 2755 m — **Guslarjoch,** 3311 m — **Brandenburger Haus,** 3272 m
  
  2—2½ Std., Gletscherübergang, nur für Geübte. Häufig begangen, lohnend.

Von der Hütte auf Steig auf der nördl. Ufermoräne des Guslarferners westw. empor. Man läßt die Kesselwandspitze südl. liegen und steigt im Bogen etwas gegen N ausholend über den Ferner gegen die tiefste Einsenkung im NW-Grat der Kesselwandspitze an. (Zum Übergang wird auch der breite Firnsattel am S-Fuß des Fluchtkogels, Oberes Guslarjoch oder Winterjöchl, 3361 m, benutzt.) Vom Joch über das hintere Becken des Kesselwandferners zum Brandenburger Haus.

- **381**  **Brandenburger Haus,** 3272 m  — **Rauhekopfhütte,** 2732 m
  
  2½—3 Std., Gletscherwanderung.

Vom Brandenburger Haus nicht erst hinab zum Firnsattel des Kesselwandjochs, 3222 m, sondern gleich rechtshaltend in westl. Richtung durch die sanft geneigte Gletschermulde abwärts. Die Spalten zur Rechten werden im Bogen gegen W umgangen. Schließlich genau nordw. auf den Kleinen Rauhen Kopf zu und in wenigen Min. zur Hütte.

- **382**  **Hochjochhospiz,** 2412 m — **Vernagthütte,** 2755 m
  
  2 Std., bez., aussichtsreicher Weg. Trittsicherheit erforderlich. Im Winter lawinengefährdet.

Vom Hochjochhospiz in zwei Kehren aufwärts (links ab der Deloretteweg). In gleicher Höhe fast eben nordostw. um die Guslarspitzen im Bogen herum, zuletzt durch Blockhalden in nordwestl. Richtung. Der Abfluß des Guslarferners wird auf einem Steg überschritten. Sodann trifft man auf den Hüttenweg zur Vernagthütte und gelangt in wenigen Min. zur Hütte.

- **383**  **Hochjochhospiz,** 2412 m — **Brandenburger Haus,** 3272 m **(Deloretteweg)**
  
  2—3 Std., bez. AV-Steig, lohnend.

Vom Hospiz zunächst nordw. in zwei Kehren hinan. (Rechts Abzweigung R 382.) Nun links aufwärts über die begrünten Hänge auf gutem Steig, zuletzt durch den S-Abfall der Hinteren Guslarspitze querend auf den Kesselwandferner, den man erst oberhalb der wilden Eisbrüche betritt. Von hier ziemlich genau westw. auf das Kesselwandjoch, 3222 m (Achtung auf wechselnde Spalten), und das Brandenburger Haus zu. Der Weg über den Ferner ist mit Stangen abgesteckt.

- **384 Brandenburger Haus,** 3272 m — **Weißkugelhütte,** 2544 m **(Richterweg)**
  3 Std., hochalpiner Übergang, nur für Geübte. Abstieg durch den Langtauferer Eisbruch je nach Verhältnissen schwierig. Grenzübergang. Derzeit ist der Richterweg in schlechtem Zustand (1985).

Vom Brandenburger Haus in südwestl. Richtung fast eben weit hinüber über den Gepatschferner. Man hält sich dabei 300 m westl. des Felsabbruchs der sogenannten „Zinne", 3381 m; Grenzpunkt. Bald senkt sich der Ferner, und man sieht vor sich die Eisbrüche, mit denen der Gepatschferner auf den Langtauferer Ferner hinabstürzt. Links hinunter über den Felsabbruch der gesicherte Vernaglwandsteig, rechts der Eisbrüche führt der Richterweg durch den Felsabbruch. Man hält sich auf einer Firnzunge östl. des Felsaufbaues möglichst tief abwärts, schließlich südwestw. hinab auf die Steiganlage, die im Bogen nach W durch die Vernaglwände hinabführt auf die Blockhalden und durch diese westw. hinaus, stets etwa 100 Höhenmeter über dem Gletscherrand zur Weißkugelhütte.

- **387 Hochjochhospiz,** 2412 m — **Langtauferer Joch,** 3172 m — **Weißkugelhütte,** 2544 m
  Hochjochhospiz — Joch 4 Std., von der Weißkugelhütte 2½—3 Std. Grenzübergang, selten beg. Gletscherübergang.

Vom Hochjochhospiz westw. talein auf dem Weg zur Weißkugel. Etwa 1 Std. über den flachen Hintereisferner einwärts, sodann über die sich zur Rechten ausprägende Mittelmoräne hinüber auf den Langtauferer-Joch-Ferner. An seiner rechten, nördl., Begrenzung durch eine möglichst spaltenarme Zone genau westw. empor in die tiefste vergletscherte Einsattelung im Hintergrund der Fernermulde, das Langtauferer Joch.
Jenseits zuerst steil hinab durch eine steile Firnrinne auf den zerrissenen Langtauferer Ferner. Man hält sich stets möglichst rechts, nahe seinem nördl. Ufer, unter dem Gepatsch-Eisbruch vorbei. Etwa ½ Std. später, nach Passieren eines Felsabbruches, trifft man auf der rechten Seitenmoräne Steigspuren, die bald hinausleiten zur Weißkugelhütte.

- **388** **Hochjochhospiz,** 2412 m — **Weißkugeljoch,** 3362 m — **Weißkugelhütte,** 2544 m
  Zeiten wie R 387. Nur für Geübte. Vergletschert. Mit der Ersteigung der Langtauferer Spitze über den SW-Grat zu verbinden (R 844). Grenzübergang.

Vom Hochjochhospiz auf dem Weißkugelweg (R 387) westw. hinein bis in die letzte breite Mulde, wo der Weißkugelweg links hinaufführt zum Hintereisjoch. Hier hält man sich nordwestw. zu einem weiten Firnsattel zwischen Weißkugel und Langtauferer Spitze empor. Zuletzt steiler Firnhang. Jenseits über den steilen Firnhang hinunter in das Gletscherbecken des Langtauferer Ferners. Man hält sich dann rechts, nordw. gegen die Vernaglwand zu, an deren Fuß man auf R 387 trifft. Wie dort zur Weißkugelhütte.

- **389** **Hochjochhospiz,** 2412 m — **Hintereisjoch,** 3471 m — **Höllerschartl,** 3280 m — **Matscher Tal**
  Hospiz — Hintereisjoch 4½ Std., zum Höllerschartl 2 Std., Matsch — Höllerschartl 7 Std. Hochalpiner Übergang; Grenzübergang. Siehe Abb. S. 138/139.

Vom Hospiz westw. talein auf dem Steiglein und über Moränen auf die Zunge des Hintereisferners. Über den langen Gletscher wenig steigend in die hintersten Fernerbecken, durch zwei spaltenreiche Steilzonen ins hinterste Becken und über einen Steilhang aufs Hintereisjoch.

Von hier links ziemlich steil hinunter über den Matscher Ferner, sich stets nahe an den Felsabstürzen der Inneren und Äußeren Quellspitze haltend, zuletzt aus der südl. Mulde des Ferners leicht ansteigend zum Höllerschartl, das im W-Kamm der Äußeren Quellspitze eingelagert ist. Vom Schartl durch die steile Geröllrinne auf Steigspuren hinunter in die Mulde des Oberettesferners; man betritt den stark zurückgegangenen Ferner jedoch nicht, sondern hält sich — bei schlechten Firnverhältnissen — an die Steigspuren im Geröll seiner rechten Begrenzung. Auf dem Moränenkamm zur Rechten trifft man bald auf den ehemaligen AV-Steig, der hinunterführt auf den ehemaligen Standplatz der Höllerhütte (2652 m, guter Biwakplatz). Auf dem Steig südw. über die Hänge hinab auf die Matscher Alm und zu den Glieshöfen.

- **390** **Hochjochhospiz,** 2412 m — **Wirtshaus Schöne Aussicht,** 2842 m
  3 Std., Gletscherwanderung, Grenzübergang zur Schönen Aussicht gestattet, man wird möglicherweise zum Vorzei-

Schwemserspitze  Äußere Quellsp

Oberettesjoch

Qu

*Die Weißkugel und ihre Nachbargipfel von Osten. R 389 bezeichnet den über den Hintereisferner verlaufenden Übergang vom Hochjochhospiz ins Matscher Tal.*

**Innere Quellspitze** · **Hintereisjoch** · **Weißkugel** · **Weißkugeljoch** · **Langtauferer Spitze**

389

gen des Ausweises aufgefordert. Übergang ins Schnalstal untersagt. Vgl. auch R 309.

Vom Hochjochhospiz auf gutem Steig hinunter ins Tal. Jenseits am westl. Talrücken des Hochjoch-Gletscherbaches in Kehren empor. Schließlich um den Rücken herum und südw. hinein zum Hochjochferner. Der Steig tritt erst innerhalb der Zunge auf das Eis über. Man hält sich stets in der Nähe des W-Ufers des immer flacher werdenden Gletschers. Auf seiner Höhe rechts am Hang das österreichische Zollwachhäuschen. Nun in wenigen Min. rechtshaltend auf den plattendurchsetzten Grashang und auf den Steig zur Schönen Aussicht.

# 5. Hauptkamm

- **395** **Timmelsjoch,** 2478 m
  Grenzübergang, Paßstraße (Maut), vgl. hierzu die Beschreibungen R 90, 200.

- **396** **Obergurgl,** 1927 m — **Königsjoch,** 2825 m — **Seewertal (Schönau, R 200)**
  4 Std. von Obergurgl. Scharte zwischen Hinterer Schwenzerspitze und Königskogel. Grenzübergang, bez. Steig, meist zusammen mit den umliegenden Gipfeln bestiegen.

Von Obergurgl auf der Fahrstraße talaus etwa 1 km zum Weiler Pirchhütt (Hotel Hochfirst). Bei der Einmündung des Ferwallbachs zweigt rechts der Weg ins Königstal ab, der in nordöstl. Richtung über den bewaldeten Hang, bzw. die Alpegger Leiten, hinausführt zur Ausmündung des Königstals. In dieses rechts hinein oberhalb der Schlucht, südostw. talein, auf halbem Weg den Bach auf seinem N-Ufer übersetzend und in gerader Richtung auf die Schwenzerspitzen zu. Die Steigspuren durch die Blockhalde empor führen auf das nördl. Schartl, 2810 m (Schwenzerschartl); zum Königsjoch hält man sich etwas weiter rechts. Von beiden Scharten nach links hinab, nordostw. in die Mulde des Innerkars; Steigspuren. An seinem Ausgang trifft man auf den von der Essener Hütte nach Schönau führenden Weg. Rechtshaltend erreicht man von beiden Scharten den Weg zur Brandstätte der Essener Hütte.

- **397** **Obergurgl,** 1927 m — **Aperes Ferwalljoch,** 2903 m — **ehemalige Essener Hütte,** 2405 m

    2½ Std. von Obergurgl, Abstieg ¾—1 Std., bez. (921).

Von Obergurgl am östl. Talhang ansteigend hinaus zum sog. Kreßbrunn, wo man auf den AV-Steig trifft. Diesem folgend in zwei Kehren (unter dem Festkogellift durch) in den Eingang des Ferwalltals und hinein zum Bach. Man überschreitet diesen auf einem Steg. Nun am orographisch rechten Talhang an den geröllbedeckten Hängen des Königskogelgrates stetig ansteigend, immer höher über dem Bach, zuletzt durch eine Schuttgasse zwischen den Felsen unschwierig auf das Apere Ferwalljoch; Staatsgrenze.

Abstieg vom Joch in Kehren über schrofige Hänge zur Brandstätte der Essener Hütte. Von hier hinaus zur Seeweralm und zur Timmelsjochstraße.

- **398** **Schönau,** 1682 m — **Rauhes Joch,** 2560 m — **Zwickauer Hütte,** 2980 m

    6—7 Std., bez. Höhenweg, teilw. abgerutscht und schwach bez., dennoch gut zu finden.

Von Schönau in das Seewertal und zur Seeweralm. Stets südw., das Massiv des Großen Horns östl. umgehend, auf immer schräger werdenden Steigspuren durch einen Graben empor, an einem kleinen See vorbei zum Rauhen Joch. Von hier auf besser werdendem Steig südwestw. durch die Hänge (von rechts herab münden nun die Kare vom Imstjoch und vom Essener Schartl ein) der Liebenerspitze und des Heuflerkogels. Zuletzt durch eine begrünte Gasse steil empor, nach rechts auf den Weg zur Zwickauer Hütte, die man bald erreicht.

- **399** **Obergurgl,** 1927 m — **Rotmoosjoch,** 3055 m — **Zwickauer Hütte,** 2980 m

    4 Std. von Obergurgl, teilw. bez.; vergletscherter Übergang, Grenzübergang. Siehe Abb. S. 143.

Von der Skihütte Schönwies (R 293) durch das Rotmoostal einwärts bis zu einer Wegteilung kurz hinter einer kleinen Grenzerhütte. Man wählt den rechten, eben ins breite Rotmoostal hineinführenden Steig, der gerade auf die Zunge des Rotmoosferners zuführt. Über den Ferner in südl. Richtung empor, später etwas mehr links gegen das große östl. Gletscherbecken haltend, dann wieder genau südw. über eine spaltenreichere Zone empor auf das Rotmoosjoch. Oder von der Bergstation Hohe Mut, R 907.

- **400 Zwickauer Hütte**, 2980 m — **Stettiner Hütte**, 2875 m (**Pfelderer Höhenweg**)
  3 Std., als Rundtour von Pfelders 9—10 Std., bez.

Von der Zwickauer Hütte kurz auf dem Weg nach Pfelders absteigen. Der Höhenweg zweigt in etwa 2800 m nach S ab. Man folgt dem Weg südw. hinaus auf den Rücken des Bockbergs. Auf diesem in Kehren hinab und gegen W über die Furche des Weittals auf die begrünten Hänge des Rotecks. Nun stets leicht ansteigend südw. die Hänge querend, bis man in Höhe der Hohen Wilde auf den vom Lazinser Kaser zur Stettiner Hütte führenden Weg trifft. Auf diesem südw. hinauf zur Hütte und zum Eisjöchl, 2893 m.

- **401 Hochwildehaus**, 2883 m — **Gurgler Eisjoch**, 3151 m — **Eishof im Pfossental**, 2069 m
  4 Std., teilw. weglos, vergletschert. Grenzübergang.

Vom Hochwildehaus über Blockwerk zum Gurgler Ferner und in dessen Mitte aufwärts sanft ansteigend westl. des Mitterkamms, wo man sich mehr südostw. mühelos und fast eben in das breite Joch wendet. Auf der anderen Seite über steile Schneeflecken und schrofendurchsetzte Geröllhänge auf Steigspuren südw. hinab zum Kesselboden und über steile Grashänge ins Pfossental und talaus zum Eishof.

- **402 Obergurgl**, 1927 m — **Gurgler Schartl**, 2930 m — **Heiligkreuz**, 1710 m
  3½ Std. von Obergurgl, 4½ Std. von Heiligkreuz auf die Scharte. Auf der Gurgler Seite bez. Steig, auf der Venter Seite teilw. weglos.

Von Obergurgl um den dem Dorf nördl. vorgelagerten Felsmugel links herum zu einem Steig über die Gurgler Ache. Nach Überqueren des Bachs jenseits auf gutem Steig (bez.) nordostw. in Kehren empor über die steilen Hänge zur Karmulde Hallwart mit dem Itlsee. Der Steig wird immer schlechter und führt nun westw. durch das Blockkar zum Gurgler Schartl. Der Anstieg aus dem Venter Tal ist mühsamer.

Von Heiligkreuz 20 Min. talein zur Gehöftegruppe Easpan unterhalb der Straße. Man überschreitet die Venter Ache jenseits über

*Die Gipfelrunde über dem Rotmoosferner, aufgenommen von Norden. R 399 bezeichnet den Übergang von Obergurgl über das Rotmoosjoch zur Zwickauer Hütte.*

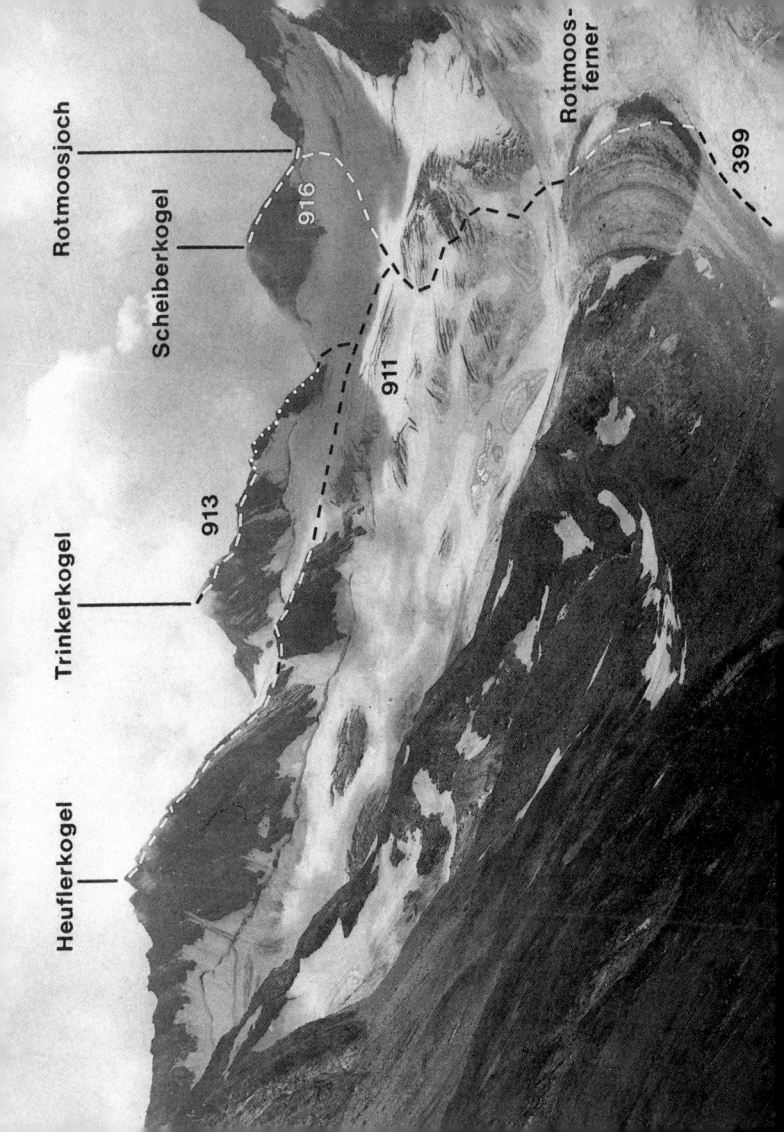

Heuflerkogel  Trinkerkogel  Scheiberkogel  Rotmoosjoch  Rotmoos-ferner

913  916  911  399

die freien, rinnendurchfurchten Hänge auf Steigspuren südostw. hinauf. Höher oben weglos über die felsigen Hänge, dann auf die Blockhalde „Nitlboden". Zuletzt etwas linkshaltend durch steile Rinnen auf das Schartl.

- **403** **Langtaler-Eck-Hütte,** 2438 m — **Hochwildehaus,** 2883 m — **Ramolhaus,** 3006 m
  4 Std., teilw. bez. Steig, teilw. Gletscher.

Von der Langtaler-Eck-Hütte am Langtaler Eck auf dem gewöhnlichen Sommerweg zum Hochwildehaus, R 296. Von dort, oder schon vorher, absteigend auf die unterste Flachzone des Gurgler Ferners. Über diesen nordwestw. hinweg an das linke Ufer, wo man im Moränengewirr bald auf einen Steig trifft, der in Kehren emporführt zu dem von Gurgl kommenden Hüttenweg. Auf diesem weiter in Kehren empor zum Ramolhaus.

- **404** **Ramolhaus,** 3006 m — **Ramoljoch,** 3186 m — **Vent,** 1894 m
  3—4 Std., bez. (902). Beliebter Übergang.

Vom Ramolhaus guter Steig über Felsblöcke, dann leicht absteigend nordwestw. zum kleinen Ramolferner, den man sanft ansteigend nordw. und zuletzt westw. zum Joch hin quert. Jenseits über steile Schutthalden hinab, später auf und neben der rechten Seitenmoräne zum AV-Weg, der über Schutt und Grashänge am Fuß der NW-Abstürze des Ramolkogels zur Ramolalm hinabführt. Von hier durch schütteren Zirbenwald nach Vent.

- **405** **Martin-Busch-Hütte,** 2470 m — **Ramoljoch,** 3186 m — **Ramolhaus,** 3006 m (R 404 in umgekehrter Richtung)
  3½—4 Std.

Von der Martin-Busch-Hütte auf dem Hüttenweg talwärts, vorbei an der Schäferhütte und bis zu einer Abzweigung (Tafel, 2150 m). Steil in einen Graben (Steigspuren, bez.) und zum Bach, der auf einem Lawinenkegel überschritten wird. Erst sanft, dann steil ansteigend in die Firmisan, auf Brettern über den Diembach. Nun kommt ein teilweise schlecht sichtbarer Steig, der um den Vorderen Spiegelkogel herum, erst im Gras, dann im Geröll, zum Ramolbach führt. Nun wird bald R 404 erreicht. Auf diesem Weg zum Joch und jenseits hinab zur Hütte. Brücken existieren derzeit nicht, was bei starker Wasserführung der Bäche zu erheblichen Verzögerungen führen kann!

- **406  Ramolhaus,** 3006 m **— Spiegeljoch,** 3251 m **— Niedertal**
  1 Std. zum Joch. Als Zugang zu den umliegenden Gipfeln benützt (Hinterer Spiegelkogel, Firmisanschneide, R 961, 958).

Vom Ramolhaus zuerst südw. empor und über den Rest des kleinen Gletschers westw. gerade empor auf das Joch. Der Abstieg westw. über den Firmisanferner und über die westl. Moränenkämme erfordert Orientierungsvermögen. Es gilt vor allem, unterhalb der Zunge des von S herabfließenden Diemferners den kleinen Steg zu erwischen, der links über die wilden Moränengräben hinabführt gegen den Ochsenleger im Niedertal.

- **407  Ramolhaus,** 3006 m **— Firmisanjoch,** 3287 m **— Niedertal**
  1½ Std. zum Joch. Als Zugang zu Firmisanschneide und Schalfkogel von Bedeutung (R 959, 952).

Man quert vom Ramolhaus südw. die Hänge, tritt dann auf das unter der Firmisanschneide eingelagerte Eisfeld über (spaltenreich), quert dieses gegen S, bis man schließlich steil rechts ansteigend, zuletzt über eine Randkluft und Felsen, auf das Firmisanjoch gelangt. Firmisanjoch (und Schalfkogel) können vom Ramolhaus gletscherfrei erreicht werden, indem man unter geringem Höhenverlust unterhalb des Gletschers nach S quert, bis man über Schutt leicht zum Joch ansteigen kann.
Jenseits über den wenig steilen Diemferner nahe seinem rechten Ufer hinab, bis man zuletzt auf den Kamm der rechten Ufermoräne übertritt. Auf dieser weit abwärts, bis man wie in R 406 auf das Steiglein trifft.

- **410  Hochwildehaus,** 2883 m **— Schalfkogeljoch,** 3375 m **— Martin-Busch-Hütte,** 2470 m
  2—3 Std. vom Hochwildehaus, 5 Std. von der Martin-Busch-Hütte zum Joch. Steiler, vergletscherter Übergang, nur für Geübte. Häufig begangen. Siehe Abb. S. 279.

Vom Hochwildehaus westw. quer über den ebenen Gurgler Ferner an den steilen Aufschwung. Nun je nach den Verhältnissen über den steilen Hängegletscher oder über einen felsigen Absatz und Geröll, höher oben gemeinsam etwas leichthaltend, über Firn zum Schalfkogeljoch. Jenseits steigt man zuerst linkshaltend über den blockigen Steilhang hinunter, auf den kleinen Nördlichen Schalfferner. Nun rechtshaltend an seinem N-Rand hinunter bis zur Zunge,

über die Moränenhalde hinunter auf den Großen Schallferner; in
der Mitte der langen Gletscherzunge geht man geradeaus bis zur
Zunge des Hauptgletschers. Nun links über die Moränen und
Schutthänge hinüber auf den untersten Marzellferner, den man an
geeigneter Stelle überschreitet. Um den folgenden Marzellkamm
herum; man kann wegen der Bachschlucht nicht direkt auf die
Martin-Busch-Hütte zugehen, sondern muß sich etwas taleinwärts
halten, bis man den Niederjochbach unschwer überschreiten kann.
Am linken Bachufer über Grashänge heraus zur Martin-Busch-
Hütte.

● **411** **Hochwildehaus**, 2883 m — **Querkogeljoch**, 3346 m — **Martin-Busch-Hütte**, 2470 m
3½ Std. vom Hochwildehaus zum Joch. **II** (im Aufstieg), vergletschert.

Vom Hochwildehaus hinunter auf den Gurgler Ferner und südw.
auf den Mitterkamm zuhaltend, der links liegen bleibt. Nun südwestw., dann allmählich steiler ansteigend, auf das schon sichtbare
Querkogeljoch, das man zuletzt über steile Felsen (II) und Blockwerk erreicht.
Der Abstieg über den Schallferner ist zunächst unschwierig, wird
aber allmählich schwieriger und steiler, bis man die untere flache
Zone erreicht. Von hier wie in R 410 zur Martin-Busch-Hütte.

● **412** **Martin-Busch-Hütte**, 2470 m — **Fanatjoch**, 3199 m — **Pfossental**
4 Std. Hütte — Joch. Vergletschert. Weniger als Über-
gang (Grenze) denn als Zugang zu Röten- und Fanatspitze
(R 990, 986) von Bedeutung.

Von der Martin-Busch-Hütte wie in R 413 auf den Schallferner.
Aus seiner mittleren Mulde jedoch nicht südw. empor, sondern auf
die Karlesspitze zu haltend in die hintere Mulde. Von dieser unschwer gegen S auf das Fanatjoch. (Von hier kann man auf das als
Übergang nicht in Betracht kommende Karlesjoch, 3269 m, zwischen Karles- und Fanatspitze aufsteigen.)
Von S erreicht man das Fanatjoch, indem man von der Rableitalm
in nördl. Richtung weglos und beschwerlich hinaufsteigt in das einsame Kar „Im Fanat", das von den S-Kämmen der Röten- und Fanatspitze eingeschlossen ist. Über Weideboden ins innerste Kar, dann
über Moränenschutt und Geröll, zuletzt über steile Schrofenhänge gerade empor auf das Joch.

- **413  Martin-Busch-Hütte,** 2470 m **— Roßbergjoch,** 3380 m — **Pfossental**
  
  4 Std. von der Hütte, 5 Std. aus dem Pfossental zum Joch. Grenzübergang. Vergletschert, weglos.

Von der Martin-Busch-Hütte über Rasen und Moränen hinab auf den Marzellferner, dann über Moränen auf die Zunge des Schalfferners. Auf diesem ostw. empor bis zu der von der Kleinleitenspitze herabkommenden Mittelmoräne, die bis nahe ihrem Ursprung verfolgt wird. Man wendet sich dann im Bogen südostw. und südw. in die untere Firnbucht des Schallferners, zuletzt etwas südwestw. steiler ansteigend auf das Roßbergjoch.

Der Anstieg von S aus dem Pfossental ist ziemlich mühsam. Vom Weg zur Mitterkaser-Almhütte bei der Einmündung des Gfallbaches links ab und weglos hinauf auf die rinnendurchfurchte Roßbergalpe. Hierher auch von der Mitterkaser-Almhütte etwas länger, aber weniger beschwerlich. Von der inneren Roßbergalm nordw. empor über viel Geröll und Moränenschutt gegen den schon sichtbaren Firnsattel östl. der Hinteren Schwärze. Über lockeren Schutt empor und am arg zurückgegangenen Roßbergferner; über das Eisfeld, zuletzt sehr steil empor auf das Roßbergjoch.

- **414  Marzellferner — Hinteres Schwärzenjoch,** 3390 m — **Schalfferner**
  
  3—4 Std. von der Martin-Busch-Hütte. Siehe Abb. S. 149.

Über den Schalfferner ansteigen, R 413, im obersten Teil westw. empor auf das Joch.

Über den Marzellferner (etwas kürzer):

Von der Martin-Busch-Hütte an geeigneter Stelle über den Niederjochbach, dann um den Rücken des Marzellkamms herum auf den unteren Teil des Marzellferners. Man hält sich in Richtung an den Similaun immer in der Nähe des W-Ufers des Gletschers. (Teilweise sehr spaltenreich.) Man wendet sich an geeigneter Stelle aus der südl. Richtung in die östl. und hält sich über den Eisbrüchen gegen die östl. Fernermulde des Marzellferners. Aus dieser unschwierig auf das Schwärzenjoch.

- **415  Martin-Busch-Hütte,** 2470 m **— Similaunjoch,** 3349 m — **Pfossental**
  
  3½ Std. zum Joch. Vergletschert, weglos. Grenzübergang. Vor allem als Zugang zum Similaun benützt.

Von der Hütte über den Niederjochbach und ostw. auf den Marzellferner. Am W-Ufer des spaltenreichen Gletschers empor, stets südw. gegen den Similaun zuhaltend, der mit steiler N-Wand auf den Ferner abstürzt. Gegen links unter der Wand vorbei auf das Joch. Zugang von S: Von Unser Frau talein und über Obervernagt zum Gehöft Tisen, dann auf Almweg nach O ins Vernagttal. Steiler, wegloser Anstieg in die Talsohle, dann nordostw. zum Kaserwartl (Felskopf am W-Rand des Grafferners, 3287 m). Den Grafferner überschreitet man; unter einer gegen SO herabziehenden Felsrippe vorbei auf das Similaunjoch.

- **416** **Martin-Busch-Hütte,** 2470 m — **Niederjoch,** 3010 m — **Unser Frau im Schnalstal,** 1478 m
  Allgem. Angaben und Zugänge s. Similaunhütte, R 302 ff.

- **417** **Martin-Busch-Hütte,** 2470 m — **Kreuzjoch,** 3254 m — **Hochjochhospiz,** 2412 m
  3 Std. von der Martin-Busch-Hütte, 4 Std. vom Hochjochhospiz zum Joch. Nur für Geübte. Als Übergang wegen der starken Ausaperung des Gletschers auf der N-Seite nicht mehr gebräuchlich.

Von der Martin-Busch-Hütte auf dem Steig zum Kreuzkogel empor zum Brizzisee (Hüttchen verfallen) und weiter über Schutt und Schrofen gerade zur tiefsten Einsattelung zwischen beiden Gipfeln. Vom Hochjochhospiz steigt man ostw. zur Rofenbergalm ab. (Die gerade Überschreitung des Tals zur Ruine des alten Hochjochhospizes ist nicht leicht.) Jenseits auf Steigspuren empor zu den Mauerresten des alten Hospizes, 2450 m. Von hier auf Steigspuren, linkshaltend, ostw. empor, unter dem mittleren Kreuzferner vorbei auf den vom Kreuzkogel nach NW streichenden Schuttkamm. Über diesen hoch hinauf bis an den Beginn der Felsen, dann links hinein in die oberste Mulde des Nördlichen Kreuzferners und über diesen geradewegs zum Kreuzjoch.

- **418** **Hauslabjoch,** 3279 m

Häufig benutzter Übergang, vergletschert. Wegen Spaltengefahr auf dem Hochjochferner wird neuerdings häufig das zwischen Hauslabkogel und Saykogel eingelagerte Joch begangen. („Saykogeljoch", P. 3236). Zugänge s. R 419 bis 422.

*Hintere Schwärze mit Marzellspitzen und Similaun von Osten.*

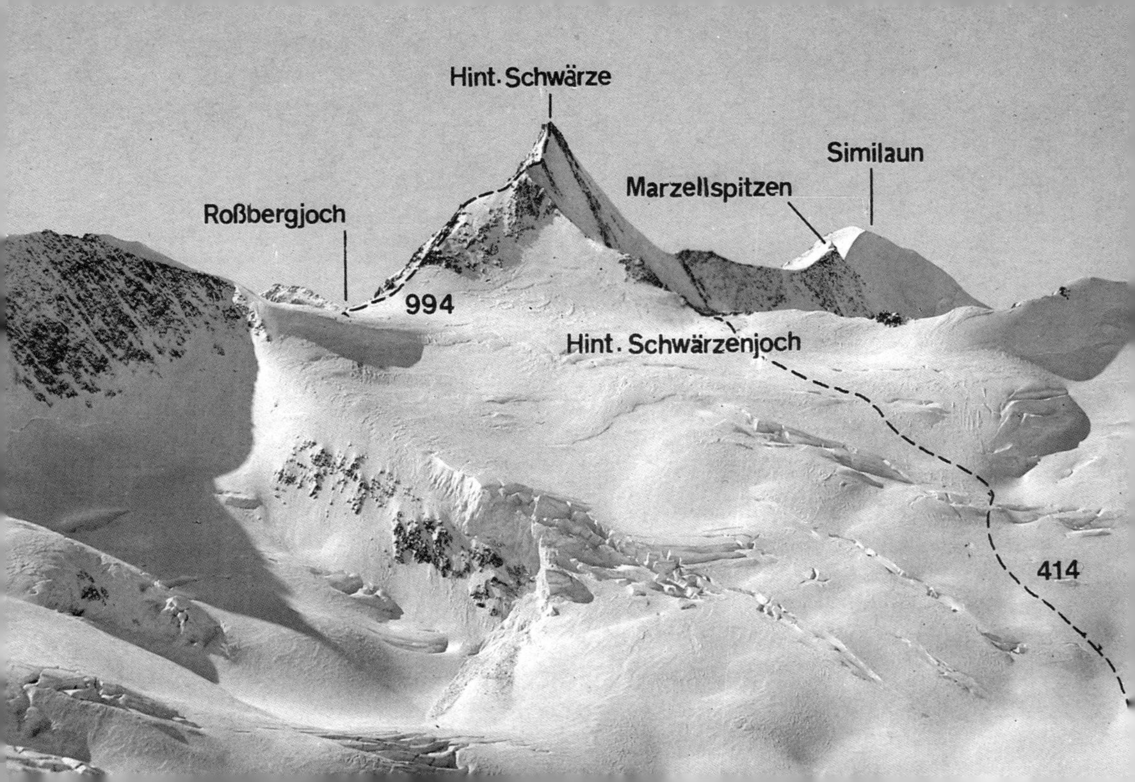
Hint. Schwärze
Similaun
Marzellspitzen
Roßbergjoch
994
Hint. Schwärzenjoch
414

● **419** **Von der Similaunhütte**
   1 Std.

Von der Hütte in nördl. Richtung auf den fast ebenen Niederjochferner und dann links in eine Gletschermulde, die sanft ansteigend auf das Hauslabjoch emporführt.

● **420** **Von der Martin-Busch-Hütte**
   2½ Std.

Von der Martin-Busch-Hütte südwestw. talein auf gutem Steig gegen den Niederjochferner und auf dessen westl. Seitenmoräne zum oberen Firnboden; bei Betreten des Gletschers wendet man sich westw., geht empor in die oberste Firnmulde, zuletzt nach rechts empor zum Hauslabjoch. (Bei Nebel nicht mit dem flachen Gratstück links vorne zu verwechseln. Über diese überfirnte Einsattelung führt im Winter meist der Anstieg auf das Hauslabjoch.)

● **421** **Vom Wirtshaus Schöne Aussicht**
   3 Std. Nur für Geübte; **II.**

Vom Whs. Schöne Aussicht hinab auf den Hochjochferner, den man in Richtung auf die Kleine Schwarze Wand überquert. Unter den Wänden der Schwarzen Wand setzt ein bez. Steig an, der ostw. über die Schrofen hinaufführt. (Der Gipfel der Wand ist durch einen Steinmann gekennzeichnet.) Nun auf eine flache Gletscherzone zwischen den Brüchen. Ein schmaler Felsgrat (von der Fineilspitze ausgehend) durchzieht den Gletscher in nordwestl. Richtung. Im Durchstieg auffallende Stange. Links und rechts Randspalten! Über den unterhalb der Fineilspitze eingelagerten Gletscher etwas abwärts an den N-Grat der Fineilspitze; um diesen an geeigneter Stelle herum und jenseits sanft ansteigend südostw. zum Hauslabjoch.

● **422** **Vom Hochjochhospiz**
   4 Std. Spaltenreicher Gletscher, Übung erforderlich.

Auf dem Weg R 390 empor bis auf den mittleren Hochjochferner, dann an geeigneter Stelle durch die Brüche hinauf in südöstl. Richtung auf das Hauslabjoch.

*Fineilspitze, Hauslabjoch und Similaunhütte von Osten.*

Fineilspitze

1026

Hauslabjoch

419

Similaunhütte

# 6. Texelgruppe, Salurnkamm, Planeiler Berge

● **425  Der Meraner Höhenweg**

Dieser Höhenweg ist ein Weitwanderweg, der das ganze Gebiet des Naturparks Texelgruppe umrundet. Der ambitionierte Wanderer kann daher wieder zu seinem Ausgangspunkt zurückkehren. Dafür muß er aber, je nach Kondition, etwa eine Woche rechnen. Er wird dafür eine reizvolle Begehung eines noch fast unberührten Bergraumes mit seiner urtümlichen Bergbauernkultur erleben. Dazu kommt die Gastlichkeit der Südtiroler Gasthäuser, Hütten und auch der Bergbauernhöfe am Wege, wo man fast überall einkehren oder übernachten kann. In der Texelgruppe liegt die höchste alpine Seengruppe Südtirols, die Spronser Seen (2126—2589 m), hier tosen die größten Wasserfälle zu Tal (Partschins), und hier kann man die Vielfalt der Klimazonen erleben.

Der Meraner Höhenweg ist an vielen Punkten mit kleinen Personenseilbahnen, Liften oder mit Pkw anfahrbar, am zentralsten ist der Ausgangspunkt Hochmuter, 1350 m, an der Bergstation der Seilbahn von Dorf Tirol herauf. An der Talstation Parkplatz, Bushaltestelle. Eine Übersichtskarte befindet sich auf S. 322/323.

An einigen Stellen ist der Weg gesichert (Hans-Frieden-Felsenweg), an anderen müssen schmale Weglein auf steilsten Bergwiesen begangen werden. Aber überall sind die Wege gut markiert und ausgebaut. Schwindelfreiheit und Trittsicherheit sind jedenfalls erforderlich. Auch verlaufen die Wege nicht eben, sondern es sind bei jeder Etappe Höhenmeter auf- und abzusteigen. Als Schutzhütten dienen: Hochganghaus, Nassereith, Eishof und die Stettiner Hütte. Ghf. finden sich in Vernuer, Gfeis, Matatz, Platt, Hütt, Pfelders, St. Katharinaberg. Mit Pkw sind erreichbar: Katharinaberg, Unterperfl Staud, Gfeis (Walde, Bergrast), Vernuer (dazu Öberst), Magdfeld, Matatz, Kristl, Kratzegg (oberhalb Ulfas), Ulfas, Innerhütt, Pfelders, Vorderkaser (Pfossental).

Mit Privatseilbahn, Seilbahn oder Lift sind erreichbar: Kopfron, Unterstell (Dick), Staud, Hochforch, Gigglberg, Steiner, Leiteralm, Hochmuter.

● **426  Meraner Höhenweg Süd**

Dieser Weg verbindet Katharinaberg im Schnalstal mit den Orten des hinteren Passeier (Ulfas, Platt bzw. Moos). Dieser Abschnitt ist von Mai bis zum Eintreffen des ersten Schnees — oft erst im No-

vember — durchgehend begehbar und vermittelt entweder Tagesoder Mehrtageswanderungen ohne besondere Schwierigkeiten.
Beim Unterperflhof bei Katharinaberg, 1417 m, führt er hoch über dem Vinschgau am steilen Hang von Hof zu Hof zum Vinschgauer Sonnenberg. Dieses Gebiet unterscheidet sich von anderen Berggebieten durch vier Vegetationsgürtel: der Talgrund weist üppige Vegetation (Obstbau) auf, dann zieht bis 1400 m ein Steppengürtel empor, auf den darüberliegenden Terrassen liegen Bergbauernhöfe mit Landwirtschaft, die künstlicher Bewässerung bedarf, dann folgt darüber ein Waldgürtel, meist Lärchen, ab 2400 m finden sich Almwiesen und Berghänge, meist grün mit reichem Pflanzen- und Tierleben (im Naturpark geschützt).
Dann wendet sich der Weg hinter dem Ghs. Steinegg am Hochmuter gegen O und N und zieht die Hänge des Passeiertales hinein. Auch hier hochgelegene Bergbauerngebiete.

### Vorschlag und Gehzeiten für Höhenweg Süd:

1. Tag
Katharinaberg, 1245 m — Unterperflhof, 1417 m — Kopfron, 1436 m — Dickhof, 1709 m 1½ Std.
Dickhof — Innerforch — Galmein, 1384 m — Gruber, 1377 m 1¼ Std.
Gruber — Ginzl — Staud, 1245 m — Lahnbachschlucht, 1158 m — Hochforch, 1555 m 2 Std.
Hochforch — Gigglberg, 1535 m 1 Std.
Gigglberg — Nassereith, 1523 m 1¼ Std.

2. Tag
Nassereith, 1523 m — Tablander Alm, 1788 m — Hochganghaus, 1839 m 2½ Std.
Hochganghaus — Leiteralm, 1522 m 1¼ Std.
Leiteralm — Hochmuter, 1350 m ¾ Std.
Hochmuter — Talbauer, 1209 m ¾ Std.
Talbauer — Longfall, 1075 m 1¼ Std.
Longfall — Gfeis, Ghs. Walde (1280 m), Bergrast, 1187 m 1¼ Std.

3. Tag
Gfeis, 1280 m — Vernuer, 1100 m 1 Std.
Vernuer — Gander, 1009 m — Magdfeld, 1142 m 2 Std.
Magdfeld — Bach, 1016 m — Gruber, 839 m 1 Std.
Gruber — Matatz, 1020 m ¾ Std.
Matatz — Mittertalhof — Kristl, 1132 m 1 Std.
Kristl — Gögelehof — Ulfas, 1370 m — Platt, 1146 m 1¾ Std.

- **427 Meraner Höhenweg Nord**

Im Gegensatz zum Höhenweg Süd kann man auf diesem vom Passeier durch das Pfelderer Tal empor auf das Eisjöchl, 2908 m, in der Nähe der Stettiner Hütte am Fuß der Hochwilden, 3482 m gehen und von dort durch das von Dreitausendern umrahmte Pfossental über den Eishof, 2071 m, Mitterkaser und Vorderkasser, 1693 m nach Katharinaberg im Schnalstal gelangen.

Wichtige Telefonnummern (Vorwahl Meran und Umgebung aus BRD und CH 473, aus Österreich 04 73):

AV-Meran 3 71 34
BRD Meran 3 66 66
Alpenblick Pfelders 3 57 40
Bergrast Gfeis 4 11 37
Giggelberg 9 75 66
Hochmuter 9 35 78
Hochganghaus 4 33 10
Innerhütt (Pfelders) 8 55 18
Katharinaberg 8 91 96
Magdfeld 8 58 49
Tannenhof (Platt) 8 55 88
Valtelehof, Matatz 8 59 29
Vernuer 4 10 36
Vorderkaser 8 92 30
Walde (Gfeis) 4 11 98
Weiher (Matatz) 8 59 00

- **428 Spronser Tal — Falser Joch**, 2590 m **— Falser Tal**
Unbez. Steig. Vgl. R 196 und 201.

Vom Oberleger im Spronser Tal nordostw. durch eine steile Grasmulde auf das Falser Joch zwischen Grünjoch nordwestl. und Schwarzkogel südöstl. Jenseits nordw. hinab zur Falser Schafalm und an den N-Hängen des Falser Tals schräg abwärts zu der im Talboden gelegenen Falser Alm. Nun zuerst am rechten Ufer des Baches entlang, dann hoch darüber an den Höfen Waldwies vorbei talaus und steil hinab ins Passeiertal. 20 Min. talauf erreicht man St. Martin.

- **429 Hochganghaus**, 1834 m **— Spronser Joch**, 2581 m **— Pfelders**, 1628 m
3 Std. zum Joch, bez. Nr. 7, 22, 6. 5 Std. nach Pfelders. Vgl. R 202. Zugang zum Spronser Joch auch von Longfall (R 426) durch das Spronser Tal (R 201). Am Hohen Gang Sicherungen.

Vom Hochganghaus nordw. erst mäßig ansteigend, dann in steilen Kehren an den Hohen Gang, 2441 m, die tiefste Einsenkung zwischen Tschigat und Spronser Rötelspitzen (gesichert). Nach kurzem Abstieg erreicht man den Langsee (linke Abzweigung zum Milchseeschartl) und seinem N-Ufer folgend den Grünsee. Von seinem O-Ufer auf bez. Weg zum Schiefersee und über einen Steilhang auf die Höhe des Spronser Jochs, 2581 m. Nun nordw. über Blockhalden abwärts auf die begrünte Einsattelung des Faltschnaljöchls, 2419 m (auch Zieljöchl). Vom Jöchl nordw. in Kehren abwärts ins Faltschnaltal und durch dieses talaus. Vor seiner Mündung ins Haupttal bei den Hütten rechts ab und steil durch den Wald nach Pfelders.

- **430** **Pfelders**, 1628 m — **Eisjöchl am Bild**, 2893 m — **Pfossental**
  Allg. Angaben und Zugänge s. Stettiner Hütte R 318.

- **431** **Hochganghaus**, 1834 m — **Hoher Gang**, 2441 m — **Milchseeschartl**, 2707 m — **Halseljoch**, 2808 m — **Lodnerhütte**, 2262 m
  4 Std., bez. (7), Trittsicherheit und Schwindelfreiheit erforderlich. **II** (eine Stelle).

Vom Hochganghaus guter, teilweise drahtseilgesicherter Weg auf den Hohen Gang. Jenseits hinab zur Wegverzweigung zwischen den beiden Seen. Nun links aufwärts, der Markierung Nr. 7 folgend, an den Milchseen bis unter das Milchseeschartl. Durch die Rinne in Kletterei, II, zur Scharte. Jenseits etwas absteigend, dann ohne Weg über leichte Felsen und Blöcke südwestw. hinein in das hinterste Kar des Lazinser Tals. Über das schwach geneigte Firnfeld empor auf das Halseljoch (bei Blankeis besser unten herum gehen). Nun auf einem guten Steig hinab zu den Tablander Lacken und rechtshaltend hinaus auf den Rücken des Gamsecks. Über den Rücken hinab und nordwestw. hinüber zur Lodnerhütte.

- **432** **Hochganghaus**, 1834 m — **Franz-Huber-Weg** — **Lodnerhütte**, 2262 m
  3 Std., bez. (7 b), gesicherter Höhenweg.

Vom Hochganghaus westw. auf dem Weg nach Nassereith. Nach 1 km rechts ab und durch Wald zu Almböden ansteigend. Nun ungefähr in gleicher Höhe bleibend durch mehrere Kare zunächst westw., dann nordwestw. zur Lodnerhütte.

- **433** **Lodnerhütte**, 2262 m — **Halseljoch**, 2808 m — **Pfelders**, 1628 m
  5 Std., bez. (7, 40).

Von der Hütte zuerst über den Graben und nordw. auf Steig südostw. (markiert Nr. 7) zum Steinmann am Gamseck und über einen wenig ausgeprägten Rücken ostw. hinan zu den am O-Fuß des

Tschigat gelegenen Tablander Lacken. Nach NO umbiegend, erreicht man in kurzer Zeit das Halseljoch, 2 Std. Nordostw. hinab und auf die ausgedehnten Weideflächen der Andelsböden. An den W-Hängen des Lazinser Tals hoch über der tief eingeschnittenen Talsohle nordw. dahin, mehrere Gräben querend, bergab zur Lazinser Alm im obersten Pfelderstal. Durch dieses auf bez. Weg (links aufwärts zum Eisjöchl) talaus nach Pfelders, 3 Std.

● **434** **Stettiner Hütte,** 2875 m **— Schafschneide,** 2510 m **— Andelsalm,** 2343 m, **im Lazinser Tal**
2 Std. von der Stettiner Hütte, 3 Std. in umgekehrter Richtung. Bez.

Der Übergang erfolgt über die niedrigste Einsattelung der Schafschneide in dem von der Hohen Weißen nach NNO ziehenden Kamm. Der neu angelegte Steig beginnt am Eissee, 2696 m, unterhalb der Stettiner Hütte. Weiter über Moränenschutt zu einem weiteren See und von dort auf eine Einsattelung in der Schafschneide. Der Abstieg zur Andelsalm ist im oberen Teil seilgesichert und führt im unteren Teil durch Almgelände.

● **435** **Lodnerhütte,** 2262 m **— Johannesscharte,** 2876 m **— Stettiner Hütte,** 2875 m
2½—3 Std., bez. (8), teilw. gesichert, nur für Geübte.

Von der Lodnerhütte auf dem Johannesweg talein in den obersten Talkessel und in Kehren auf gut ausgebautem Weg nordw. auf die Johannesscharte (Drahtseilsicherungen).
Jenseits hinab auf die innere Mulde des Grubferners durch eine Felsrinne (Drahtseil). Steinschlaggefahr aufgrund der starken Ausaperung. (Die frischen Bezeichnungen oft hoch an den Felswänden.) Nordw. den neuen Bez. folgend. (Hinter dem Gletscher ist der Wegbeginn mit großem rotem Fleck bez.) Den Schnalsberg links, westl, umgehen empor zum Eisjöchl, 2893 m, und zur Stettiner Hütte.

● **436** **Eishof,** 2069 m **— Johannesscharte,** 2876 m **— Lodnerhütte,** 2262 m
4—5 Std. vom Eishof, 3 Std. in umgekehrter Richtung. Bez. (8), teilw. gesichert, nur für Geübte.

Vom Eishof auf die Talstufe der Grubalm. Hier südw. über den Bach und über Moränenschutt weglos in Richtung Johannesscharte, die unmittelbar am Fuß des W-Grats der Kleinen Weißen eingeschnitten ist. (Nicht zu verwechseln mit den westl. eingeschnittenen

Scharten. Der alte Weg über das westl. gelegene Grubjöchl ist wegen Steinschlags aufgelassen.) Von hier auf dem Johannesweg zur Lodnerhütte hinab.

- **437**  **Neu-Ratteis (Schnalstal)**, 941 m — **Ginggljoch**, 2938 m — **Lodnerhütte**, 2262 m
    7 Std. von Neuratteis (R 176); 5 Std. in umgekehrter Richtung. Bez. Steig (9).

Von Neuratteis in Kehren nach St. Katharinaberg, in nach S ausholendem Bogen über die Höfe Unterperfl ins Innerbachtal und jenseits auf Almweg zur Oberen Mairalm. Über Weideboden nach NO aufwärts ins Kar „Im Ginggl" und über Hänge zum Ginggljoch. Jenseits der roten Schutthalden auf eine ebene Trümmerterrasse und nordostw. in Kehren durch ein Trümmerfeld zum Lafaisbach, über ihn auf die linke Talseite und durch das Grubplattental zur Lodnerhütte.

- **440**  **Karthaus**, 1321 m — **Niederjöchl**, 2662 m — **Kastelbell**, 597 m (oder **Latsch**, 638 m) **im Vinschgau**
    7 Std., bez.

Von Karthaus guter Almweg ins Penaudbachtal zur Penaudalm und durch das weite Kar südwestw. auf einem Steiglein zum Joch. Jenseits über St. Martin am Vorberg nach Latsch oder Kastelbell hinunter.

- **441**  **Unser Frau im Schnalstal**, 1478 m — **Mastaunjoch**, 2931 m — **Schlandrauntal**
    5 Std., bez.

Von Unser Frau hinter dem Ghs. Kreuz rechts ins Mastauntal und auf der untersten Talsohle durch das kurze Tal. Vor dem Talschluß Steig nach rechts mühsam über Geröll zum Joch. Jenseits steil abwärts (Moräne) in das Schlandrauntal und dann auf waldigem, gutem Weg dem Bach (Wasserfall) entlang nach Schlanders im Vinschgau (Markierung Nr. 4).

- **442**  **Schlanders**, 706 m — **Taschljöchl**, 2765 m — **Kurzras**, 2011 m
    7 Std., bez. (4).

Von Schlanders in das nordw. ziehende Schlandrauntal, zuerst zum Fuß des Sonnenbergs, dann in Kehren, die Klamm umgehend, auf der westl. Seite des Tals hinauf und am Talhang weiter. Nach 2 Std. beim „Mühlkofel" in die Talsohle und weiter im Tal zu den drei Kortscher Almen. Bei einer Talgabelung nordw. in Windungen an den Hang des Kortscher Schafbergs, steil hinauf, dann in den nach N ziehenden Talast, zweimal über den Bach und nach einer Weile hinauf in die Mulde des Kortscher Sees, der westl. umgangen wird. Weiter steil aufwärts an einem kleinen See vorbei zum Taschljöchl. Jenseits auf gutem Weg hinauf in das Lagauntal. Man überschreitet den Bach und quert nun langsam fallend durch Wald über den Talhang hinaus zum Wieshof und zum Whs. Kurzras.

● 443   Schlandrauntal — Ramudeljoch, 3012 m — Glieshof, 1807 m
        6 Std., großteils weglos. Vgl. R 185, 187.

Von der Inneren Kortscher Alm im Schlandrauntal bei der Talgabelung in das linke nordwestw. emporziehende Tal. Der Weg führt an den Hängen des Gamsturms steil hinauf. Bei einer Wegteilung bleibt man am rechten unteren Weg. (Der linke, steiler emporführende, führt über einen Sattel auf Opikopf und Hochalt und südwestw. hinunter in das hinterste Opital. Durch dieses auch zu den Glieshöfen.) Der rechte Weg führt nordwestw., zuletzt über Schrofenhänge, empor auf das Ramudeljoch. Jenseits nach W hinunter durch das Ramudeltal. Erst ganz unten trifft man auf den zur Schludernser Alm im Opital führenden Weg. Auf diesem nach rechts, nordw., hinab zum Whs. Glieshof.

● 444   Kurzras, 2011 m — Schnalser Bildstöckljoch, 3097 m — Glieshof, 1807 m
        6 Std., bez. Meist benützter Übergang vom Schnalstal ins Matscher Tal.

Vom Inneren Glieshof langsam steigend und den Bach überquerend zu den Almhütten der Matscher Alm. Nun am östl. Hang in vielen Kehren empor zur ausgebrannten Höllerhütte. Von hier den vernachlässigten Steig im Bogen nach links, dann südw. an den Fuß eines Felskammes, dessen Scheitel in zahlreichen kurzen Kehren durch eine Rinne erreicht wird. Über geröllbedeckten Fels südostw. zum Langgrubenferner, den man ostw. überquert, und zum Jöchl. Jenseits über Geröll ins Langgrubtal hinab und in zahlreichen Kehren talaus nach Kurzras.

● 445   Wirtshaus Schöne Aussicht, 2842 m — Oberettesjoch, 3244 m — Glieshof, 1807 m
        4—5 Std., weglos, früher als Übergang zur Höllerhütte benutzt.

Vom Whs. Schöne Aussicht westw. auf Steigspuren um das Teufelseck herum, auf den Steinschlagferner und über diesen steil ansteigend südwestw. zum Joch. Jenseits südwestw. über den Oberettesferner hinab zur ausgebrannten Höllerhütte und weiter absteigend ins Matscher Tal.

- **446 Wirtshaus Schöne Aussicht**, 2842 m — **Quelljoch**, 3273 m — **Glieshof**, 1807 m
  5 Std., teilw. bez. Steig, teilw. vergletschert.

Von der schönen Aussicht zunächst wie R 445. Nur hält man sich zuletzt westw. steil empor gegen den Firnsattel. Jenseits kann man südwestw. über den Matscher Ferner zum Höllerschartl und in das Matscher Tal absteigen. Nordwestw. unter der Inneren Quellspitze und der Weißkugel vorbei zum Bärenbarthochjoch, 3531 m, zwischen Innerem Bärenbartkogel und Weißkugel. Von dort zur Weißkugelhütte und in das Langtauferer Tal.

- **447 Langtauferer Tal — Planeilscharte**, 3070 m — **Planeiltal**
  3 Std. von der Melager Alm zum Joch, 3—4 Std. Abstieg ins Matscher Tal, 2—3 Std. vom Joch nach Planeil. Bez. Wege.

Von der Melager Alm rechts aufwärts über Weideböden, zwei Bäche überschreitend, auf einem Steig durch den Wald empor. Nun südw. hinauf durch die Langgrube, zuerst in der Nähe des Baches, diesen überschreiten, dann in Kehren zu den Moränen des Langgrubferners. Über den Ferner steil in die Planeilscharte.
Jenseits entweder südostw. über Blockhalden querend auf Steigspuren an den nördl. Rand des Planeilferners und ansteigend zum Matscher Jöchl, an einem kleinen See vorbei und talab über die Hänge in das Matscher Tal. Oder südwestw. über Geröll hinab zu Wegteilung. Der rechte Steig führt über die Hinterberghütten und die Knottberghütte talaus nach Planeil.

- **450 Matscher Tal — Matscher Jöchl**, 3185 m — **Planeiltal**
  3—4 Std., teilw. bez. Als Übergang Langtauferer Tal — Matscher Tal s. R 447.

Vom hintersten Matscher Tal über die Blockhalden der Fernerböden linkshaltend steil empor auf das Matscher Jöchl. Rechts am kleinen Jochsee vorbei auf Steigspuren den Planeilferner entlang, sodann nahe an seinem rechten Ufer abwärts auf die alte rechte Seitenmoräne längs des ausgeaperten Gletscherbettes in das hinterste Planeiltal.

- **451 Planeiltal — Flachscharte, 2857 m — Langtauferer Tal**
  6—8 Std.; Scharte zwischen Zerzerköpfl und Mittereck, Steige.

Von Planeil links empor auf den Hang, zuerst in Kehren steil aufwärts, dann, die Hänge des Kofelbodens und Steinmanndlköpfels querend, an einer Berghütte vorbei hinein zur Außerberghütte. Um den Rücken, auf dem sie steht, herum und durch den folgenden Graben nordwestw. empor auf die Flachscharte. Jenseits hinunter auf einem Steig in das Riegelbachtal. Nach der Vereinigung der Quellbäche trifft man bald auf einen besseren Almweg, der zur Ochsenbergalm und weiter nach Perwang und Kapron im Langtauferer Tal hinausführt.

- **452 Graun, 1520 m — Langtauferer Höhenweg — Melag, 1915 m**
  9—10 Std., bez. Wege.

Von Graun auf kehrenreichem Militärweg (Bez. 4) zum Grauner Berg. Von dort, eine Gratrippe umrundend, leicht ansteigend zum höchsten Punkt der Wanderung (etwa 2750 m); weiter über flache Böden zu den Gschwellseen. Bald darauf trifft man auf einen abwärtsführenden Weg; auf ihm etwa 10 Min. bergab, dann wieder in östl. Richtung abzweigen. Zuletzt um einen Bergrücken herum ins hinterste Melagtal. Auf Weg Nr. 1 hinunter nach Melag (Busverkehr nach Graun).

Rettenbachjoch, 2998 m
Mittelbergferner
Braunschweiger Hütte, 2759 m

Panorama 3
Standpunkt: Grubengrat
Aufnahmerichtung: Ost–Südwest

spitze, 3772 m

Brunnenkarkopf, 3250 m

Ht. Brochkogel, 3635 m

Vorderer Brunnenkogel, 3393 m

Wil

Innere Schwarze Schneide, 3369 m

Tiefenbachkogel, 3309 m

Linker Fernerkogel, 3278 m

Mittagskogel, 3162 m

Mitterkamm, 3222 m

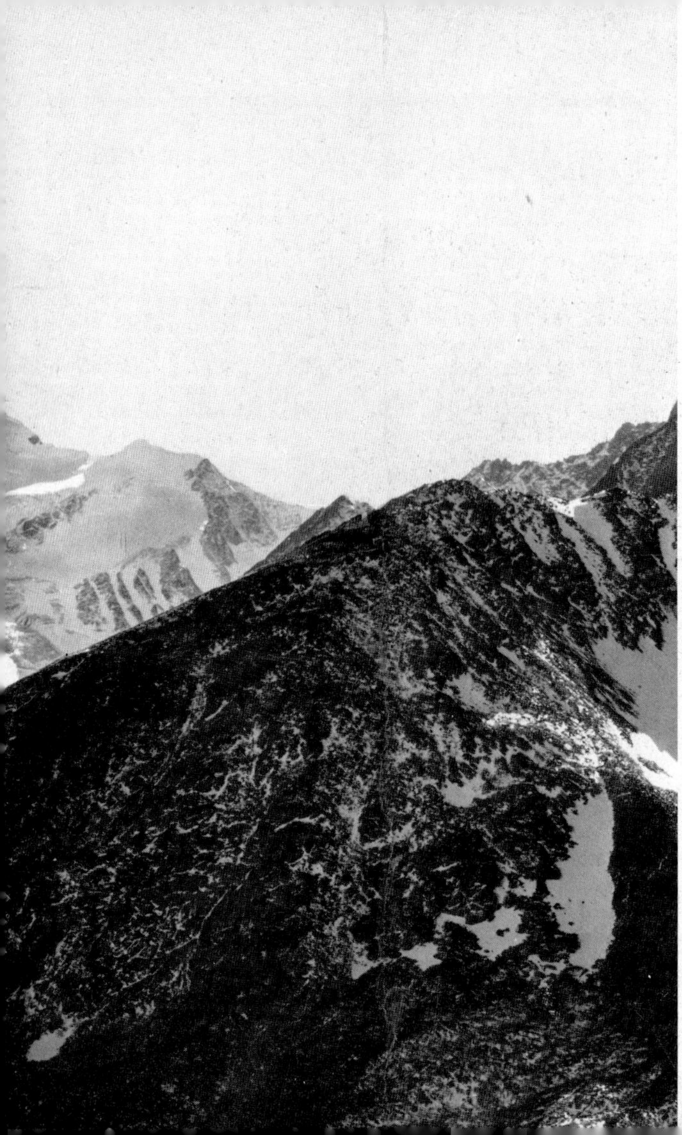

## Für Schlechtwettertage: Humor und Unterhaltung

Karl Tiefengraber
### Alpines Panoptikum

Ein gelungener Versuch von Franz Xaver Wagner, dem langjährigen Kolumnist Karl Tiefengraber in der Zeitschrift Bergwelt, Bergsteiger auf den Arm zu nehmen, sie auf satirische Gipfel zu tragen und ihnen die Aussicht von dort oben zu zeigen. Daß dabei Ähnlichkeiten mit tatsächlichen Verhältnissen sichtbar werden, ist der zunehmenden Annäherung alpiner Wirklichkeiten an satirische Übertreibung zuzuschreiben. Das Büchlein gehört in die geistige Rucksackapotheke jedes Bergsteigers!

Illustriert von Sebastian Schrank, Größe 12 x 16 cm, kartoniert.
112 Seiten. 2. Auflage 1980.


Franz Xaver Wagner / Sebastian Schrank
### Alpines Alphabet

Satirische Stichworte und Zeichnungen für Bergsteiger und Skifahrer haben die Autoren des „Alpinen Panoptikums" in ihrem zweiten Bändchen zusammengestellt. Sie schufen das „Alpine Alphabet", weil es bis dato noch kein Bergbuch gab, das bei einem Gewicht unterhalb dem einer Dose Bier auch in der Höhe und ohne künstlichen Sauerstoff Denkanstöße zu geben vermochte. Das „Alpine Alphabet" wird jedem die Zeit vertreiben, der sich auf faden Gipfeln langweilt, mutterseelenallein in den leeren AV-Hütten sitzt, oder die trostlose Einsamkeit eines beliebten Klettersteigs nicht aushält...

Größe 12 x 16 cm, kartoniert, 112 Seiten, 2. Auflage 1982.


Zu beziehen durch alle Buchhandlungen

## Bergverlag Rudolf Rother GmbH · München

# Lehrschriften
## aus dem Bergverlag Rudolf Rother:

*Pit Schubert*
**Alpine Felstechnik**
288 Seiten mit 156 Abbildungen und 200 Zeichnungen, kartoniert,
cellophaniert   DM 19,80

*Pit Schubert*
**Die Anwendung des Seiles in Fels und Eis**
192 Seiten, 80 Zeichnungen und 35 Fotos, kartoniert,
cellophaniert   DM 10,80

*Thomas Hanschke*
**Alpine Ausrüstung**
224 Seiten, 174 Schwarzweißabbildungen, 18 Zeichnungen
und 14 Tabellen, kartoniert, cellophaniert   DM 16,80

*Fritz Berghold*
**Richtige Ernährung beim Bergsteigen**
104 Seiten mit 17 Abbildungen und 9 Zeichnungen,
kartoniert, cellophaniert   DM 10,80

*Albert Erbertseder*
**Gesundheit und Bergsteigen**
144 Seiten mit 47 zum Teil zweifarbigen Abbildungen,
kartoniert, cellophaniert   DM 10,80

*Dieter Seibert*
**Orientierung im Gebirge**
128 Seiten mit 37 Abbildungen und 26 Zeichnungen,
7 Kartenausschnitten, 1 Winkelmesser, kartoniert, cellophaniert
   DM 14,80

*Adolf Schneider*
**Wetter und Bergsteigen**
192 Seiten mit 68 Abbildungen, Skizzen und Tabellen,
Wetterkarten und 12 Farbtafeln, kartoniert, cellophaniert   DM 14,80

*Dieter Seibert*
**Grundschule zum Bergwandern**
72 Seiten mit 54 zum Teil farbigen Abbildungen und
18 Zeichnungen, kartoniert, cellophaniert   DM 10,80

Hochvernagtwand, 3400 m

Pitztaler Urkund, 3207 m

Hochvernagtspitze, 3530 m

Petersenspitze, 3484 m

# Weitere empfehlenswerte und lieferbare Führerliteratur sind die Clubführer des Schweizer Alpen-Clubs

*Bündner Alpen, Band 1*
**Tamina- und Plessurgebiet**
mit Routenskizzen, 340 Seiten, gebunden　　　　　　　　　DM 37,80

*Bündner Alpen, Band 2*
**Oberland und Rheinwaldgebiet**
mit 77 Routenskizzen und 16 Fotos, 352 Seiten, gebunden　　DM 51,80

*Bündner Alpen, Band 5*
**Bernina-Gruppe**
mit 63 Routenskizzen und 16 Fotos, 268 Seiten, gebunden　　DM 40,80

*Bündner Alpen, Band 6*
**Albula (Septimer – Flüela)**
mit 54 Routenskizzen und 14 Fotos, 268 Seiten, gebunden　　DM 51,80

*Bündner Alpen, Band 8*
**Silvretta und Samnaun**
mit 40 Routenskizzen und 24 Fotos, 412 Seiten, gebunden　　DM 51,80

*Bündner Alpen, Band 10*
**Mittleres Engadin und Puschlav**
mit über 50 Routenskizzen und 20 Fotos, 260 Seiten, gebunden
　　　　　　　　　　　　　　　　　　　　　　　　　　DM 51,80

*Alpine Skitouren, Band 2*
**Graubünden**
Eine Auswahl von etwa 500 Skitouren abseits der Pisten,
dazu 72 Fotos mit roten Routenzeichnungen,
312 Seiten, gebunden　　　　　　　　　　　　　　　　　DM 51,80

Alleinauslieferung für Deutschland und Österreich
durch den
**Bergverlag Rudolf Rother GmbH,**
8000 München 19, Landshuter Allee 49

*Ein packendes Buch – Bildband, Kletterführer und Erlebnisbericht*

## Klettern in den Sextener Dolomiten
### Luft unter den Sohlen
### von Richard Goedeke

Richard Goedeke, Autor des Alpenvereinsführers über die Sextener sowie über einige andere Dolomitengruppen, legt mit diesem Buch ein in mancherlei Hinsicht spektakuläres Werk vor: eine Synthese von Bilderbuch – Rezeptbuch – Lesebuch. Nahezu sämtliche „gängigen Pflichttouren" werden auf der Grundlage eigener Erfahrung, persönlichen Erlebens und authentisch bebildert, vorgestellt. Aber auch von nicht wenigen Neutouren ist hier die Rede. Der Leser unternimmt einen Streifzug durch ein Vierteljahrhundert Kletterhistorie, von der Epoche des „heroischen" Alpinismus der späten fünfziger Jahre in das „technische" Zeitalter und aus diesem heraus in die Freikletter-Gegenwart. Er erlebt das Massenziel der Sextener aber als auch einen in weiten Bereichen einsamen Spielraum. Ein packendes Buch – durch und durch aus einem Guß!

1. Auflage 1985
208 Seiten, 155 Abbildungen, zum großen Teil in Farbe, 71 Anstiegsskizzen.
Efalin mit Schutzumschlag, 22 × 26 cm. DM 46,80

Zu beziehen
über jede Buchhandlung
oder direkt beim

BERGVERLAG RUDOLF ROTHER · POSTFACH 190162
D-8000 MÜNCHEN 19

# V. Gipfel und Gipfelanstiege

Die Ötztaler Alpen sind ein vergletschertes Hochgebirge; insbesondere in der Gipfelregion kann nur ausnahmsweise mit gebahnten und bez. Wegen gerechnet werden. Im folgenden wird in der Regel der übliche und leichteste Anstieg auf jeden Gipfel beschrieben. Für schwierige Anstiege und selten besuchte Gipfel sei auf den Alpenvereinsführer (AVF) Ötztaler Alpen verwiesen, der ebenfalls im Bergverlag Rudolf Rother erschienen ist.

## 1. Geigenkamm

● **460**  **Blose,** 2536 m; **Weiter Karkopf,** 2774 m

Blose und Karköpfe sind die nordöstl. Ausläufer des Geigenkamms. Skigebiet. Vgl. R 53.

● **461**  **Weiter Karkopf von der Armelehütte,** R 215
**I,** 4 Std., teilw. bez.

Von der Armelehütte (R 215) westw. am Waldrand über den begrünten Rücken, sich stets auf der aussichtsreichen Kammhöhe haltend, bis zum Hohen Karkopf. Von hier über den sich steiler ausprägenden Kamm zum Weiten Karkopf. Hier trifft man auf den Forchheimer Weg (R 330).

● **462**  **Von Roppen auf dem Forchheimer Weg**
3 Std. von der Maisalm; 6—7 Std. von Roppen. Vgl. R 330 und R 464.

● **463**  **Murmentenkarspitze,** 2770 m

Skiberg im Hintergrund des Tumpentals.

● **464**  **Vom Forchheimer Weg**
**I,** 6—7 Std. von Roppen, ½ Std. vom Forchheimer Weg (R 330).

Aus der Einsattelung zwischen Weitem Karkopf und Murmentenkarspitze über den NO-Grat.

● **465**                 **Kreuzjochspitze,** 2675 m

Östl. Ausläufer des Brechkogelkamms, von der Erlanger Hütte häufig besucht.

● **466**    **Von der Erlanger Hütte,** R 212
         I, 1 Std.

Von der Hütte auf dem bez. Forchheimer Weg (R 330) in Richtung Roppen bis auf die erste Kammhöhe „Bei den Kögeln". Nun weglos nordostw. auf dem Kamm (I) bis zur Spitze.

● **467**                 **Brechkogel,** 2936 m

Blockpyramide am N-Ende des vom Wildgrat nach N verlaufenden Kammes.

● **468**    **Von der Erlanger Hütte über die Südostflanke** (R 212)
         Unschwierig, 1½ Std.

Von der Erlanger Hütte rechts am Wettersee vorbei über Geröll in die Steilhänge, die vom Brechkogel herabziehen. Sich stets ein wenig rechts haltend über die grasdurchsetzten Schrofenhänge empor, zuletzt durch Rinnen gerade zum Gipfel.

● **470**                 **Wildgrat,** 2971 m

Schroffer Gipfel, Zentrum des Wildgratstocks. Aussichtspunkt.

● **471**    **Von der Erlanger Hütte,** R 212
         Unschwierig, 1½ Std., bez. Steigspuren. Vgl. R 331.

Man verfolgt zunächst den Höhenweg in Richtung Frischmannhütte, zweigt aber bald rechts ab. Über Geröll, plattigen Fels und kleine Firnfelder geht es nahe unter dem schwach ausgeprägten O-Grat an den Fuß des Gipfelaufbaus heran, den man ohne Schwierigkeiten ersteigt.

● **472**    **Vom Hochzeigerhaus,** R 220
         Unschwierig, 3½ Std., bez. Steig; s. R 331.

● **473**    **Übergang zum Brechkogel (Überschreitung der Wildgratköpfe,** 2788 m)
         II (stellenweise), 3 Std.

Vom Gipfel über den Gipfelaufbau ostw. hinab, gleich wieder zum Grat ansteigend und knapp westl. der Grathöhe zum ersten Wildgratkopf. Von hier ostw. ganz kurz über einen Absturz hinunter und wieder zum Grat, der zur Scharte vor dem zweiten Kopf leitet. Die

Umgehung östl. ist leicht; man erreicht hier über Geröll den höchsten Punkt.
Den unbedeutenden dritten Kopf erreicht man ostw. absteigend; zuletzt kurzer Anstieg. Das folgende arg zerschartete Gratstück umgeht man östl., indem man bis zum Fuß der Wände absteigt und unmittelbar unter diesen nordw. quert bis zu einem nach O vorspringenden Eck. Über steile, grasdurchsetzte Schrofen westw. empor zum vierten Kopf. Unmittelbar über den Grat zur Scharte südl. des Brechkogels hinab und über den schmalen S-Grat zum Gipfel des Brechkogels.

● **475**                   **Dreirinnenkogel,** 2679 m

Aussichtspunkt am Ende des Wildgrat-O-Kammes.

● **476**    **Von der Erlanger Hütte,** R 212
        Unbez. Steig, ½ Std.

Vom Höhenweg Richtung Frischmannhütte am Ufer des Wettersees links ab und auf schwach ausgeprägtem Steig in Kehren links empor auf den Geröllhang. Er führt in die Scharte zwischen den beiden höchsten Punkten des Dreirinnenkogels. Auf besser werdendem Steig, von der Scharte linkshaltend, auf die S-Seite und zum höheren O-Gipfel.

● **477**                   **Hochzeiger,** 2560 m

Breite Kuppe in dem vom Wildgrat nach W ziehenden Kamm. Hausberg von Jerzens.

● **478**    **Vom Hochzeigerhaus,** R 220
        Bez. Steig, 1½ Std. Von der Lift-Bergstation (vgl. R 220) ½ Std.

Vom Hochzeigerhaus zur Jerzner Alm und ostw. empor zum Niederjöchl. Von hier südw. über den Kamm (und den Felderzeiger) zum Hochzeiger.

● **480**                   **Riegelkopf,** 2944 m

Schroffer Felsberg südl. des Wildgrats, der von keiner Seite leicht zu ersteigen ist.

● **481**    **Von der Erlanger Hütte,** R 212 **(Ostflanke)**
       II, 3 Std., Orientierung nicht ganz leicht.

Vom Höhenweg zur Frischmannhütte knapp unter den S-Hängen des Wildgrat-O-Grates ab und steil gegen die Scharte zwischen

Wildgrat und Riegelkopf empor. Man hält sich links durch die steilen Rinnen der O-Flanke, wobei man manchmal zum Überwechseln in eine Nachbarrinne gezwungen wird. Man hält sich auf das obere Drittel des N-Grats zu und erreicht über ihn den Gipfel.

● 482  Kreuzjöchlspitze, 2908 m;
Schafhimmel, 2820 m

Gipfel in dem vom Riegelkopf südw. und südostw. streichenden Kamm. Der Schafhimmel ist der südl. Endpunkt des Wildgratstocks.

● 483  Kreuzjöchlspitze vom Hochzeigerhaus, R 220
I, 3½ Std.

Entweder gerade aus dem Riegelkar am kleinen Hochsee vorbei. Oder aus dem Riegelkar südw. empor auf den Kamm des Hohen Gemeindekopfs und von W her auf den Gipfel.

● 484  Schafhimmel vom Lehnerjoch (R 332)
I, 1 Std., bez., teilw. gesichert.

Gerade nordwestw. über den Kamm.

● 485  Fundusfeiler, 3080 m

Beherrschender Aussichtsberg über Fundus- und Leierstal. Vielbesucht.

● 486  Von der Frischmannhütte, R 225, über den Südkamm
Bez., Trittsicherheit erforderlich, 2 Std.

Wie R 334 in umgekehrter Richtung von der Frischmannhütte auf die Feilerscharte. Von dieser führt das Steiglein teils am W-Grat, teils durch die geröllige S-Flanke zum Gipfel.

● 487  Von der Erlanger Hütte, R 212
Bez., Trittsicherheit erforderlich, 4 Std.

Wie R 334 auf die Feilerscharte und wie R 486 zum Gipfel.

● 488  Von der Lehnerjochhütte, R 222
Bez., Trittsicherheit erforderlich, 3—4 Std.

Wie R 333 zum Verbindungsweg Erlanger Hütte — Frischmannhütte, dann in die Feilerscharte und wie R 486 zum Gipfel.

● 490  Lehner Grieskogl
Südlicher, 3038 m; Nördlicher, 3030 m

Steile Felsgipfel zwischen Fundusfeiler und Hairlacher Seekopf.

- **491** **Nordgipfel von der Erlanger Hütte,** R 212 (oder Frischmannhütte, R 225)
  I, 3½ Std.

Auf R 334 (oder R 333 vom Lehnerjochhaus) auf das Lehnerjoch. Über den schwach ausgeprägten NW-Grat (einige Wegzeichen) zum Gipfel.

- **492** **Von der Frischmannhütte,** R 225, **auf den Südgipfel**
  I, 2 Std.

Westw. empor zum Hairlacher See. Über die Schutthalden nordw. empor gegen das südl. des Gipfels eingelagerte Geröllband, über das man schräg rechts empor, einmal über eine schmale Plattenstelle etwas unterhalb der Kammhöhe, zum Gipfel gelangt.

- **493** **Hairlacher Seekopf,** 3040 m

Quer zum Hauptkamm gestellte plattige Mauer; schöner Tiefblick ins Pitztal.

- **494** **Über die Südflanke**
  II (stellenweise), 2½ Std. aus dem Funduskar.

Dem Gipfelaufbau ist südl. ein breiter, aus dem Funduskar leicht erreichbarer Sattel vorgelagert, den man von der Frischmannhütte unschwierig erreicht. Zuerst gerade empor über schöne Platten. Man hält sich zuletzt gegen den O-Grat hinaus. Über diesen zum Gipfel.

- **495** **Rotbleißkogel,** 2884 m

Südl. des Hairlacher Seekopfs über dem Funduskar.

- **496** **Von der Frischmannhütte**
  Unschwierig, 2—3 Std.

- **497** **Blockkogel**
  **Nordgipfel,** 3098 m; **Südgipfel,** 3083 m

Mächtiger, doppelgipfliger Felsberg, dessen nordöstl. Verlängerung den Fundustaler Grieskogel, 2666 m, trägt.

- **497** **Von der Frischmannhütte,** R 225, **über den Südgrat**
  I, 3—3½ Std.

Von der Frischmannhütte südw. empor auf dem Steig, der zum Felderjoch führt. Die Hänge schräg empor in das weite Schuttkar des Ploderferners. Vom Steig ab und an den westl. Rand des flachen

Karbodens. In der Höhe des kleinen, am östl. Rand der Mulde gelegenen Sees empor und durch eine links des Doppelgipfels herabziehende steile Schuttrinne mühsam in ein kleines Schartl im S-Grat. Aus dem Schartl gerade über den blockigen S-Grat zum S-Gipfel. Die Überschreitung zum N-Gipfel ist II, 20 Min.

● 500                 **Plattigkogel,** 3092 m

Schroffer Felsberg südl. des Blockkogels, westl. des Felderjöchls.

● 501      **Von der Frischmannhütte, R 225, über den Südgrat**
           Unschwierig, 4 Std.

Wie R 335 (auch von der Hauerseehütte) auf das Felderjoch oder bereits aus dem Schuttkar unter dem Joch an geeigneter Stelle über Geröll weiter westl an den O-Grat. Über den scharfen, zuerst sanft ansteigenden Grat empor. Über Platten und den aus großen Blöcken aufgebauten Grat steil auf den östl. Vorkopf und aus einem Schartl kurz auf den Gipfel.

● 502           **Innerberger Felderkogel,** 2837 m
                 **Hohe Seite,** 2857 m

Flache Felskegel östl. und nordöstl. des Felderjochs in dem vom Plattigkogel vom Hauptkamm nordostw. abstreichenden Kamm.

● 503      **Felderkogel vom Felderjoch, R 335**
           10 Min., unschwierig.

Vom Felderjoch über den flachen W-Kamm oder aus dem Schuttkar nördl. des Joches unschwierig zum Gipfel.

● 504      **Hohe Seite von Nordwesten**
           2½ Std. von der Frischmannhütte.

Zum Gipfel auf dem Weg Frischmannhütte — Felderjoch, indem man gleich bei Betreten des flachen Schuttbeckens unter dem Ploderferner ostw. über die Hänge zum höchsten Punkt ansteigt.

● 505                **Langkarlesschneid,** 3048 m

Steiler Doppelgipfel südl. des Plattigkogels.

● 506      **Aus dem Felderkar über den Südgrat**
           Unschwierig für Geübte; 3 Std.

Wie R 335 in das Felderkar; in der Höhe zwischen Langkarlesschneid und Langkarles-Grieskogel ab und westw. empor an den S-Grat. Über den breiten Schuttrücken nordw. empor zum Gipfel.

● **507**               **Langkarles-Grieskogel (Kans), 2986 m**

Im Kamm südl. der Langkarlesschneid aufragend; fällt mit langen Kämmen gegen Ötz- und Pitztal ab.

● **508**     **Südgrat**
            Unschwierig, 1½—2 Std. vom Weg R 335.

Von R 335 südl. des langen O-Rückens empor auf den Kamm und über den felsigen S-Grat zum höchsten Punkt.

● **510**                   **Dristenkogel**
         **Südlicher, 2996 m; Nördlicher, 2976 m**

Erhebungen im Kamm, der südw. weiter zu den Äußeren Feuerkögeln streicht und dort nach SO zum Luibiskogel abbiegt.

● **511**     **Südgrat**
            Unschwierig, 2 Std. vom Weg R 335.

Von R 335 ostw. ansteigend zum Grat und nordw. auf den N-Gipfel. N- und S-Gipfel sind auch über die O-Flanke unschwierig zu erreichen.

● **512**                   **Luibiskogel**
         **Südlicher, 3112 m; Nördlicher, 3090 m**

Mächtiger Felsberg südwestl. über dem Hauersee. Östl. ist der kleine Hauerferner eingelagert. Besteigung vom Höhenweg Hauerseehütte – Chemnitzer Hütte, R 336; s. dort.

● **513**                   **Reiserkogel, 3090 m**

Schroffer Gipfel im Kamm südl. des Luibiskogels, mit zerrissenen Graten gegen O, NW und SW.

● **514**     **Von Süden**
            II, 3 Std. von der Hauerseehüte, R 228.

Auf R 336 in das Luibiskar und aus diesem auf die Reiserscharte südwestl. des Reiserkogels. Auf die Scharte auch von Pioßmes im Pitztal. Von der Scharte nordostw. über Geröllbänder querend in die S-Flanke zu einer von rechts oben herabstreichenden Rinne. Durch sie (Eis oder Firn) empor zu einer kleinen Kanzel unter den Gipfelzacken. Westw. hinauf durch einige kleine Risse in einer Plattenflucht und an der W-Seite auf Plattenband um den steil aufragenden Gipfelbau herum und über steilen Fels zum Grat und zum höchsten Punkt.

● 515 **Hundstalkogel**
**Nördlicher**, 2948 m; **Südlicher**, 3073 m

Nordwestl. des Breitlehnjöchls; langgezogene scharfe Gipfelschneide. Schöner Aussichtspunkt.

● 516 **Nordgipfel vom Sandjoch**
I, vom Weg Hauerseehütte — Chemnitzer Hütte, R 336, 1 Std.

Auf R 336 zum Sandjoch. Über den breiten Hang zum N-Gipfel. Der Übergang zum höheren S-Gipfel ist II, ¼ Std.

● 517 **Über die Südflanke zum Südgipfel**
I, 4 Std. von Trenkwald.

Von Trenkwald auf markiertem Steig zur Hundsbachalm. Von dieser weglos in nordöstl. Richtung bis in den hintersten Winkel des Schuttkares unter der S-Flanke. Nun links, nordwestw., die gut begehbare, sich nach oben stark verengende Schuttrinne bis zum (letzten) Schartl im SSW-Grat empor und über ihn in leichter, kurzer Kletterei, I, zum S-Gipfel des Hundstalkogels.

● 518 **Sturpen**, 2718 m
Am Ende des vom Hundstalkogel südwestw. streichenden Grats.

● 519 **Vom Breitlehnjöchl**
Unschwierig. 1 Std. vom Jöchl.

Vom Joch (s. R 336) westw. über Geröllhänge und Schrofen in die Einsattelung nordöstl. des Gipfels und aus ihr in kurzer Kletterei auf ihn.

● 520 **Kleine Geige (Hoher Breitlehnkogel)**, 3163 m
Im Kamm, der vom Hohen Kogel nordostw. streicht.

● 521 **Von Westen**
III (stellenweise), 2 Std. vom Breitlehnjöchl (R 336).

Vom Joch südostw. empor in ein nördl. des Gipfels eingelagertes Schuttfeld. Über dieses und einen Rücken auf einen Vorkopf. Ostw. über den Grat und über Platten auf den Gipfel.

● 522 **Breiter Kogel**, 3256 m
Im Kamm südl. der Kleinen Geige, mit breiter Gipfelfläche. Langer Kamm gegen SO und O, der sich teilt und das Hochtal der Ebneralm einschließt. Vgl. auch R 528.

● 523   **Von Südwesten**
   I, 3½—4 Std. von der Hinteren Pollesalm, R 344.

Wie R 344 von Huben zur Hinteren Pollesalm. Hier westw. vom Weg ab und auf Steig an der nördl. Lehne des Pirchlkares talein und südw. über den Bach. Westw. talein und durch eine kleine Schlucht und über Moränenblöcke in das Schuttkar, in das die Zunge des Äußeren Pirchlkarferners herabreicht. Von S auf den Gletscher und zunächst steil auf ihm empor. Später mäßig steil über ihn in nördl. Richtung hinauf und gegen den Verbindungskamm Hoher Kogel — Breiter Kogel über Firn empor an die Felsen des Kammes. Über sie auf die Grathöhe und über Blöcke und Firn ostw. auf den Breiten Kogel.

● 525   **Halkogel**
   **Innerer,** 2739 m; **Äußerer,** 2658 m

Felsstock im nordöstl. Seitenkamm des Breiten Kogels.

● 526   **Von der Ebneralm,** R 235
   Unschwierig, 1½ Std. Vgl. R 235.

● 527   **Hoher Kogel,** 3296 m

Westl. des Breiten Kogels, nur wenig über die Hochfläche zwischen beiden Gipfeln aufragend.

● 528   **Von Nordwesten**
   I (bei Firn), sonst wegen fortschreitender Ausaperung sehr steinschlaggefährlich. 1½—2 Std. vom Breitlehnerjöchl, R 343 bzw. 336.

Vom Breitlehnerjöchl südostw. über Schutt und den steilen Fernerteil empor und in das Schuttkar unter dem kleinen Firn- oder Eisfeld. Über dieses steil empor auf die Hochfläche zwischen Hohem und Breitem Kogel (der ebenfalls von hier erstiegen werden kann); westw. über Blockwerk und Felsen auf den wenig aufragenden Gipfel.

● 530   **Hohe Geige,** 3395 m

Höchster Gipfel im Geigenkamm; nach O ein langer Kamm, die Äußere Wilde Schneide, 2991 m; nach SO die Innere Wilde Schneide und Silberschneide, 3343 m.

● 531   **Von der Chemnitzer Hütte,** R 233
   Bez. Steig, 3—3½ Std., üblicher Anstieg; s. Abb. S. 105.

Von der Hütte ostw. im Weißmaurachkar talein (Wegteilung, Ww.) und über die Moränen empor (Weg rechts ab zum Weißmaurachjoch). Links, nordw., durch das Kar empor an die S-Abstürze des von der Silberschneide westw. streichenden Kammes. Auf dem Steig in Kehren empor, zuletzt auf einer langen Felsrippe steiler auf die überfirnte Hochfläche südl. der Hohen Geige. Über die Firnmulde an den S-Hang des Gipfels und über ihn aufwärts; zuletzt von W auf den Gipfel.

● **532** **Von der Hinteren Pollesalm,** R 344
Für Geübte ,unschwierig, 4 Std.

Von der Alm westw. talein bis in den inneren Talkessel des Pirchlkares. Hier südw. in Richtung des Vorderen Ampferkogels empor und zwischen seinen nördl. felsigen Ausläufern und dem nördl. davon gegen die Hohe Geige ziehenden Felskamm auf den Inneren Pirchlkarferner. Auf dem Gletscher südw. unter den Felsen der Inneren Wilden Schneide mäßig steil empor und über die steile Firn-(Eis-)flanke in den Sattel zwischen Silberschneide und Hoher Geige empor und in die Firnmulde südl. des Geigengipfels. (Den steilen Eishang kann man auch südl. über Fels ziemlich mühsam umgehen.) Über Firn empor und von W auf den Gipfel.

● **533** **Silberschneide,** 3343 m

Scharfer Felsbau südöstl. der Hohen Geige. Nur schwierige Anstiege.

● **534** **Von der Chemnitzer Hütte,** R 223, **über den Westgrat**
III—, 3½—4 Std. Siehe Abb. S. 185.

Von der Chemnitzer Hütte auf dem Steig ins Weißmaurachkar und über die Schrofenhänge des W-Kammes der Silberschneide empor auf die Gletscherhochfläche südl. der Hohen Geige. Hier gleich ostw. fast eben gegen den Geröllmugel und über den Rücken ebenfalls ostw. mäßig ansteigend empor. Über den schmäler werdenden Grat und in ein Schartl. Die jenseits der Einsenkung aufragenden schroffen Gratzacken können an der S-Seite möglichst nahe dem Grat umgangen werden. Über den steilen, zackigen Grat weiter empor (Graterhebungen kann man südl. über Platten umgehen) auf den schmalen Gipfel.

● **535** **Ampferkogel,** 3186 m

Im Grat südl. der Silberschneide; der Kamm zieht südw. zum Weißmaurachjoch (R 344).

- **536** **Von der Chemnitzer Hütte,** R 233, **über den Nordgrat**
  I, 3—3½ Std.

Von der Hütte zuerst auf dem Steig, dann ostw. ab in das nördl. Weißmaurachkar. Über Geröll steil in nordöstl. Richtung empor, zuletzt über den kleinen Weißferner und Schrofen in die Einsattelung zwischen Silberschneide und Ampferkogel. Über Gratzacken und Schrofen gerade empor auf den Gipfel.

- **537** **Puitkogel,** 3345 m

Südwestl. des Weißmaurachjochs, schöner Aussichtsberg.

- **538** **Südgrat**
  II, 3½—4 Std. von der Hinteren Pollesalm, 2—2½ Std. vom Weißmaurachjoch.

Von der Hinteren Pollesalm im Pollestal (zum Urfeld) ungefähr ¾ Std. talein, dann westw. vom Steig ab und über grasige Hänge empor zu den Moränen östl. des Südlichen Puitkogelferners. Über sie und über Schutt und Blöcke westw. ansteigend bis in den Hintergrund des Silberkarls. Zuletzt steil über Schutt und Eis auf die östl. des S-Grates vorgelagerte Blockschulter. Hierher auch vom Weißmaurachjoch. Etwas unterhalb des Joches auf der Pitztaler Seite südw. und in der ersten Rinne empor in ein Schartl im Kamm. Jenseits hinab und Querung südl. unterhalb der O- und SO-Flanke. Südwestw. hinauf auf die Geröllschulter.

Von der Blockschulter guter Anstieg auf den S-Grat und über Blöcke in schöner Kletterei (II) zum Gipfel.

- **539** **Ostgrat**
  II, sehr brüchig, 5 Std. von der Hinteren Pollesalm, 2—2½ Std. vom Weißmaurachjoch. Am Fuß des O-Grats führt der Mainzer Höhenweg (R 340) vorbei. Siehe Abb. S. 185.

Von der Hinteren Pollesalm im Pollestal einwärts bis nach der Wegabzweigung zum Weißmaurachjoch. Hier westw. über Weidehänge und Geröll empor in das Kar des Puitkogelferners. Etwas südw. über Felsen und Schrofen aufwärts in ein östl. des Gipfels eingesenktes Schartl. In das Schartl auch vom Weißmaurachjoch, indem man wie bei der Begehung des S-Grates vom Joch unter die O-Flanke hinabquert. Von hier südw. und über die breiten Plattenflan-

*Hohe Geige und Silberschneide von Süden. Davor der Puitkogel-Ostgrat.*

**Hohe Geige**  **Silberschneide**

534 →

539

ken auf die O-Schulter. Schräg westw. hinauf in das Schartl östl. des Gipfels.
Vom Schartl in der steilen, doch gut begehbaren O-Flanke auf den östl. Gipfelzacken des Puitkogels. Über Blöcke in ein Schartl hinab und über die kurze, ausgesetzte Schneide empor auf den W-Gipfel.

● 540   Wassertalkogel, 3247 m, Gschrappkogel, 3194 m
          Wurmsitzkogel, 3080 m

Gipfel im Kamm über dem innersten Pollestal, die vom Mainzer Höhenweg berührt werden; Anstiege s. dort, R 340. Auf dem Wassertalkogel die Rheinland-Pfalz-Biwakschachtel (s. R 340).

● 543                 Perlerkogel, 2763 m
Nördlichster Gipfel des Polleskamms. Siehe Abb. S. 225.

● 544   Von Südosten
          Weglos, nur für Geübte; 5 Std. von Sölden, 3 Std. von der Gransteinalm.

Von Sölden nordw. auf bez. Wegen zum Weiler Granstein, weiter nach Hochwald und auf dem bez. Steig Nr. 35 A zur Granstein-Alm. Nordwestw. vom Weg ab, über die Hänge empor zum Perlersee und über Geröll und Schrofen, zuletzt kurz über Fels zum Gipfel.

● 545                 Gransteinkopf, 2803 m
Runder Felsgipfel im Kamm genau westl. über der Gransteinalm.

● 546   Von der Gransteinalm
          Weglos, nur für Geübte; 3 Std., 5 Std. von Sölden.

Von der Alm (R 544) westw. empor in das Kar des Perlersees (bez. 35 A bis auf 2400 m) und südwestw. über Geröll und Schrofen auf den Gipfel.

● 547                 Söldner Grieskogel, 2911 m
Südl. des Gransteinkopfs.

● 548   Von Hochsölden
          Bez. Steig, 2½ Std.

Auf dem Steig 35 A (Dr.-Bachmann-Weg) nach N über die weiten Hänge empor und durch die SO-Flanke auf den höchsten Punkt.

● 550       Lange Wand, 2865 m; Breitlehner, 2793 m
Südwestl. des Grieskogels.

● **551  Von Hochsölden**
   2 Std., unschwierig.

Beide Erhebungen von Hochsölden über die SO-Seiten leicht ersteiglich (Lift bis zum Fuß des Steilaufschwungs).

● **552  Roßkirpl, 2942 m; Rotkogel, 2940 m**

Südl. über dem Haimbachjöchl, 2727 m, von dort bzw. von Hochsölden bzw. der Rettenbachalm unschwierig ersteigbar. Auf den Rotkogel bez. Steig von der Rotkogelhütte.

● **553  Schwarzseekogel, 2885 m; Schwarzkogel, 3018 m**

Südl. des Schwarzsees, unschwierig ersteigbar, bez. Steig von der Rotkogelhütte zum Schwarzkogel (1 Std.).

● **555  Polleskogel**
   **Südlicher, 3005 m; Nördlicher, 3035 m;**
   **Pollesfernerkopf, 3015 m; Pitztaler Jochköpfl, 3023 m;**

Gipfel im südlichsten Weißkamm, im Bereich des Rettenbachfernergebiets. Sie sind sämtlich vom Mainzer Höhenweg (s. dort, R 340) unschwierig ersteigbar.


## 2. Kaunergrat


● **560  Venet, 2513 m**

Freistehender Aussichtsberg im nördlichsten Teil des Kaunergrates, durch die Talmulde des Piller vom übrigen Kamm getrennt. Venet-Seilbahn, Talstation an der Bundesstraße zwischen Landeck und Zams, Bergstation am Krahberg, 2208 m. An der Mittelstation die Venethütte, 1732 m; im Sommer Zufahrt mit Auto möglich. Skigebiet; schöne Wanderungen.

● **561  Von der Venethütte,** R 560
   Bez. Weg, 2 Std.

Durch Wald und über die Grashänge auf den Rücken westl. des Gipfels und über den Kamm auf ihn. Von der Seilbahn-Bergstation bez. Weg, 1 Std.

● **562  Vom Weiler Piller,** R 25
   Bez. Weg, 2½ Std.

Von Piller (hierher mit Auto von Wenns, Fließ oder Kauns) führen bez. Wege auf den Krahberg, den Venetgipfel (Glanderspitz) und das Kreuzjoch.

- **563     Vom Gasthaus Plattenrain,** R 113
    Bez. Weg, 2—2½ Std.

Von Arzl oder Wenns zum Ghs. Plattenrain (R 113). In schöner Wanderung über die Hochastner Alm und südwestw. empor über die Venetalm zum Gamsstein, 1954 m. Über den flachen Rücken zum Kreuzjoch, 2383 m, und über das Wonnejöchl zum Venet.

- **565              Hohe Aifenspitze,** 2779 m

Südl. des Kreuzjöchls im nördl. Eckpunkt des eigentlichen Kaunergrates. Schöner Aussichtsberg.

- **566     Vom Piller über die Aifner Alm**
    Bez. Weg, 3 Std.

Vom Piller (s. R 562) oder von dem südwestl. gelegenen Weiler Fuchsmoos südw. durch den schönen Wald auf Almweg empor zur Aifner Alm. Über die freien Almhänge auf einem Steiglein ostw. empor auf die Niedere Aifenspitze. Vom Gipfel südostw. über Blockwerk und Geröll über den Kamm zum Gipfelkreuz der Hohen Aifenspitze.

- **567     Vom Gasthaus Schön**
    Großteils bez. Weg, 3½ Std.

Vom Ghs. Schön zwischen Jerzens und Wiese im Pitztal auf gutem Weg den westl. Talhang empor zur Häusergruppe Graslehen. Über die waldigen Hänge schräg südw. empor zur Unteren und Oberen Straßberger Alm, 1759 m und 2033 m. Hierher auch von den Häusern „Wiesle" im Pitztal (zwischen dem Ghs. Schön und Wiese) auf gutem Almweg über die Äußere Ritzenrieder Alm. Von der Oberen Straßberger Alm entweder südw. der Bachfurche entlang aufwärts zum Straßberger See und gerade auf den Gipfel der Hohen Aifenspitze oder von der Alm auf den Sattel (Kreuzjöchl) nordw. der Hohen Aifenspitze und über den Rücken auf den höchsten Punkt.

- **568              Falkauner Köpfle,** 2836 m

Doppelgipfel zwischen Hochschalterngrat und Ölgrubenköpfen.

- **569     Von der Aifenspitze über den Kamm**
    Unschwierig, 1½ Std.

Von der Hohen Aifenspitze südw. über den Blockrücken hinab und immer auf der Kammhöhe über die Erhebung des Hochschalterngrates auf die beiden Blockköpfe.

● **570**                   **Falkauner Ölgrubenköpfe**
                          2825 m, 2887 m, 2890 m

Felsige Erhebungen südl. des Falkauner Köpfles, langer Grat gegen N ins Pitztal.

● **571**   **Von der Oberen Straßberger Alm,** R 567
         Weglos, nur für Geübte, 2—3 Std.

Von der Alm südw. empor in die Mulde des Straßberger Sees. Links des Sees über die Hänge und über Geröll auf den vom Falkauner Köpfle nordw. ziehenden Gratrücken, den man ein Stück südw. verfolgt. Dann südwestw. hinab in das Kar und in eine Rinne, die zum N-Grat des Äußeren Ölgrubenkopfs emporzieht. Zuerst mühsam über loses Geröll in ihr aufwärts, dann links von ihr über Schrofen und Wandstellen an den N-Grat und über Platten zum Gipfel des Äußeren Kopfs.

● **572**                 **Stupfarriköpfle,** 2808 m
                      **Schwarzwand,** 2942 m

Das Stupfarriköpfle steht nordwestl. des Niederjöchls im Hauptkamm, die Schwarzwand (auch: Schalwand) im nordw. streichenden Grat.

● **573**   **Vom Niederjöchl bzw. Falkaunsjoch**
         Weglos, ¾ Std. Von Kaltenbrunn 5 Std.

Von Kaltenbrunn im Kaunertal auf bez. Weg, später auf bez. Steigen und Steigspuren, zum Falkaunsjoch, 2761 m, wenig nordwestl. des Niederjöchls im Kamm. Weiter über Blockwerk und Geröll auf das Köpfle. Übergang zur Schwarzwand 1½ Std.

● **575**  **Vorderer und Mittlerer Stupfarri,** 2874 und 2912 m
       **Hinterer Stupfarri,** 2896 m, **Beim Steinmannle,** 2898 m

Graterhebungen im Kamm südl. des Niederjöchls.

● **576**   **Überschreitung vom Niederjöchl,** R 440
         **II,** 3 Std.

Vom Niederjöchl südostw. auf eine flache Schulter und über den Grat südw. über die vier Erhebungen in die Scharte vor dem Peischlkopf.

● **577** **Peischlkopf,** 2914 m
**Wallfahrtsköpfl,** 2850 m

Schmale Gratschneide im Hauptkamm, die südostw. gegen das Wallfahrtsjöchl zieht.

● **578** **Südostgrat und Überschreitung des Wallfahrtsköpfls**
II, 2 Std. vom Wallfahrtsjöchl, R 351.

Vom Joch kommend umgeht man einige sehr schroffe Gratzacken am S-Grat des Wallfahrtsköpfls auf der W-(Kaunertal-)Seite und steigt dann durch eine sehr steile Grasrinne schräg nach links oben in die schmale Scharte hinter dem auffallendsten, spitzen Gratturm. Nun auf oder knapp westl. neben dem Grat in unschwieriger Kletterei auf das Wallfahrtsköpfl. Abstieg unschwierig über die blockige SW-Flanke in die breite Einsattelung vor dem SO-Grat des Peischlkopfs (Kreuznieder). Über den zunächst leichten, grasigen, dann blockigen Grat zum obersten pfeilerartigen Gipfelaufbau. Über diesen in sehr schöner Kletterei, II, unmittelbar an der Kante zum Gipfel.

● **580** **Kleiner Dristkogel,** 2934 m

Südl. des Wallfahrtsjöchls, vom Großen Dristkogel durch die Dristkogelscharte, 2810 m, getrennt.

● **581** **Vom Wallfahrtsjöchl**
II, 1 Std.

Vom Joch (s. R 351) stets am plattigen Grat zum Gipfel.

● **582** **Großer Dristkogel,** 3059 m

Mächtiger Felskegel, von keiner Seite leicht zu ersteigen.

● **583** **Von St. Leonhard über die Südwand**
III—, 1½ Std. vom Einstieg, 5—6 Std. von St. Leonhard.

Von St. Leonhard empor zur Tiefentalalm und westw. über die Hänge und Geröllhalden in das Geröllkar am Fuß der S-Wand. Einstieg am Beginn einer auffallenden Rinne, die vom östl., plattigen Wandteil gegen die Wandmitte hinaufführt. Vom Einstieg in die Fallinie des höchsten Punktes. Von hier über ein begrüntes Band in eine schluchtartige Rinne. In ihr bis zu einem Überhang empor. Unter

*Der Gsallkopf, aufgenommen von Süden. R 586 bezeichnet den Normalweg von der Verpeilhütte.*

586

ihm nach links über Platten und durch einen überhängenden Kamin mit Klemmblock in der sich allmählich zurücklegenden Wand, über den letzten Gipfelaufbau unmittelbar zum höchsten Punkt.

● 585                              **Gsallkopf,** 3278 m

Schroffe Felspyramide im Hauptkamm, mit langem Grat nach W, der Hochrinneck und Schweikert trägt. Von keiner Seite leicht.

● 586     **Von der Verpeilhütte (Südflanke)**
           II, 4 Std. Siehe Abb. S. 191.

Von der Hütte auf dem Weg zum Rofeljoch auf den Schweikertferner und zum Fuß der S-Wand in Fallinie der im unteren Teil der Wand eingelagerten Schneeflecken. Über eine Felsstufe auf geröllbedeckte Terrassen und zu einem der Firnflecken. Nordwestw. empor gegen eine schluchtartige Rinne, in dieser in nordwestl. Richtung aufwärts und an den Beginn des steilen, plattigen Gipfelaufbaus (mehrere Wege möglich). Nun zu einem steilen Riß, der bis kurz unter dem Gipfel emporführt. Zuletzt in gutgestuftem Fels zum höchsten Punkt.

● 587                           **Hochrinnegg,** 3067 m
Im Zweigkamm südwestl. des Gsallkopfes.

● 588     **Von der Verpeilhütte,** R 242
           II, 3½ Std.

Von der Hütte nordw. über den Bach und steil über die grasigen Hänge nach NO empor. Über Schutt zum Beginn mehrerer Felsrippen. Nordw. in einer der Rinnen zwischen den Rippen hinauf (im unteren Teil Steinmänner), dann nordostw., mehrere Felsrippen überkletternd, und in einer Rinne solange bergauf, bis ein Abbruch eine Umgehung nach rechts auf die nächste Rippe erzwingt. Über Felsen empor an den W-Rand und unmittelbar über die Kante zum schöngeformten Gipfel.

● 589     **Abstieg nach Südosten**
           II (stellenweise), vom Gipfel zur Verpeilhütte 2½ Std.
           Bester Abstieg.

Vom Gipfel über den O-Grat in die erste Scharte. Von hier südostw. in der Rinne, stellenweise plattig, so weit wie möglich hinab. Dann auf die linke Begrenzungsrippe, dieser entlang abwärts und in die linke Rinne. Wo sie abbricht, auf die nächste Gratrippe. An ihr hinab und über die steilen, grasbewachsenen Schutthänge nach SO abwärts zum Verpeilbach und talaus zur Hütte.

● **590**            **Rofelewand**, 3354 m

Einer der eindrucksvollsten Berge des Kaunergrats, zahlreiche, meist schwierige Anstiege.

● **591**     **Von der Verpeilhütte**, R 242, **durch die Eisrinne**
       II, je nach Verhältnissen in der Eisrinne schwierige Eistour. 3½—4 Std. Normalweg. Die Eisrinne ist in den letzten Jahren ausgeapert; an ihrer Stelle finden sich heute zumeist schuttdurchsetzte Eisplatten. Siehe Abb. S. 195.

Von der Verpeilhütte nordw. über den Bach und auf dem Weg zum Rofelejoch bis in die flache Senke des Schweikertferners. Nun ostw. hinauf, zuerst flach, dann immer steiler ansteigend in das Firnbecken unmittelbar unter den SW-Abstürzen der Rofelewand. Hier sieht man bereits die Eisrinne von der W-Schulter des W-Gipfels herabziehen. Man steigt jedoch nicht gerade über die in letzter Zeit ausgeaperten, steinschlaggefährdeten Plattenhänge an, sondern gelangt im Bogen nach rechts über einige Schneestufen und Steilstücke an den Beginn der Eisrinne. Durch die immer schmäler und steiler werdende Eisrinne auf die verfirnte W-Schulter und über den Blockgrat zum Gipfel.

● **592**          **Sonnenkögel**, 3163 m, 3130 m, 3008 m

In O-W-Richtung verlaufender Kamm zwischen Rofelewand und Verpeiljoch.

● **593**     **Von der Verpeilhütte**, R 242, **auf den Mittelgipfel**
       I, 3—4 Std. von der Verpeilhütte. Meist eisfreier Anstieg.

Den Teil des Verpeiltals, der zum Schweikertferner führt, begrenzt östl. eine sehr steile, hohe Wand. Ihre rechte, südl. Begrenzung ist ein leichter Grat, der als Kamm von der Teilung der beiden Gletscherbäche des Schweikert- und Verpeilferners seinen Ausgang nimmt und in etwa 2500 m Höhe in einen schwach ausgeprägten Grat übergeht. Man erreicht, über den leichten Grat emporsteigend, gegen N einen kleinen erhöhten Punkt, von dem man scharf nach O abbiegt. Der Grat führt leicht auf den Mittelgipfel.

● **595**            **Verpeilspitze**, 3425 m

Schroffe Felsschneide südl. des Verpeiljochs, außer der S-Seite alle Seiten durch Vereisung und zerrissene Gletscher schwierig zu begehen.

- **596** **Von der Kaunergrathütte,** R 245
   II, 2—2½ Std.

Von der Hütte auf dem Weg zum Madatschjoch auf den alten Moränenrücken. Noch vor seinem Ende nordwestw. hinab in eine Mulde. Im Bogen in ihr nach N und über den Moränenschutt mühsam empor gegen den Eckpfeiler des SO-Grats, wo er scharf nach O zur Parstleswand umbiegt. Über steile Geröllhänge südw. unter der breiten SW-Flanke der Verpeilspitze zu einer Geröll- (im Frühjahr Schnee-)Rinne. In ihr empor bis zu einer Scharte in der linken Begrenzungsrippe. Von hier nordw. auf einem breiten Geröllband unter einem Überhang vorbei und nordostw. über ein kleines Schutt-(Schnee-)Kar und durch eine breite Geröllrinne auf den SO-Grat. Über den überfirnten, breiten SO-Grat aufwärts bis unter die Gipfelwand. Links von ihr durch einen kurzen Kamin in eine Scharte, die durch die Wand und einen Felszacken gebildet wird. Jenseits, in der W-Seite, auf Bändern mehrere Rinnen querend, zu einer breiten Rinne, die südostw. zum Gipfelgrat führt. Über ihn kurz zum Gipfel.

- **597** **Parstleswand,** 3091 und 3085 m

In dem von der Verpeilspitze ostw. streichenden Kamm; Aussichtsberg der Kaunergrathütte.

- **598** **Von der Kaunergrathütte,** R 245
   Unschwierig, ¾ Std.

Von der Hütte auf gutem Steig die Schutthänge im Bogen querend auf den S-Rücken, über Schutt und Blockwerk leicht zum Gipfel.

- **600** **Schwabenkopf,** 3379 m

Beherrschender Gipfel über dem Inner-Verpeil; 1000 m hohe NW-Abstürze.

- **601** **Vom Schwabenjoch (Südgrat)**
   II, 1 Std. vom Joch, 3 Std. von der Kaunergrat-, 4 Std. von der Verpeilhütte.

Von der Kaunergrathütte, R 245, über den nördl. Planggeroßferner, von der Verpeilhütte, R 242, über den Inneren Verpeilferner auf

Die Rofelewand, aufgenommen von Süden. R 591 bezeichnet den Anstieg von der Verpeilhütte durch die Eisrinne.

**Rofelewand**

591

**Rofelejoch**

das Schwabenjoch, 3196 m, die Einschartung südöstl. des Schwabenkopfs.
Vom Joch unmittelbar über die gratartige Felsrippe in schöner Kletterei empor auf einen Vorkopf im S-Grat. Oder vom Joch über die Schutthänge nach SW und durch kurze Rinnen auf die Scharte im S-Grat. Nun über den Grataufschwung unmittelbar empor und auf den Vorkopf im S-Grat. Der Aufschwung kann auch in mühsamer Querung über Blöcke und Bänder in der W-Flanke umgangen werden. Über den Grat nordw. empor zum Gipfel.
An den S-Grat auch von W. Von der Verpeilhütte auf dem Weg zum Madatschjoch unter den Madatschferner. Zuerst über Geröll, dann über die steilen, plattigen Felsen aufwärts, die den kleinen Rotkarlferner umschließen. Aus der südwestl. Ecke des Ferners gegen NO über ihn aufwärts in Richtung einer Schneerinne, die zum S-Grat emporführt. Durch sie empor auf das kleine Firnfeld am Fuß des S-Grates und wie oben beschrieben zum Gipfel.

● **602**                      **Madatschtürme**
**Östlicher,** 2829 m, **Mittlerer,** 2837 m,
**Westlicher,** 2777 m

Kühne Felstürme in dem nördl. des Madatschkars und südl. des Kühkarls aufragenden Felskamm. Siehe Abb. S. 197.

● **603**         **Östlicher Madatschturm,** 2829 m

Der Gipfel setzt sich aus zwei schroffen Zacken zusammen, die quer zum Kammverlauf gestellt sind.

● **604**    **Von Osten**
        III, 3 Std.

Von der Verpeilhütte, R 242, auf dem Weg zum Madatschjoch in das Kühkarl und über Geröll empor an den Fuß der Felsen unter der Scharte im O-Grat. Durch eine Eisrinne bis etwas unterhalb der Scharte empor und über steile Wandstellen schräg aufwärts gegen den Grat und auf ihm empor bis dorthin, wo der Doppelblock des Gipfels ansetzt. Über steilen, rauhen Fels in das Schartl zwischen beiden Gipfelblöcken empor und über je eine 4 m hohe Wandstufe auf die beiden Gipfelzacken.

*Der Östliche und der Mittlere Madatschturm von Süden.*

Mittl. Madatschturm Östl.

- **605**              **Mittlerer Madatschturm,** 2837 m

Höchster der drei Türme; zwischen Östlichem und Westlichem.

- **606**    **Von Südwesten**
        II (eine Stelle), I; 2—2½ Std. aus dem Kühkarl.

Von der Verpeilhütte, R 242, südw. empor ins Kühkarl und an den Fuß der breiten Rinne, die in das Schartl westl. des Mittleren Madatschturms hinaufführt. Durch die Rinne (zum Teil Eis) in die tief eingeschnittene Scharte. In sie auch von S aus dem Madatschkar, das man aus dem Kaunertal, beim Kupphof ostw. auf Almwegen emporsteigend, erreicht. Über grasige Schrofen nordw. empor in die Scharte. Vom Schartl in die S-Seite kurz absteigend bis an den Beginn eines Bandes, das von links nach rechts emporzieht. Es setzt rißartig an und wird durch eine große, angelehnte Platte gebildet. Über das schmale Band empor, II, und gegen rechts in eine Rinne. Aus ihr über Blockwerk auf den schmalen Gipfelzacken.

- **607**              **Westlicher Madatschturm,** 2777 m

- **608**    **Von Osten**
        II, 1½ Std. aus der Scharte östl. des Gipfels.

Wie in R 606 in die Scharte; aus ihr immer an der Gratkante in festem Fels zum Gipfel.
**Der Abstieg** nach S ist I. Die Überschreitung aller drei Türme ist III, eine Stelle IV—, 2½ Std. vom Einstieg.

- **610**              **Waze (Wazespitze)**
             **Hauptgipfel,** 3533 m, **Südgipfel,** 3503 m

Höchster Gipfel des Kaunergrats. Südl. des Madatschjoches mit zerrissenen Hängegletschern und steilen Graten und Wänden, vor allem der mit Eisrinnen durchzogenen N-Flanke aufragend. Siehe Abb. S. 199 und S. 201.

- **611**    **Von der Kaunergrathütte,** R 245 **(Gletscherweg)**
        3—4 Std.

Von der Hütte über den Moränenrücken in die untere Gletschermulde des südl. Planggeroßferners. Nun hinauf in eine steiler werden-

*Die Waze von Osten. R 611 bezeichnet den „Gletscherweg", den Normalweg auf den Hauptgipfel.*

**Südgipfel**

**Hauptgipfel**

611

de Schnee- und Eisrinne, die auf die obere Gletscherfläche führt. Von dort direkt hinauf in die Scharte zwischen S- und Hauptgipfel. Nun nach links auf den S-Gipfel oder nach rechts über den Grat auf den Hauptgipfel. Dabei kann ein großer Turm ostseitig leicht umgangen werden.

● **612** **Ostgrat**
III—, 4 Std. von der Kaunergrathütte, R 245. Siehe Abb. S. 201.

Von der Kaunergrathütte südw. ansteigend auf den vom Madatschjoch herabziehenden Gletscherarm und zum O-Grat, der auf einem breiten Felspfeiler fußt.
Unterhalb der von der NO-Wand herabziehenden Rinne zum Einstieg auf gut gangbaren Bändern. Diese Bänder führen nach links auf eine Kante. Entlang der Kante und durch eine Schuttrinne auf eine kleine Kanzel (Vorsicht — nicht nach links in die glatten Platten queren). Der 8 m hohe Steilabbruch wird gerade erklettert (Schlüsselstelle, III—, H.). Nach der Schlüsselstelle in eine Rinne, die man nach etwa 30 m verläßt, um nach links auf den unteren Teil des Grates zu gelangen. Am Grat empor zum zweiten großen gelben Gratabbruch. Auf breitem Geröllband rechts des Gratabbruchs gegen die große Mulde empor, die man sofort auf den ersten gangbaren Bändern nach links in Richtung Grat verläßt (roter Pfeil). Nun gerade auf der Gratkante empor zum Gipfel (Vorsicht, nicht in die brüchige NO-Flanke queren!).

● **613** **Seekarlesschneid,** 3208 m
Erster Gipfel in dem südl. der Waze nach O ziehenden Kamm.

● **614** **Von der Kaunergrathütte,** R 245, (Westgrat)
II, 3 Std. Siehe Abb. S. 203.

Von der Hütte auf dem Steig westw. auf die Moräne unterhalb des Hüttenfelskopfes und den zum Madatschjoch ziehenden Fernerteil (oberhalb des steilen Eishanges). Eben über den Gletscher gegen den O-Grat der Wazespitze, dann über Geröll hinab in die tiefste Gletschermulde nordöstl. des O-Grates. Südw. durch sie und in das große Gletscherbecken des Planggeroßferners. In Richtung auf den Eishang empor, der vom W-Grat der Seekarlesschneid nach N herabzieht. Entweder in Eisarbeit über ihn auf den Grat (große Rand-

*Die Waze und die Kaunergrathütte von Nordosten.*

**Waze**

612

246

Kaunergrat-
hütte

kluft) oder über die brüchigen, schlecht geschichteten Felsen links davon auf den W-Grat, wo er sich stärker auszuprägen beginnt. Nun über den Block- und Firnrücken empor, dann über kleine Türme (die auch südl. umgangen werden können) und zuletzt in schöner Kletterei auf den etwas nördl. vorgeschobenen Gipfelblock.

- **615**  **Zuragkogel,** 2891 m; **Steinkogel,** 2635 m; **Brandkogel,** 2677 m

Graterhebungen im Zweigkamm östl. der Seekarlesschneid.

- **616**  **Von Nordosten**
  Unschwierig.

Von der Kaunergrathütte, R 245, oder von der Riffelseehütte, R 247, auf dem Verbindungs-Höhenweg zum NO-Rücken des Steinkogels südl. über dem äußersten Planggeroßtal. Nun über grasige Felsstufen gerade über den Rücken empor zum Gipfel des Steinkogels. Vom Steinkogel über den Verbindungsrücken südwestw. und über eine Graterhebung dem westw. streichenden Kamm folgend auf den Gipfel des Zuragkogels.

- **617**  **Von der Riffelseehütte,** R 247

Von S sind alle drei Gipfel in unschwieriger Kletterei zu ersteigen.

- **620**  **Seekogel,** 3358 m

Der schroffste Gipfel des Kaunergrats; südl. der Seekarlesschneid zwischen Seekarlesferner und Nördlichem Löcherferner.

- **621**  **Über das „Schneidige Wandl", Südwand und Ostgrat**
  III (stellenweise), II. 4—5 Std. von der Riffelseehütte, R 247, 5—6 Std. von der Kaunergrathütte, R 245. Siehe Abb. S. 205.

Von der Riffelseehütte dem See entlang und im Riffeltal einwärts. Wo das Tal nach S umbiegt, westw. ab und über bis zu 40° steile Grashänge und Blockwerk in die Scharte zwischen dem Felskopf des „Schneidigen Wandls" und der Südwand des Seekogels.
Von der Kaunergrathütte über Planggeroßferner und Seekarlesferner in die tiefste Einschartung im W-Grat des Seekogels, 3224 m. Von dort absteigend auf den Nördlichen Löcherferner, nach O bis

*Die Seekarlesschneid von Nordwesten. R 245 bezeichnet den Anstieg von der Kaunergrathütte.*

Seekarlesschneid

614

zu seinem Ende, dann über Moränenrücken nach S und kurz ostw. aufsteigend zur Scharte. Aus der Scharte nordw. auf einem brüchigen Kamm empor, der in einen steilen Plattenabbruch übergeht. Man erklettert diesen zuerst gerade in seiner Mitte, quert dann auf einem schmalen Plattendach westw. hinaus, bis man nach ungefähr 4 Seillängen die oberen, weniger steilen Plattenflanken erreicht. Am O-Rand der Plattenflanke über Blockwerk und Fels empor, dann ostw. in eine Plattenrinne und in ihr aufwärts. Ungefähr eine Seillänge unter dem O-Grat westw. auf ein kurzes, breites Band; auf ihm in eine Nische und über die glatte Wand gerade empor auf den O-Grat. (Man kann auch durch eine Plattenrinne und einen breiten Kamin eine Gratscharte erreichen.) Nun auf dem schmalen Grat wenig ansteigend bis zu einer schroffen Schneide, deren plattiger, überhängender Abbruch südl. umgangen wird.

Weiter über den Grat bis vor einen Turm. Man quert ihn auf der N-Seite (ausgesetzt) durch einen Riß, der von zwei abgesprengten Platten gebildet wird. Auf einem mächtigen Gratkopf, von dem aus man den Gipfel im W erblickt. Weiter zu einem kleinen Felskopf vor einer tiefen Scharte. In der N-Seite kurz hinab; dann südw. durch eine steile Plattenrinne, einen überhängenden kurzen Riß, über Platten und den folgenden kurzen, kaminartigen Riß (in der N-Seite) hinab in den Grund der Scharte. Über den Grat empor zu einem gelben, glatten Wandabbruch; zuerst durch einen Riß in der Wandmitte empor, dann über ein schmales Band nach links und durch ein Felsloch auf den Grat. Den folgenden zweiten Abbruch erklettert man über einen kleinen Überhang, erreicht den Grat wieder durch ein schmales Band von N her. Über den breiter werdenden Grat zum Gipfel.

● **622    Abstieg durch die Südwand**
    III—, II. 1½—2 Std. an den Wandfuß.

Vom Gipfel über den O-Grat 30 m abwärts in die erste Einschartung. Hier durch einen Riß 10 m hinab in die S-Flanke. Man erreicht so das obere Ende der schräg ostw. die ganze S-Wand durchreißenden Plattenrampe. Über diese durch Risse, über kleine Wandstellen und Bänder mehrere Seillängen abwärts.

Man darf sich auf diesem ganzen Abstieg nie zu einem Abzweigen gerade hinunter oder nach rechts verleiten lassen, sondern muß

*Der Rostizkogel mit dem Anstieg von der Riffelseehütte (R 626) und der Seekogel-Ostgrat (R 621).*

Rostizkogel  Seekogel

626

621

626

sich immer weiter schräg ostw. halten. Wo die Plattenrampe bei einer weißgescheuerten Platte etwas steiler abfällt, III—, kann man auch 3 m senkrecht aufsteigen auf ein parallel laufendes Band. Auf diesem etwa 10 m hinaus. Hier 25 m abseilen zurück auf die Rampe. Weiter über die Rampe abwärts, bis sie sich zum Wandfuß hin öffnet. Hier sieht man zur Linken eine auffallend blau gefärbte glattgeschliffene Platte. An ihrem Unterrand quert man ansteigend etwa 8 m empor und kann nun wieder gut über grasdurchsetzte Bänder ostw. queren. Man hält sich hier ziemlich eben in Richtung auf einen gelbbraunen fast rechteckigen Ausbruch, zu dem man hinüberquert. Über eine Platte in den Grund des Abbruchs ein paar Meter senkrecht hinunter, bis man wieder gut über Leisten weiterqueren kann bis in Fluchtlinie jenes felsdurchsetzten Kammes, der von der Einschartung am „Schneidigen Wandl" an die S-Flanke des Seekogels heraufzieht. Zunächst über Gras und Schrofen im Zickzack abwärts bis über den letzten steilen Abbruch. Dieser kann frei abgeklettert werden, indem man an seinem Oberrand ziemlich weit auf festen, aber ausgesetzten Leisten hinausquert gegen O und schließlich wieder in umgekehrter Richtung über Leisten und Stufen westw. unmittelbar an den Punkt, an dem der erwähnte Kamm an die Wand stößt.

Weiterer Abstieg bei trockenem Wetter günstiger durch die Schutthalden links des Kamms, zuletzt über die steilen Grashänge hinunter zum Riffelsee.

● **625**  **Rostizkogel,** 3392 m

Mächtiger Firndom zwischen Wazejoch und Rostizjoch im Hauptkamm.

● **626**  **Von der Riffelseehütte**
Unschwierig, 4 Std. Siehe Abb. S. 205.

Von der Riffelseehütte zunächst links längs des Riffelbaches bis zu dem Rücken, der südl. des „Schneidigen Wandls" mit mehreren Absätzen nach O herunterzieht und im unteren Teil gemäß AV-Karte „Riffel" heißt. Auf diesem Kamm oder neben ihm — teilweise alte Pfadspuren und Steinmanndln — in das Kar westl. der Scharte zwischen dem „Schneidigen Wandl" und dem Seekogel. Über Moränenrücken östl. des Gletscherbruchs hoch zum O-Ende des Nördlichen Löcherferners. Über ihn westw. zum nördl. Ansatzpunkt (vorher Spalte) des Schneerückens, der südwestw. direkt auf den Gipfel führt.

- **627    Von der Kaunergrathütte,** R 245
  Unschwierig, 4 Std.

Wie R 621 in die tiefste Einschartung des Seekogel-W-Grats; etwa 60 m durch Felsrinnen auf den Nördlichen Löcherferner absteigen, wo man auf R 626 trifft.

- **628    Löcherkogel,** 3326 m

Südl. des Rostizjochs.

- **629    Von der Riffelseehütte,** R 247
  Unschwierig, 4—5 Std.

Von der Riffelseehütte im Riffeltal einwärts und im Bogen nach W und N über den Riffelferner gegen die S-Flanke. Über Firn und Geröll zum Gipfel.

- **630    Habmeskopf**
  **Nördlicher,** 3292 m, **Südlicher,** 3237 m

Im Kamm zwischen Löcherkogel und Wurmtaler Joch.

- **631    Vom Wurmtaler Joch**
  Unschwierig, ¾ Std.

Vom Joch, R 355, über den breiten, geröllbedeckten Rücken zum S-Gipfel.

- **632    Wurmtaler Kopf,** 3228 m

Im Kamm südöstl. des Wurmtaler Jochs.

- **633    Vom Wurmtaler Joch**
  Unschwierig, ½ Std. (Vgl. R 355).

Vom Joch südostw. über den Blockgrat, dann über ein kleines Eisfeld an die kurzen Gipfelfelsen und über sie auf den höchsten Punkt.

- **635    Grubenkarspitze,** 3002 m

Gipfel in dem vom Wurmtaler Kopf nordostw. ziehenden Rücken.

- **636    Überschreitung von Nordosten bis zur Scharte**
  (P. 2887 m der AV-Karte)
  Selten begangen. Zeit- und Schwierigkeitsangaben fehlen.

Von der Riffelseehütte südwestw. gegen den von der Grubenkarspitze nordostw. ziehenden Rücken empor. Durch eine Schotterrinne auf den Grat. Über Gratzacken in eine Scharte. Die folgenden zwei glatten Türme werden auf der S-Seite auf gleicher Höhe auf schmalen Bändern umgangen. Nach einem fast ebenen Gratstück über schöne Felsen und durch Risse auf einen Grataufschwung bis zu einem Turm mit senkrechter Wand; er wird auf der N-Seite auf absteigenden Bändern umgangen. In die Scharte vor einem glatten Zacken; aus der Scharte kurz in einem Spalt absteigend, dann durch einen Riß in festem Fels zum Grat empor. Über Platten auf den Gipfel der Grubenkarspitze. In anregender Kletterei in das Schartl jenseits des Gipfels hinab; die folgenden Grattürme können auf der S-Seite umgangen werden. Man erreicht durch die S-Seite den höchsten Punkt vor der Scharte, 2887 m.

● 637                 Eiskastenspitze, 3373 m

Im Hauptkamm südl. des Wurmtaler Kopfs; mit charakteristischer Firnhaube.

● 638      **Vom Taschachhaus,** R 250, **über das Köpfle**
            I; der Eisbruch des Eiskastenferners erfordert Erfahrung.
            3—3½ Std.

Vom Haus talein auf dem Steiglein bis zum Abfluß des Sexegertenferners (Sexegertenbach). Über diesen hinweg und auf der anderen Talseite leicht ansteigend über die Böden hinaus (nordostw.), bis man sich schließlich auf das „Köpfle", eine Kuppe im SO-Ausläufer der Eiskastenspitze, zu hält. Man ersteigt dieses jedoch nicht, sondern wendet sich vorher nach links dem Mittleren Eiskastenferner zu. (Hierher auch von der Riffelseehütte über den Fuldaer Höhenweg, R 356, bis auf das Bödele vor der Felsrippe. Nun nach links, westw. gegen den Mittleren Eiskastenferner empor.) Diesen hat eine Mittelmoräne infolge des starken Rückganges in zwei Teile geteilt; man betritt die rechte, nördl. Zunge, hält sich am N-Ufer des Gletschers und läßt den wilden Eisbruch im Mittelteil links liegen. Das Durchkommen zwischen Fels und Eisbruch ist nicht immer leicht. Darauf betritt man das obere Firnbecken. Höher oben steigt man an geeigneter Stelle rechts in die Felsen, über diese empor zur Firnhaube und unschwer zum Gipfel.

● 640                 **Bliggspitze,** 3454 m

Breiter Felsbau im Kamm zwischen der Eiskastenspitze und der Bliggscharte.

● 641      **Vom Taschachhaus,** R 250
            I, 3½ Std. Lohnend.

Vom Taschachhaus westw. auf dem Steiglein hinein zum Sexegertenferner. Die Gletscherzunge bleibt links liegen; man überquert an geeigneter Stelle den Bach und steigt am jenseitigen Hang zuerst steil über Blockwerk empor, dann weniger steil ansteigend auf die Böden unter dem Vorderen Ölgrubenferner. Über ihn zuerst mäßig ansteigend, dann steiler empor in die Einschartung unter dem S-Grat (Steinmann), das Bliggschartl, 3210 m. Über den Sattel nordw. hinweg und über die Firnhänge weiter bis fast in Gipfelfallinie. Über Firn, schließlich über eine Felsrippe und durch steiles, abschüssiges Geröll zum Gipfelgrat (zeitweise steile Firnrinne!). Der höchste Punkt liegt am S-Ende des von N nach S verlaufenden Blockkammes.

● **642** **Vordere Ölgrubenspitze**
**Südgipfel,** 3456 m; **Nordgipfel,** 3451 m

Kühner Doppelgipfel im Hintergrund des Sexegertentals. Schöne Fernsicht.

● **643** **Vom Taschachhaus,** R 250
**II,** 4 Std. Lohnend.

Auf dem Weg zum Ölgrubenjoch, R 357, aufwärts bis zum kleinen Gletschersee am Fuß der Zunge des vom Ölgrubenjoch herabziehenden Gletscherteils. Hier rechts durch eine Schuttgasse, zuletzt über Firn empor zur vergletscherten SO-Flanke des Ölgrubenkopfes. Über diese gerade empor zum Kopf. Über den luftigen Grat in wenigen Min. zum S-Fuß des Gipfelaufbaus. Von hier kurz über den Grat zum Gipfelaufbau, nach links zu zwei auffallenden Rinnen und über sie in kurzer Zeit zum Gipfel.
Der Übergang zum N-Gipfel ist II, brüchig, ½ Std. Man hält sich stets am Grat.

● **644** **Vom Gepatschhaus**
**II,** 4½ Std. Lohnend. Siehe Abb. S. 211.

Auf dem Weg zum Ölgrubenjoch, R 357, etwa 1½ Std. aufwärts. Nun wechselt man (etwa auf Höhe 2500 m) nach links, nordw., hinüber in die Äußere Ölgrube. Durch den Schutt der Mulde aufwärts, bis man über lockeres Geröll in die steilen, oft firngefüllten Rinnen gelangt, die steil und gerade emporführen zur S-Scharte am S-Fuß des Gipfelaufbaus. Weiter wie R 643.

● **645** **Hintere Ölgrubenspitze,** 3296 m

Lohnender Aussichtsberg am S-Ende des Kaunergrats, zwischen Ölgrubenjoch und Wannetjoch.

- **646** **Vom Ölgrubenjoch,** R 357
    I, 50 Min. (vgl. R 357). Siehe Abb. S. 211.

Über Firnfelder und Blockwerk auf einen Vorkopf und über einen meist überfirnten Kamm zum Gipfel.

- **647** **Vom Wannetjoch**
    I, ½ Std. (vgl. R 379).

Zuerst gerade auf der scharfen Gratschneide, später über Blockwerk zum Gipfel. (Der gerade Anstieg zum Joch vom Sexegertenferner ist manchmal durch Eisbrüche gesperrt.)

## 3. Glockturmkamm

- **650** **Roter Schrofen,** 2704 m

Höchste Erhebung im nördlichsten Glockturmkamm.

- **651** **Von Feichten**
    Bez. Steige, etwas mühsam. 3½ Std.

Von Feichten westw. aus dem Dorf und über den Faggenbach an die Berglehne. Durch Wald südwestw. empor auf einem Weg gegen den Weiler Ögg. Bei der Wegteilung rechts ab und steil empor auf Weidehänge oberhalb der Waldgrenze. Über sie und Geröllhänge in Richtung des Roten Schrofens empor. Etwas nördl. ausweichend über Blockwerk zum höchsten Punkt.

- **652** **Von Fendels über Ochsenkopf und Mittagskopf**
    Bez. Steige, 4 Std., schöne Gratwanderung.

Von Fendels (R 30) gerade ostw. die Hänge querend empor bis an die W-Flanke des Ochsenkopfs, 2146 m. Von hier auf den begrünten Sattel nordwestl. des Mittagskopfes. Gerade über den Rücken empor in abwechslungsreicher Gratwanderung auf den Mittagskopf. Über ihn und über den schroffen Grat zum Roten Schrofen.

- **653** **Feichtener Karlspitze,** 2918 m

Hüttenberg der Anton-Renk-Hütte.

*Die Hintere und die Vordere Ölgrubenspitze mit dem Ölgrubenjoch, aufgenommen von Westen.*

Ölgrubenspitze

Ölgrubenjoch

646

Ölgrubenkopf

Vordere Ölgrubenspitze

644

● **654　Von der Anton-Renk-Hütte,** R 255
　　　Unschwierig, 2½ Std.

Von der Hütte westw. steil über die Hänge empor und durch eine Schlucht auf den Grat zwischen Altem Mann und Karlspitze. Von hier über die SO-Seite auf den höchsten Punkt.

● **655　Nordwestkamm**
　　　I, 2½ Std. von der Fendler Alm, R 30, oder der Anton-Renk-Hütte, R 255.

Von der Fendler Alm oder von der Anton-Renk-Hütte auf das Zirmesköpfl, am Beginn des NW-Rückens. Über den Kamm südostw. weiter auf den Schlanterkopf, 2519 m, und über den Rücken weiter empor bis zum steileren Gipfelaufbau, den man über Platten und Geröll auf der W-Flanke umgehen kann.

● **656　　　　　　　Alter Mann,** 2883 m

Im Kamm nördl. der Kuppscharte; meist zusammen mit der Feichtener Karlspitze erstiegen.

● **657　Südflanke**
　　　I, 4½ Std. von Feichten, 1½ Std. von der Anton-Renk-Hütte, R 255.

Von Feichten talein bis zur Brücke vor dem Kupphof. Hier über den Faggenbach und an der westl. Tallehne steil durch den Wald empor und immer in westl. Richtung auf Steigspuren über die Gras-, später Geröllhänge auf die Kuppscharte, 2657 m. Oder über die Hänge mehr nordwestw. auf den S-Rücken, durch ein schroffes Gratstück getrennt. Von der Anton-Renk-Hütte gerade ostw. empor und durch eine Blockrinne empor an den Rücken.
Über die S-Flanke über Rasen und Platten zum Gipfel.

● **660　　　　　　Kuppkarlesspitze,** 2992 m
Im Kamm südl. vom Alten Mann.

● **661　Von der Anton-Renk-Hütte,** R 255, **über die Südwestflanke**
　　　II, 2½ Std.

Auf R 360 (Aachener Höhenweg) unter der W-Flanke der Kuppkarlesspitze in den nordöstlichsten Teil des Fallenden-Bach-Kars und an die SW-Flanke des Berges. Hier in einer flachen Rinne über Platten und Fels zum Gipfel.

● **662** Äußere Rifenkarspitze, 3003 m

Unmittelbar westl. über der Rifenkarscharte (R 360).

● **663 Von der Anton-Renk-Hütte**
I, 2½ Std.

Auf R 360 südw. empor in das Kar des Rifenferners und in die Senke östl. der Äußeren Rifenkarspitze. Aus ihr über Blockwerk in südwestl. Richtung auf den höchsten Punkt.

● **665** Innere Rifenkarspitze, 3008 m

Nordöstl. des Pfroslkopfs im Hauptkamm.

● **666 Von der Anton-Renk-Hütte,** R 225
I, 3 Std.

Von der Anton-Renk-Hütte südw. talein und in das Kar des Rifenferners. Südw. über den Ferner empor und auf die Scharte zwischen Innerer Rifenkarspitze und Mitterschragen. Aus der Scharte über den Blockgrat empor auf den Gipfel.

● **667** Pfroslkopf, 3148 m

Höchster Gipfel im nördl. Glockturmkamm; nordöstl. des Pfroslkopfjochs.

● **668 Vom Pfroslkopfjoch**
I, 1 Std.

Auf das Pfroslkopfjoch durch das Berglertal von Tösens oder aus dem Kaunertal von den Häusern Am See über die Fißladalm. Von der Alm dem Fißladbach folgend und nordwestw. empor auf den S-Grat oberhalb, nördl. des Pfroslkopfjoches. Über Blockwerk auf den Gipfel.

● **669 Von der Anton-Renk-Hütte,** R 255
Unschwierig, 3—4 Std.

Von der Anton-Renk-Hütte auf dem Steig südw. talein und nach S vom Steig ab (wo er sich gegen die W-Flanke der Kuppkarlesspitze hinwendet) und in das Kar des Rifenferners. Südw. weiter und auf den Gletscher. In der Gipfelfallinie etwas westw. ausbiegend und über Firn und Blockwerk zum Gipfel.

● **670** Zirmesspitze, 2945 m

Nordwestl. des Pfroslkopfs.

- **671 Von der Anton-Renk-Hütte**, R 255, **über die Ostflanke**
  Unschwierig, 3 Std.

Von der Hütte südw. über die Karmulde empor und unter dem NO-Kamm der Zirmesspitze an ihre O-Flanke. Durch Rinnen über einen Absatz empor auf einen Geröll- und Blockhang. Schräg links, westw. empor auf den Gipfel mit dem großen Steinmann.

- **672        Tauferer Kopf**, 3067 m

Schlanker Felsgipfel südl. des Pfroslkopfjochs.

- **673    Südostflanke**
  I, 2½ Std. von der Fißladalm, R 360.

Von der Fißladalm bzw. vom Aachener Höhenweg (R 360) immer dem Bach folgend südwestw. empor. Zuletzt im Bogen nordwestw. empor gegen die SO-Flanke des Tauferer Kopfes. Über sie steil empor zum Gipfel.

- **675        Tauferer Spitze**, 3047 m

Im Kamm zwischen Tauferer Jöchl und Glockhaus gelegener Gipfel. Von keiner Seite ganz leicht zu erreichen.

- **676    Von Süden**
  II, 3 Std. von der Fißladalm, R 360.

Von der Alm bzw. vom Aachener Höhenweg (R 360) immer südwestw. dem Bach entlang aufwärts, bis dorthin, wo die Bachschlucht ihre Richtung ändert. In südwestl. Richtung weiter und empor in das Schuttkar östl. der Tauferer Spitze. Über Geröll und Firn empor in die südl. Scharte. Aus ihr in ausgesetzter Kletterei zum Gipfel.

- **677        Glockhaus**, 3101 m

Mächtiger Felsgipfel über dem innersten Fißladtal; von N die breite Firnkuppe des Glockhausferners.

- **678    Vom Kaunertal**
  II, meist unschwierig; 3½ Std. von der Fißladalm, R 360.

Von der Alm oder vom Aachener Höhenweg (R 360) auf Steigspuren dem Bach entlang aufwärts und immer in südwestl. Richtung in das Kar des Tauferer Ferners. Über die Hänge steil westw. empor und südwestw. über Moränen in die Senke nördl. des Gipfels. Aus ihr über den Kamm und auf den Gipfel.

● **680**                 **Berglerfernerkopf,** 3104 m

Breiter Geröllkopf südl. vom Glockhaus im Kamm. Blockkamm gegen W, der dann nach N umbiegt und das Platzertal vom Berglertal trennt; mit Malzkopf, 2212 m, und Serneskopf, 2703 m.

● **681**      **Aus dem Fißladtal,** R 360
           Unschwierig, 3 Std.

Von der Fißladalm (R 360) südwestw. talein und in gleicher Richtung empor gegen die Senke zwischen Fißladkopf und Berglerfernerkopf. Über Blockwerk und Felsen (kleines Eisfeld) von SO auf den Gipfel.

● **682**                 **Fißladkopf,** 3113 m

Breiter Blockgipfel nördl. über dem Schwarzsee, im Kamm zwischen Platzerferner und Fißladferner. Seitenkamm nach O mit dem Atemkogel, 3011 m.

● **683**      **Von der Fißladalm,** R 360
           I, 3 Std.

Von R 360 im innersten Fißladtal südwestw. ab und empor auf den kleinen Fißladferner, auf den O-Grat und über ihn zum Gipfel.

● **685**               **Schwarzseekopf,** 3132 m

Südwestl. des Fißladkopfs, westl. über dem Schwarzsee im Kamm.

● **686**      **Von der Nassereiner Alm**
           I, 2½—3 Std.

Vom östl. Stauseeufer auf bez. Weg zur Nassereiner Alm (R 361 in umgekehrter Richtung, oder auf R 360). Pfadlos im Bogen nach W an die nördl. Lehne des Kaiserbergtales und auf einem Steig an ihr schräg aufwärts talein zur Jagdhütte am Eingang ins Steinigkarle. Unter den Schrofen des SO-Grates des Schwarzseekopfs nordwestw. über Geröll empor und im Bogen gegen N an den Beginn der S-Flanke. Über Schrofen und Platten von S her auf den Gipfel.

● **687**               **Plattigkopf,** 3174 m

Südl. des Plattigjöchls; höchster Berg im mittleren Glockturmkamm. Nur schwierige Anstiege.

● **688**      **Von der Nassereiner Alm**
           III (stellenweise), 4 Std. Vgl. R 686.

Von der Alm südwestw. schräg über die Hänge talein und ins Kaiserbergtal. Dem Bachlauf folgend in gleicher Richtung weiter bis in den innersten Talboden. Aus ihm nordw. über die Hänge und Geröllhalden gegen den SW-Fluß des Plattigkopfes empor. Hier durch eine breite Plattenmulde in einer Scharte zwischen Hauptgipfel und dem südöstl. davon aufragenden schroffen Vorgipfel empor. Über die schmale Gratkante nordwestw. aufwärts, zwei plattige, ausgesetzte Überhänge überwindend, über einen Spalt im Grat und zuletzt über Felsen und Blockwerk auf den Gipfel.

● 690  Platzerspitze, 3106 m

Südöstl. des Platzerjöchls und Plattigkopfs im Kamm. Langer Kamm gegen NW mit Gamsköpfen, 3108 m, Hochjoch, 2896 m, Rauhem Kopf, 2695 m.

● 691  Von der Nassereiner Alm
Unschwierig, 3—3½ Std. Vgl. R 686.

Von der Nassereiner Alm in das Kaiserbergtal und südwestw. dem Bach entlang talein bis in die innerste Talmulde. Aus ihr über die Hänge nordwestw. empor, östl. des Kaisertalsees über die flacheren Karböden zum Geröllhang, der in die südl. Scharte emporzieht. Über ihn und über Schrofen in die Scharte. Über den S-Rücken (Blockwerk) zum Gipfel.

● 692  Kaiserspitze, 3090 m

Nördl. des Kaiserjochs, über dem hintersten Kaiserbergtal.

● 693  Von der Nassereiner Alm über die Ostflanke
II, 3 Std. (Vgl. R 686).

Von der Alm im Kaiserbergtal einwärts und aus der innersten Talmulde nordwestw. empor. Östl. des Kaisertalsees in Richtung Platzerspitze sanft ansteigend empor. Über das Geröll östl. der Flanke der Kaiserspitze zuerst nach NW aufwärts, dann gerade ostw. steil über die Schutt- und Schrofenhänge empor. Zuletzt über Blockwerk zum Gipfel.

● 695  Rotschragenspitze, 3113 m

Im Kamm zwischen Kaiserjoch und Rotschragenjoch. Seitenkamm nach SW mit dem Bruchkopf, 3012 m.

● 696  Vom Hohenzollernhaus, R 257
I, 3½ Std.

Auf R 361 in die Einsattelung am Beginn des SO-Grats; über ihn auf die Graterhebung, P. 3007, steil empor, dann über den langen ausgeprägten Grat zum Gipfelaufbau und über ihn zum Gipfel.

● **697** **Rifflkarspitze,** 3219 m

Zwischen Riffljoch (R 362) und Rotschragenjoch (R 361) im Kamm; langer Seitenkamm nach ONO.

● **698** **Vom Riffljoch**
Unschwierig, ¼ Std.

Vom Joch (R 362) über den flachen Gratrücken nordw. über Geröll zum Gipfel.

● **700** **Höhlenspitze,** 3202 m

Im Seitenkamm östl. der Rifflkarspitze.

● **701** **Aus dem Rifflkar über die Südwestflanke**
II, 1 Std.

Auf R 362 in das Riffltal und über Geröll empor in das Schuttkar südwestl. des höchsten Punktes der Höhlenspitze (westl. der mittleren, langen Felsrippe, die vom Hauptgipfel südw. in das Rifflkar herabzieht). Über den Schutt empor an den Beginn der Wand und über Platten gerade empor zum Gipfel.

● **702** **Gratfernerkopf**
**Westlicher,** 3007 m; **Östlicher,** 3003 m

Gipfel im Seitenkamm östl. des Halsle, 2867 m, einem Übergang vom Gepatschhaus ins Kaiserbergtal.

● **703** **Vom Gepatschhaus,** R 252, **auf den Ostgipfel**
I, 3 Std.

Vom Gepatschhaus auf dem Weg zum Halsle in der Kuhgrube westw. empor und aus dem innersten Kessel nordw. auf den teils begrünten SO-Rücken. Über ihn, zuletzt über Schrofen, zum O-Gipfel.

● **705** **Planggeroßspitze,** 2942 m

Erhebung im nördlichsten Teil des Kaiserbergkamms.

● **706** **Von Südwesten**
Unschwierig. 3 Std. von der Nassereiner Alm, R 668, ½ Std. vom Gepatschhaus, R 252.

Von der Nassereiner Alm auf Steigspuren in das Kaiserbergtal hin-

ab und jenseits um den breiten NO-Rücken des Kammes herum und
südw. im Bogen in das Schuttkar zwischen den Gratfernerköpfen
und der Planggeroßspitze (Planggeroßkar).
Hierher auch vom Gepatschhaus, indem man westl. zum Bach hinab
geht, diesen überquert und jenseits nordwestw. pfadlos über die
Hänge in das Geröllkar emporsteigt.
Aus dem Kar nördl. steiler über die Schrofenflanke auf den Gipfel.

- 707                 Glockturm, 3355 m

Auffallender Felsbau südl. des Riffljochs, mit schroffen Flanken.
Siehe Abb. S. 220/221.

- 708     Ostflanke und Südostgrat
   Unschwierig, 3½ Std. vom Hohenzollernhaus, R 257,
   4—5 Std. vom Gepatschhaus, R 252. Siehe Abb. S. 220/
   221.

Vom Gepatschhaus wie auf dem Weg zum Riffljoch (R 362) bis unter
den Rifflferner. Hier gerade westw. über Geröll und Moränen empor (links am kleinen See vorbei) und auf den Rifflferner. Über ihn
gerade nach W aufwärts (in seinem mittleren Teil Spalten) und
empor bis unter den Geröll- und Schrofenhang des Gipfels. Nun entweder gegen die SO-Kante ausweichend und über Geröll und Blockwerk zum Gipfel, oder gerade steil empor zum höchsten Punkt.
Oder wie in R 362 auf das Riffljoch und auf dem bez. Normalweg
zum Gipfel.
Vom Hohenzollernhaus wie R 361 bis unter das an seiner Farbe
leicht kenntliche Rotschragenjoch. Nach rechts auf den Hüttekarferner. Ist die Zunge eisig, kann man zwischen Felswand und Eis im
Blockwerk ein Stück ansteigen. Über den Ferner zum Schluß steil
hinauf ins Riffljoch, 3147 m. Über sanfte Firnrücken nach S um den
Ausläufer des Riffljochturmes herum in den Schutt- bzw. Firnhang
nordöstl. unter dem Glockturm. Etwas gegen die Scharte zwischen
Riffljochturm und Glockturm ansteigen, dann nach links in den
Hang und im Rechtsbogen zum Gipfel.

- 710                Hennesiglspitze, 3144 m

Schlanker Blockturm südl. des Glockturmjochs im Grenzkamm.

- 711     Westgrat
   II, 4 Std. vom Hohenzollernhaus, R 257, 4½ Std. vom Gepatschhaus, R 252 (Gletscherstraße kreuzt auf 2400 m
   das Krummgampental).

Vom Hohenzollernhaus wie auf dem Weg zum Glockturmjoch auf

den Hennesiglferner bis unter das Joch. Südw. ab und in die Einschartung westl. der Hennesiglspitze.
Hierher auch vom Gepatschhaus durch das Krummgampental und über das Glockturmjoch.
Von der Scharte entweder gerade über die scharfe Kante zum Gipfel oder in der W-Flanke durch eine Schuttrinne und in kurzer Kletterei auf den Grat und zum Gipfel.

● 712    Von Melag
        II, 4½ Std.

Von Melag in Langtaufers gerade nordw. empor und auf kleinem Steig dem Bach entlang aufwärts (Weg zum Weißseejoch). Wo der Weg von der Bachverzweigung nach rechts, nordostw., zum Weißseejoch emporführt, bleibt man links und steigt durch das „Schiechkar", eine lange Mulde, bis zum SW-Grat der Hennesiglspitze. Von dort über den Blockgrat in leichter Kletterei, II, auf die Spitze.

● 713                    Hennesiglkopf
        Östlicher, 3119 m; Westlicher, 3100 m

Im Grenzkamm westl. der Hennesiglspitze.

● 714    Ostflanke
        II, 3½ Std. vom Hohenzollernhaus, R 257.

Vom Hohenzollernhaus wie auf dem Weg zum Glockturmjoch auf den Hennesiglferner und in die Scharte westl. der Hennesiglspitze. Jenseits hinab und Querung über Geröll und Platten an den Fuß des Hennesiglkopfes.
Hierher auch von Melag in Langtaufers durch das Melagtal gerade nördl. über Geröll und Blockhänge.
Weiter über die O-Flanke über Wandstellen, eine Felsrippe (Reitgratl) und Platten auf den Gipfel.

● 715    Übergang zum Westlichen Hennesiglkopf
        III—, ¾ Std.

Vom Gipfel des Östlichen Hennesiglkopfs über den Blockgrat und Platten hinab in ein Schartl. Jenseits aus ihm an den Gipfelaufbau des Westlichen Hennesiglkopfs. Über ein kurzes Wandl und durch einen Kamin auf den schmalen Gipfel.

Rifftjoch

708

Hüttekarferner

*Der zentrale Glockturmkamm mit dem Normalanstieg auf den Glockturm, aufgenommen von Norden.*

Glockturm
Matternturm
Großer Schafkopf
Glockturmferner

## 4. Nauderer Berge

● **720** **Nauderer Hennesiglspitze,** 3045 m
Grenzgipfel zwischen Radurschelschartl und Tscheyer Scharte.

● **721** **Vom Hohenzollernhaus,** R 257
Unschwierig, 3 Std.

Wie in R 365 hinein in das Innere Radurscheltal gegen das Radurschelschartl. Man geht aber rechts haltend im weiten flachen Talgrund westwärts weiter und steigt in die Einsattelung, 2897 m nördl. des Gipfels empor (verfallenes Jagdhaus). Nun ohne Schwierigkeiten über den Schutt- und Firngrat zum höheren W-Gipfel, 3045 m.

● **722** **Seekarkopf**
**Südlicher,** 3059 m; **Mittlerer,** 3063 m; **Nördlicher,** 3003 m
Felszacken im Kamm nördl. der Nauderer Hennesiglspitze.

● **723** **Vom Hohenzollernhaus,** R 257
I, 20 Min. von der Scharte P. 2897.

Wie in R 721 zu P. 2897; über den nach SO gerichteten Kamm zum S-Gipfel. Die weitere Überschreitung ist III—, 1½ Std.

● **725** **Wildnörderer,** 3015 m
Nordöstl. Eckpunkt des Kammes von der Nauderer Hennesiglspitze.

● **726** **Vom Hohenzollernhaus,** R 257
I, 2½ Std.

Man überschreitet das Tal und steigt jenseits über steile Gras-, später Geröllhänge in das östl. eingelagerte Wildnördererkar empor. Von dort über Schrofen zum Gipfel.

● **727** **Großer Schafkopf,** 3000 m
Südl. Eckpunkt des zwischen Tschey- und Saletztal nordw. ziehenden Kamms.

● **728** **Von der Nauderer Skihütte,** R 260
I, 3 Std. Bez.

Wie R 366 auf die Oberen Mataunböden. Hier vom Steig ab und über die Geröllhänge steil empor in eine Einsattelung zwischen

Schafkopf und Wölfeleskopf. Über den SW-Grat in Blockkletterei zum Gipfel.

● **730**          **Kleiner Schafkopf,** 2742 m
                      **Gueserkopf,** 2745 m

Im Kamm zwischen Großem Schafkopf und Tscheyjoch, beide von der Nauderer Skihütte in 2½—3 Std. unschwierig zu ersteigen.

● **731**    **Die Berge zwischen Tscheyjoch und Sadersjoch**

● **732**    Nördl. über dem Tscheyjoch erhebt sich das begrünte **Tscheyegg,** 2663 m. Zu ihm führt ein Steig empor, der nordw. über den Kamm weiterläuft zum **Schafkarkopf,** 2678 m, und zum **Schartleskopf,** 2810 m; Abb. s. S. 225.
Dem Schartleskopf südwestl. vorgelagert ist der **Waldafúrnerkopf,** 2748 m, eine begrünte Kuppe.
Nördl. der Gamórscharte der **Gamórkopf,** 2769 m. Diesem nordöstl. vorgelagert ist der felsige **Affenkopf,** 2626 m, nordwestl. der **Gaißpleiskopf,** 2771 m. Nördl. des Gamórkopfes fällt der Kamm zum **Kreuzjoch,** 2350 m, ab.

● **733**    Der Übergang Gamórkopf — Gaißpleiskopf ist unschwierige Kletterei. Der Gaißpleiskopf ist von Nauders durch das Gamórtal, dann über den nördl. über dem Tal aufragenden breiten Kamm (Unteres Steinmannl, Oberes Steinmannl) und den W-Grat unschwierig zu ersteigen.

● **734**    Nördl. des Gaißpleiskopfes ist ein Sattel, von dem aus man unschwierig die nächste Kammerhebung, den **Sunntigwaidschrofen,** 2522 m, ersteigen kann. Den Sattel erreicht man von Nauders über die Labaunalm und das Kaltwassertal. Aus diesem auch direkt zum höchsten Punkt.

● **735**    Vom Sunntigwaidschrofen fällt der Kamm nordwestw. ab zum Sadersjoch (R 738).

● **737**          **Schmalzkopf,** 2726 m
Aussichtsberg über Nauders und Pfunds. Er entsendet nach N einen Kamm, der den St.-Ulrichs-Kopf, 2461 m, und einen Grat nach SW, der den Bazallerkopf, 2161 m, trägt.

● **738**    **Von Pfunds**
        Bez. Wege, 4½ Std.

Wie in R 258 ins Radurscheltal, bis von rechts her das Saderer Tal einmündet. Durch dieses auf gutem Almweg empor zur Saderer Alm und südw. hinaus zum Sadersjoch, 2410 m, Bildstöckl. Nordw. über begrünte Hänge auf den Gipfel.
Von der Labaunalm (Nauderer Höhenweg, R 367) in 1 Std. auf bez. Weg zum Sadersjoch.

● 740 Wölfeleskopf, 2897 m
Mataunkopf, 2895 m

Im Grenzkamm östl. und westl. des Saletzjochs.

● 741 Von der Nauderer Skihütte, R 260
Unschwierig, großteils bez. Steig, 3½ Std.

Wie in R 366 zum Saletzjoch und von dort unschwierig zu den Gipfeln.

● 742 Bergkastelspitze, 2915 m
Schrofige Erhebung westl. über den Goldseen.

● 743 Vom Bergkastelboden (Seilbahn-Bergstation)
II (stellenweise), I, 2½ Std.

Die Bergkastelalm erreicht man auf dem Waldweg, der hinter dem Schloß Naudersberg links von der alten Reschenstraße abzweigt. Er führt gerade hinauf zur Einmündung des Pienger Tals, überschreitet den Arsangsbach und führt, zuerst steil durch Wald, dann schräg durch lichten Wald und Wiesen hinauf. Dort, wo der Steig bei einigen Heustadeln wieder zu fallen beginnt, wendet man sich nach links empor zu den Mähdern der Bergkastelalm. Über sie steil hinauf zu den Almhütten, 2060 m. Die Bergstation der Bergkastelbahn steht am Bergkastelboden in 2200 m Höhe.

Von der Bergstation gerade über die Hänge zum breiten NW-Rücken des Gipfels. Über den bald scharfen Fels- und Grasgrat über einige kleine Scharten hinweg zu einem steilen Felsaufschwung. Bis unter die glatten Felsen empor, dann rechts auf einem sehr guten Band um die Ecke und wieder zum Grat. Den letzten Aufschwung unter dem Gipfel umgeht man ebenfalls rechts in der ersten steilen Grasrinne.

*Der Weiler Hochwald bei Sölden gegen Perlerkogel und Schartleskopf.*

**Schartleskopf**
**Perlerkogel**

Hochwald

- **745**     **Plamorder Spitze,** 2985 m

Wilder Felsgipfel südl. der Bergkastelspitze; Kreuz auf dem W-Gipfel, trigonometrisches Zeichen auf dem Hauptgipfel, 2985 m.

- **746**     **Vom Bergkastelboden**
    II (einige Stellen), I, bis zum Goldsee bez. Teilw. zerborstener Fels, nicht leicht zu finden.

Vom Bergkastelboden, s. R. 743, auf bez. Steig 20 ins Ganderbildtal und zu den Goldseen, 2555 m und 2578 m. Vom Oberen Goldsee genau nach S in die tiefste Scharte, 2814 m. Über den blockigen Grat zur ersten Turmgruppe, die man ziemlich hoch oben an der S-Seite in die folgende, sehr scharfe Lücke umgeht. 20 m über den Grat, dann in der rechten Flanke schräg empor in die Lücke hinter der zweiten, wildesten Turmgruppe und zum nahen O-Gipfel. Meist etwas links der Schneide in die 50 m tief eingeschnittene Scharte hinab und über den Grat zum Hauptgipfel.

- **747**     **Klopaierspitze,** 2922 m

Westl. Eckpunkt der Gruppe, schöner Aussichtsberg über dem Reschenpaß.

- **748**     **Von Graun**
    I, bez. Steig, 4 Std.

Von Graun auf dem Almsteig auf die Roßböden, zum Grauner Berg und hinein in das Kar zwischen Kleiner und Großer Klopaierspitze. Von dort in leichter Blockkletterei (I) zum Hauptgipfel.

## 5. Weißkamm

- **750**     **Geislacher Kogel,** 3058 m

Östl. Eckpunkt des Kammes über Sölden. Im südl. vorgelagerten Kar der Geislacher See, 2702 m.

- **751**     **Von Sölden**
    Seilbahn vom S-Rand von Sölden, Bergstation mit Restaurant in Gipfelnähe.

- **752**     **Von der Geislacher Alm,** R 265
    Bez. Steig (28), 3 Std., meist im Abstieg begangen.

Von der Geislacher Alm über den zuerst begrünten, später steileren und felsigen O-Abhang des Berges gerade empor zum Gipfel. Landschaftlich schöner, wenn auch etwas weiter ist der Anstieg über den südl. des Gipfels (im Geislacher Kar) eingelagerten Geislacher See, den man von der Geislacher Alm zuerst auf dem oberen Steig westw. dann über die Steilhänge erreicht. Auch hier zuletzt über Blockhänge zum Gipfel.

● 753          **Äußere Schwarze Schneide**, 3257 m

Im Kamm zwischen Geislacher Kogel und Seiterjöchl. Siehe Abb. S. 229.

● 754    **Vom Seiterjöchl**
        I, 2½ Std.

Vom Parkplatz Tiefenbachferner der Ötztaler Gletscherbahnen in ½ Std. (oder mit Lift) durch das Kar nordw. auf das Seiterjöchl, 3058 m. 20 m unter dem Joch (südseitig) quert man nordostw. über den Gratrücken von P. 3162 auf den Boden des Südlichen Petznerferners. Weiter zur nächsten Felsrippe, die von P. 3228 südw. herabzieht, und wiederum möglichst waagrecht auf den Nördlichen Petznerferner. Aus dem arg eingeschrumpften Gletscherbecken über Schrofen gerade empor zum Gipfel.

● 755          **Innere Schwarze Schneide**, 3369 m

Beherrschende Erhebung über Rettenbach-, Tiefenbach- und Karlesferner; von N Firnhaube.

● 756    **Vom Rettenbachjoch**
        Firn- oder Eisflanke, 1½ Std. Siehe Abb. S. 231.

Vom Joch (R 370) südw. über den zuerst flachen Rettenbachferner empor, stets in Richtung auf den Gipfel. Über den zuletzt sehr steilen Eishang empor zum Gipfel. Achtung auf verdeckte Spalten!

● 757    **Vom Tiefenbachjoch**
        Gletschertour; unschwierige Kletterei, I; 3 Std. von der Braunschweiger Hütte, R 268.

Vom Joch (R 371) nordostw. über steile, aber gut gangbare Blockfelder unmittelbar zum Gipfel.

● 758          **Karleskogel**, 3107 m

Zwischen Pitztaler Jöchl und Rettenbachjöchl gelegene Erhebung, von keiner Seite ganz leicht zu ersteigen.

- **759** **Von der Braunschweiger Hütte**, R 268, **über das Pitztaler Jöchl**
  II, 2 Std.

Vom Jöchl (R 370) südw. über steilen Firnhang mit breitklaffender Hangspalte, der von einer breiten Randkluft gesperrt wird, dann über lose Felsblöcke zu P. 3071 und weiter, zuletzt über steilen Firn, zum Gipfel oder über den teilweise aus losen Blöcken gefügten N-Grat zu P. 3071 und weiter wie oben.

- **760** **Linker Fernerkogel**, 3278 m

Westl. der Inneren Schwarzen Schneide und des Hauptkamm-Verlaufs.

- **761** **Von der Braunschweiger Hütte**, R 268
  Steiler Gletscher, mit erheblicher Spaltengefahr; 2 Std. Siehe Abb. S. 233.

Von der Braunschweiger Hütte ostw. über den Karlesferner und im Bogen in südl. Richtung auf den Hangenden Ferner. Hier zuerst über steilen Firnhang, den Eisbruch rechts liegen lassend, im Bogen links über wenig geneigte Firnhänge zu steilem Firnhang. Über diesen auf einen Firnsattel und weiter auf den kegelförmigen Gipfel. (Viele Spalten!)

- **765** **Rechter Fernerkogel**, 3298 m

Mitten im Gletscherbecken des Mittelbergferners.

- **766** **Von der Braunschweiger Hütte**, R 268
  Unschwierig, 3 Std.

Wie in R 373 in das nördl. Becken des Mittelbergferners. Aus diesem wendet man sich südw. und ersteigt über einen sehr steilen Firn- oder Eishang die tiefste Einsattelung zwischen Fernerkogel und Schuchtkogel. Über den Grat ohne Schwierigkeiten zum Gipfel.

- **767** **Tiefenbachkogel**, 3309 m

Erster Gipfel in der langen Zackenreihe südl. des Tiefenbachjochs.

- **768** **Vom Tiefenbachjoch**
  I, ½ Std.

Vom Joch (R 371) über den teilweise sehr brüchigen N-Grat.

*Die Äußere Schwarze Schneide vom Anstieg auf den Rotkogel, aufgenommen von Norden.*

Äußere Schwarze Schneide

● **770**                     **Mutkogel,** 3312 m
Überfirnter Gipfel südl. des Tiefenbachkogels; langer Grat nach SO.

● **771**     **Von der Braunschweiger Hütte,** R 268
          Unschwierige Gletschertour, 2—3 Std.

Von der Hütte hinab auf den östl. Mittelbergferner. Im Bogen um den Linken Fernerkogel herum, hinter dem allmählich der Mutkogel sichtbar wird. Ostw. gerade empor auf das Mutjoch (zwischen Tiefenbachkogel und Mutkogel). Von dort über den blockigen N-Grat zum Gipfel.

● **772**                   **Weißer Kogel,** 3409 m
Freistehender Gipfel, südöstl. Eckpunkt des Kammes zwischen Mutkogel und Taufkarjoch.

● **773**     **Von Vent über den Südgrat**
          **II** (wenige Stellen), I und Gehgelände, 2¾ Std. vom Wildspitzlift.

Von der Lift-Bergstation nach N schräg über die Hänge empor in das Taufkar. In 2900 m Höhe auf die große Moräne und auf ihr ganz nach rechts. Kurze Querung durch die Flanke der Moräne, dann in einer Einbuchtung in das kleine Kar südl. unter P. 3247. Über den linken oder rechten Grat zu diesem markanten Punkt empor und weiter über den Zackengrat in einen weiten Sattel. Im Schnee und Geröll zum Hauptkamm und über einen Vorgipfel ohne Kletterei zum höchsten Punkt.

● **775**                  **Taufkarkogel,** 3367 m
Zwischen Taufkarjoch und Rofenkarjoch.

● **776**     **Von der Breslauer Hütte,** R 271
          Unschwierig, 2½ Std.

Von der Hütte auf Steig zum Rofenkarferner und über ihn empor in das Rofenkarjoch, 3320 m, knapp westl. des Taufkarkogels. Ostw. in wenigen Min. über Blöcke und Schutt zum Gipfel. Von der Braunschweiger Hütte vgl. R 372.

*Die Innere Schwarze Schneide mit dem Anstieg vom Rettenbachjoch, aufgenommen von Norden.*

**Innere Schwarze Schneide**

756

- **777**                      **Grabkogel,** 3052 m

Östl. Eckpunkt der N-Umrahmung des Mittelbergferners.

- **778**      **Von der Braunschweiger Hütte,** R 268
            Unschwierig, 2 Std.

Wie R 373 auf dem Weg zum Mittelbergjoch. Dann rechtshaltend an den Fuß der Felsen. Über Schrofen beliebig zum Gipfel. Oder von der Bergstation der Stollenbahn von Mittelberg, ½ Std.

- **780**                   **Mittagskogel,** 3162 m

Aussichtspunkt über Mittelberg. Die Bergstation der Stollenbahn befindet sich kurz südöstl. unter dem Gipfel (unschwierig, ½ Std.).

- **781**      **Von der Braunschweiger Hütte,** R 268
            Unschwierig für Geübte, 2—3 Std.

Wie R 778 an die S-Seite des Berges und gerade über Schrofen zum Gipfel.

- **782**      **Von Mittelberg**
            Bez. Steig, 4—5 Std.

Von Mittelberg unmittelbar über die begrünten Hänge, sich bald etwas südwestw. haltend. Durch eine weit emporziehende Schuttgasse in eine Felsrinne, die den Kamm südl. des Gipfels erreicht. Nach links zum Gipfel.

- **783**                   **Karleskopf,** 2901 m

Aussichtspunkt kurz nördl. der Braunschweiger Hütte, auf Steig von dort in 20 Min. erreichbar.

- **785**           **Vorderer Brunnenkogel,** 3393 m

In dem vom Mittagskogel südw. zum Mittelbergjoch ziehenden Kamm.

- **786**      **Von der Braunschweiger Hütte**
            Eistour (oft Blankeis), 3 Std. Siehe Abb. S. 235.

Wie R 373 auf den Mittelbergferner und westw. empor in die Gletschermulde des Brunnenkogelferners. Über den immer steiler werdenden Eishang südw. empor auf den Grat. Über diesen zum Gipfel.

*Tiefenbachkogel, Mutkogel und Linker Fernerkogel von Norden.*

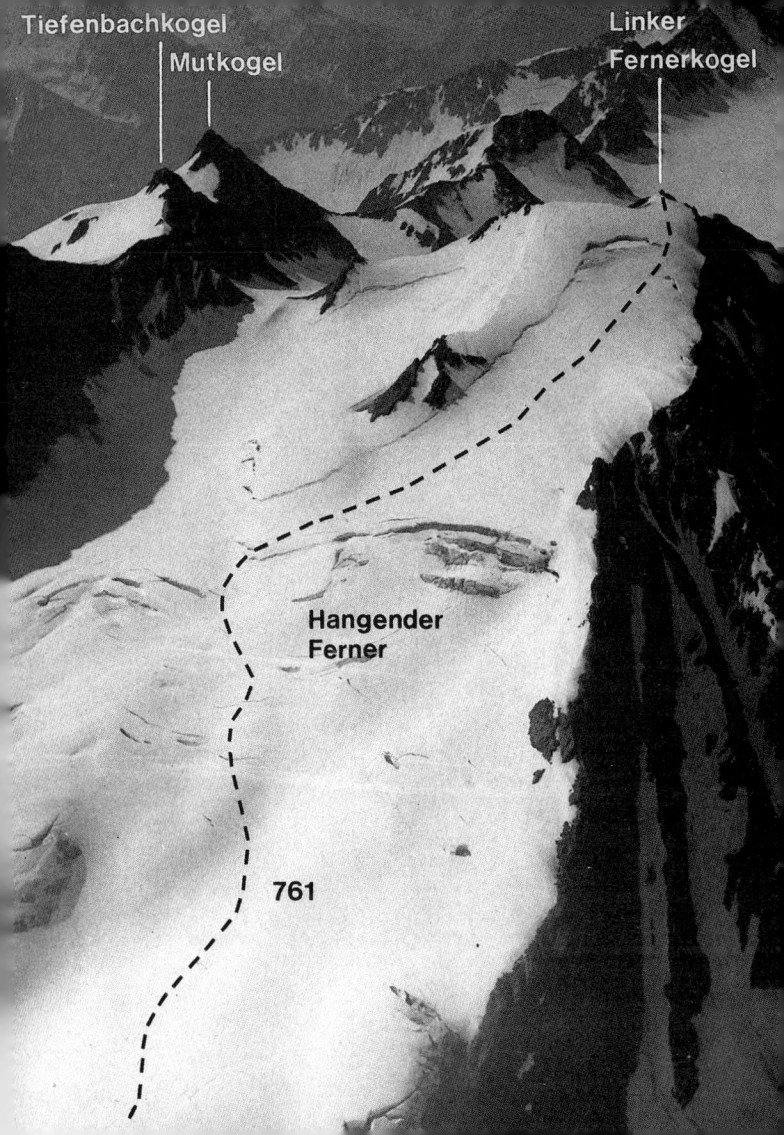

Tiefenbachkogel  Mutkogel  Linker Fernerkogel

Hangender Ferner

761

- **787     Übergang zum Hinteren Brunnenkogel**
½—1 Std., unschwierig. Siehe Abb. S. 235.

Teils auf der Grathöhe, teils im Firn der O-Flanke.

- **790     Hinterer Brunnenkogel,** 3440 m

Nördl. des Mittelbergjochs, beliebtes Bergziel.

- **791     Von der Braunschweiger Hütte,** R 268
Gletschertour, spaltengefährdet, 3 Std. Siehe Abb. S. 235.

Von der Hütte westw. über den Mittelbergferner in Richtung Mitterkamm aufwärts. Unter dessen S-Wand querend an den O-Grat des Hinteren Brunnenkogels. Hier über einen steilen Firnhang und über dem Eisbruch querend zum N-Grat des Berges. Über den mäßig geneigten Grat im Firn zum flachen Gipfel.

- **793     Wildspitze**
**Nordgipfel,** 3772 m; **Südgipfel** (mit Kreuz), 3770 m

Auch Ötztaler Wildspitze; höchster Gipfel Nordtirols, einer der meistbesuchten Berge der Ötztaler Alpen, prachtvolle Fernsicht, sommers wie winters lohnend. Siehe Abb. S. 236/237 und S. 239.

- **794     Von der Breslauer Hütte,** R 271
Bei guten Eisverhältnissen unschwierig, 3½ Std. Siehe Abb. S. 239.

Wie R 373 (umgekehrte Richtung) auf das Mitterkarjoch. Von hier quert man unter dem steilen Firnrücken fast eben nach NO in die Firnmulde. Mitten durch den aufsteilenden Hang (Spalten) empor. Man erreicht so eine flachere Firnzone, aus der man im Bogen nach rechts (S) an die Gratkante steigt (manchmal Randkluft). Über die oft vereiste Firnschneide gerade empor zum S-Gipfel.

- **795     Übergang zum Nordgipfel**
Je nach Verhältnissen 10 Min. bis 1 Std.

Eine scharfe, 300 m lange, manchmal stark überwächtete Firnschneide verbindet den S-Gipfel mit dem um 2 m höheren N-Gipfel. Die Schneide ist nur wenig eingesenkt und wird zuerst an der Kante, bald aber an der W-Flanke knapp unter dem Grat eine kurze Strecke abwärts, dann auf etwas breiterem Rücken zum N-Gipfel überwunden.

*Der Vordere und der Hintere Brunnenkogel mit den Zustiegen von der Braunschweiger Hütte.*

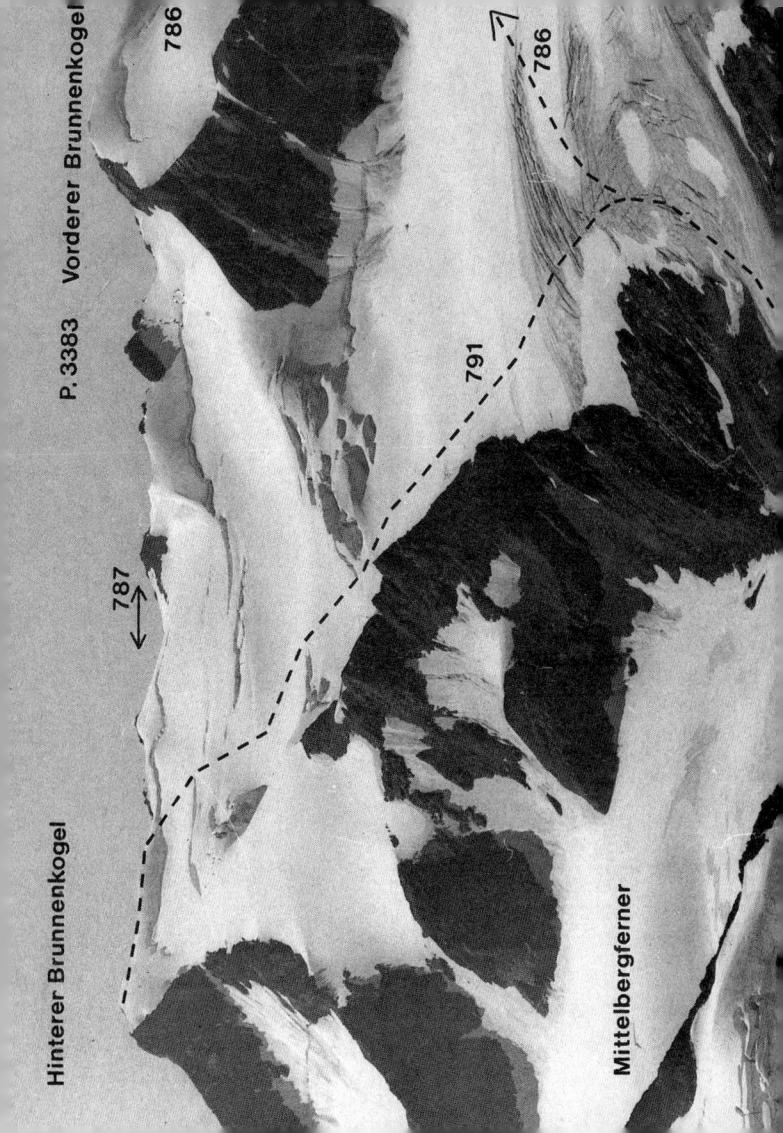

Hinterer Brunnenkogel    P. 3383    Vorderer Brunnenkogel

786

786

787

791

Mittelbergferner

**Wildspitze**

Tas

*Der Wildspitzstock von Norden.*

**Mitterkarjoch**  **Hint. Brochkogel**  **Brochkogeljoch**

achwand

- **796** **Von der Braunschweiger Hütte,** R 268
  Unschwierige Gletschertour bei guten Eisverhältnissen, 5 Std. Siehe Abb. S. 239.

Wie R 373 zum Mittelbergjoch. Jenseits über den kurzen Blockhang südw. hinab auf den O-Rand des Taschachferners und südwestw. auf einer ziemlich spaltenarmen Eisrampe empor auf das obere Feld des Taschachferners. Manchmal kann die Spaltenzone gerade auf den Hinteren Brochkogel zu überquert werden, oft wird man sie im Bogen, gegen W ausholend, umgehen müssen. Über die Firnfläche unter dem Mitterkarjoch ostw. hinweg, Richtung Wildspitze. Hier trifft man auf die Spur Breslauer Hütte — Mitterkarjoch — Wildspitze, R 794. Wie dort zum Gipfel.

- **797** **Vom Taschachhaus,** R 250
  Gletschertour, für Geübte bei guten Eisverhältnissen unschwierig. 4—5 Std.

Wie R 375 (umgekehrte Richtung) bis unter das Mittelbergjoch. Weiter wie R 796.

- **798** **Von der Vernagthütte,** R 275
  Unschwierige Gletschertour bei guten Eisverhältnissen, 4 Std. Siehe auch Abb. S. 239.

Von der Hütte am westl. Moränenrand des Vernagtferners 10 Min. empor. Seitlich der Moräne einem roten Felskopf zu; der Bruch bleibt rechts liegen. Nun gerade dem S-Sporn der Petersenspitze zu; rechts an ihm vorbei und über spaltenlosen Firn, zuletzt steil, auf das Brochkogeljoch, 3423 m (umgekehrte Richtung von R 374). Jenseits sanft abwärts, unter dem Hinteren Brochkogel vorbei gegen das Mitterkarjoch und wie in R 794 zum Gipfel.

- **800** **Hinterer Brochkogel,** 3635 m

Westl. der Wildspitze, oft mit dieser zusammen erstiegen, auf keinem Weg leicht.

- **801** **Vom Mitterkarjoch (Südostgrat)**
  Teilw. Eisgrat, 1 Std.

Zum Joch s. R 373, 378. Der untere Teil des Grates wird nördl. des

*Die Wildspitze von Norden mit dem Normalweg.*

Mitterkarjoch

Brochkogeljoch

794

796

Kamms am Firn des Taschachferners umgangen; dann zu den Felsen empor, die am eigentlichen Ansatz des SO-Grats aus dem Firn treten. Nun an der Schneide, zuletzt von SO auf den Gipfel (Wächten können in der S-Flanke umgangen werden).

● **802**         **Vorderer Brochkogel,** 3565 m

Höchste Erhebung in dem vom Hinteren Brochkogel südw. ziehenden Kamm.

● **803**   **Südgrat**
       I, meist Gehgelände. 2½ Std. von der Breslauer Hütte, R 271; 3 Std. von der Vernagthütte, R 275.

Auf dem Seuffertweg, R 377, bis zum Platteibach, an dessen orographisch linkem Ufer über Schutt steil auf einen sanften Rücken (Steinmänner), dann kurz nach NO und über einen blockigen Grat zum Vorgipfel P. 3410. Weiter auf dem Grat bis zum Beginn der Gipfelschneide, über diese ausgesetzt (bei Vereisung Vorsicht!) zum höchsten Punkt. Für Geübte schneller Abstieg durch die südlichste steile (3—4 Seillängen bis zu 50°) Firnrinne der O-Flanke nördl. von P. 3410, bei guten Schneeverhältnissen Abfahrten bis zum Seuffertweg möglich, vom Gipfel 1 Std. bis zur Breslauer Hütte.

● **805**         **Petersenspitze,** 3484 m

Firnkuppe zwischen Brochkogeljoch und Taschach-Hochjoch. Häufig, meist zusammen mit den Nachbargipfeln, erstiegen. Siehe Abb. S. 255.

● **806**   **Von der Vernagthütte,** R 275
       Unschwierige Gletschertour, 2½—3 Std.

Wie R 798 zum Brochkogeljoch; in wenigen Min. über den Firnhang zum Gipfel.

Bliggspitze, 3454 m

Panorama 4
Standpunkt: Grubengrat
Aufnahmerichtung:
Südwest – Nord

Löcherkogel, 3326 m

Rostizjoch, 3093 m

erner

P. 3154

Südl. Löche

Eiskastenspitze, 3373 m

Wurmtaler Kopf, 3228 m

Wurmtaler Joch

Riffelferner

Hapmesköpfe, 3292 m

P. 3133

# Bergwelt

Format 22 × 28 cm
Einzelheft DM 6,–
Jahresabonnement
DM 58,80

Sie sollten die
**BERGWELT** ansehen – fordern Sie mit DM 1,– in Briefmarken (für Rückporto) ein kostenloses Probeheft an beim
**Bergverlag
Rudolf Rother GmbH,**
Postfach 190162,
8000 München 19.

Sie **wandern** oder **klettern,** Sie haben Spaß an **Skitouren,** am **Skilanglauf.** Oder Sie wollen mehr wissen über **Alpenpflanzen,** über die **Tierwelt** in den Bergen. Vielleicht auch über Aktuelles auf dem **Ausrüstungsmarkt,** über das **Fotografieren.** Dabei verschließen Sie Ihre Augen nicht vor der **Zerstörung der Umwelt,** die auch unsere Alpen bedroht. Und Sie bewahren sich Ihren **Humor** und können sich über eine gelungene Satire freuen.

Die **BERGWELT** wird Ihnen gefallen! Sie gehen selbst ins Gebirge. Deshalb freuen Sie sich über lohnende **Tourenvorschläge,** informieren sich durch ein ausführliches **Gebietsthema** jeden Monat über neue Ziele, begutachten mit Kennerblick das superbreite **Panoramafoto,** wollen auch hin und wieder über **nicht alltägliche Fragen** nachdenken, denen Fachleute in unterhaltsamen Beiträgen nachgespürt haben. Und natürlich wollen Sie etwas sehen: Ihre **Berge im Bild** – farbig, ganzseitig, doppelseitig. Vielseitig.

## Alpine Lehrschriftenreihe des Bergverlages

*Eine umfassende Darstellung aller Wissensgebiete des Bergsteigens. Gestaltung und Konzeption wie die OeAV-Lehrschriftenreihe.*

Thomas Hanschke
**Alpine Ausrüstung**
224 Seiten, 174 Abbildungen, 32 Skizzen und Tabellen. 1. Auflage 1984.

Dr. Franz Berghold
**Richtige Ernährung beim Bergsteigen**
104 Seiten, zahlreiche ein- und mehrfarbige Abbildungen, Skizzen und Tabellen. 1. Auflage 1980.

Dr. A. W. Erbertseder
**Gesundheit und Bergsteigen** – Erste Hilfe in den Bergen.
144 Seiten, zahlreiche ein- und mehrfarbige Abbildungen sowie zweifarbige Skizzen. 2. Auflage 1977.

Dieter Seibert
**Grundschule zum Bergwandern**
144 Seiten, 72 ein- und mehrfarbige Abbildungen, zahlreiche Graphiken. 1. Auflage 1980.

Ottomar Neuss/Hermann Kornacher
**Mit Kindern in die Berge**
168 Seiten, 36 teils farbige Fotos, 16 Zeichnungen und 1 Übersichtskarte. 30 für Kinder geeignete Bergfahrten werden beschrieben. 2. Auflage 1981.

Dieter Seibert
**Orientierung im Gebirge mit Karte, Kompaß und Höhenmesser**
128 Seiten, 63 Abbildungen und Zeichnungen, 7 Kartenausschnitte und ein Winkel- und Entfernungsmesser zum Zeichnen von Kursskizzen. 1. Auflage 1984.

Pit Schubert
**Alpiner Seilgebrauch für Anfänger und Fortgeschrittene**
64 Seiten, zahlreiche Abbildungen und Skizzen. 2. Auflage 1985.

Adolf Schneider
**Wetter und Bergsteigen**
192 Seiten, 68 zum Teil farbige Abbildungen, zahlreiche Skizzen und Tabellen sowie mehrfarbige Wetterkarten und Satellitenfotos. 4. Auflage 1981.

Zu beziehen durch alle Buchhandlungen

## Bergverlag Rudolf Rother GmbH · München

P. 3291

Seekogel, 3358 m

Nördl. Löcherferner

Rostizkogel, 3392 m

Mittl. Löcherferner

# Alpenvereinsführer

*die Führer für den vielseitigen Bergsteiger aus den Gebirgsgruppen der **Ostalpen** und der **Dolomiten** (Arbeitsgebiete des Deutschen, Oesterreichischen und Südtiroler Alpenvereins), aufgebaut nach dem Grundsatz der **Einheitlichkeit** (erleichtert das Zurechtfinden) und der **Vollständigkeit** (ausführliche Beschreibung der Talschaften, Höhenwege, Klettersteige und Gipfelanstiege einer Gruppe).*

Bisher liegen vor:

Allgäuer Alpen – Ammergauer Alpen – Ankogel-/Goldberggruppe – Bayerische Voralpen Ost mit Tegernseer/Schlierseer Bergen und Wendelstein – Benediktenwandgruppe, Estergebirge und Walchenseeberge – Berchtesgadener Alpen – Bregenzerwaldgebirge Chiemgauer Alpen – Civettagruppe – Cristallogruppe und Pomagagnonzug – Dachsteingebirge Ost – Dachsteingebirge West – Eisenerzer Alpen – Ferwallgruppe – Geisler-Steviagruppe – Glockner- und Granatspitzgruppe – Hochschwab – Kaisergebirge – Karnischer Hauptkamm – Karwendelgebirge – Kitzbüheler Alpen – Lechtaler Alpen – Lechquellengebirge – Lienzer Dolomiten – Loferer und Leoganger Steinberge – Marmolada-Hauptkamm – Niedere Tauern – Ortlergruppe – Ötztaler Alpen – Pelmo—Bosconero – Puez/Peitlerkofel – Rätikon – Rieserfernergruppe – Rofangebirge – Samnaungruppe – Schiara – Schobergruppe – Sellagruppe – Sextener Dolomiten – Silvretta – Stubaier Alpen – Tannheimer Berge – Tennengebirge – Totes Gebirge – Venedigergruppe – Wetterstein und Mieminger Kette – Ybbstaler Alpen – Zillertaler Alpen

Zu beziehen durch alle Buchhandlungen

Ausführliche Verzeichnisse vom

# Bergverlag Rudolf Rother GmbH · München

## Alpenvereinsführer Dolomiten

Die gesamten Dolomiten in 14 Bänden,
aufgebaut nach den
**„Grundsätzen und Richtlinien für Alpenvereinsführer"**
des DAV, OeAV und AVS:

- einheitliche Form der Routenbeschreibungen
- Anstiegsskizzen nach UIAA
- zahlreiche Anstiegsfotos
- mehrfarbige Beilagenkarte 1:50 000

Richard Goedeke

### Dolomiten – Pelmo, Bosconero, Moiazza und Támer-Cime di San Sebastiano

1. Auflage 1981

Richard Goedeke

### Dolomiten – Schiara, Talvéna, Monti del Sole, Prampèr-Spiz di Mezzodi

1. Auflage 1981

Zu beziehen durch alle Buchhandlungen

Bergverlag Rudolf Rother GmbH · München

- **807**                **Pitztaler Urkund,** 3201 m

Felsstock im Hintergrund des Taschachtals, langer Felsgrat nach N zum Taschachhaus.

- **808**     **Vom Taschachhaus,** R 250 **(Nordgrat)**
           **II** (stellenweise), 2½ Std. Siehe Abb. S. 133.

Von der Hütte auf dem Weg zum Taschachferner solange über den Rücken empor, bis der Weg nach links in die Hänge quert. Pfadlos weiter über Gras, Schutt und Schrofen gerade leicht empor auf den O-Grat des Urkundkopfes und über den schärferen Grat zu diesem Gipfel. Jenseits den ersten Abbruch rechts umgehend, dann links der Schneide in den tiefsten Sattel. Hierher auch leicht, aber weniger interessant, aus dem östl. eingelagerten Kar. Stets am Grat zum Gipfel empor.

- **810**             **Hochvernagtspitze,** 3559 m, 3530 m

Nordwestl. über dem Großen Vernagtferner, häufig bestiegen.

- **811**     **Von der Vernagthütte,** R 275
           Gletschertour, für Geübte unschwierig, 3—4 Std.

Hinter der Hütte über den Moränensteig nordwestw. soweit wie möglich empor. Auf Höhe der Hintergraslspitze tritt man auf das Eisfeld über. Nun gerade hinauf in die Firnbucht unter dem mächtigen, aus dem Eis aufragenden Felssporn. Etwas kürzer, aber spaltenreicher ist der Weg rechts des Spornes über den Gletscher gerade gegen die Firnfläche der Hochvernagtspitze zu.

- **812**             **Sexegertenspitze**
         **Südliche,** 3429 m; **Nördliche,** 3350 m

Im NW-Grat der Hochvernagtspitze, meist mit dieser zusammen erstiegen.

- **813**     **Vom Taschachhaus,** R 250
           Für Geübte unschwierig, 4—5 Std.

Wie R 379 zum Wannetjoch. Nun südostw. über den Felskamm empor zum Firngupf; hier stets über Firn zuerst empor zur Nördlichen Sexegertenspitze, jenseits hinab in den Sattel und zum S-Gipfel.

*Hinterer Brochkogel, Petersenspitze und Hochvernagtwand von Norden.*

Hint. Brochkogel · Brochkogeljoch · Petersenspitze · Hochvernagtwand

● 815    **Schwarzwandspitze**, 3467 m
Im Kamm südl. der Hochvernagtspitze.

● 816    **Von der Vernagthütte,** R 275
Gletschertour, 3 Std.

Von der Hütte westw. empor in die Firnbucht südl. des S-Ecks der Hochvernagtspitze. Man hält sich nun gerade gegen die tiefste Einsattelung zu und ersteigt den Berg über den N-Grat oder die Firnbegrenzung zur Linken.

● 817    **Von der Rauhekopfhütte,** R 283
Gletschertour, 2½ Std.

Von der Hütte ostw. empor gegen das Gepatschjoch. Man gelangt durch den spaltenreichen Ferner empor in die Firnbucht zwischen dem S- und dem SO-Sporn der Schwarzwandspitze. Nun nicht ostw. weiter gegen das Gepatschjoch, sondern genau nordw. in den Grund der Firnbucht hinein. Vom Ufer des Ferners hält man sich rechts in die brüchigen Flanken des SO-Grates; sehr steil auf den Grat und über diesen zum Gipfel.

● 820    **Hintergraslspitzen,** 3270 m, 3325 m, 3313 m
Schroffer Felskamm vom Gepatschjoch südostw. gegen die Vernagthütte.

● 821    **Von der Vernagthütte,** R 275
II (stellenweise); bez. AV-Weg bis aufs Hintergrasleck, 2 Std.

Über die grasdurchsetzten Schrofen der O-Seite empor zum sogenannten Hintergrasleck. Von hier folgt man fast durchwegs der scharfen Gratschneide westw. Der vor dem Gipfel aufragende Hintergraslturm kann auch nördl. umgangen werden. Oder über die N-Flanke, die gut gangbar ist (auch als Abstieg), I.

● 822    **Fluchtkogel,** 3500 m
Mächtiger Eisberg zwischen Gepatschjoch und Oberem Guslarjoch. Schöne Fernsicht. Häufig erstiegen.

● 823    **Vom Brandenburger Haus,** R 280, **über die Südflanke**
Eistour, 1½ Std.

Vom Haus bzw. Kesselwandjoch über den oberen Kesselwandferner fast eben hinüber, später ansteigend zur breiten Firnflanke. Nahe ihrer rechten, östl. Begrenzung, bei schlechten Eisverhältnissen manchmal auch am W-Rand der Flanke empor zum höchsten Punkt.

- **824 Von der Vernagthütte, R 275, über das Obere Guslarjoch**
  Gletscherwanderung, 2½ Std.

Vom Joch (R 380) über die Firnfläche an den Steilaufschwung und stets nahe der östl. Begrenzung, manchmal auch am Grat selbst, auf den oberen, weniger steilen Firnhang und zum Gipfel.

- **825 Obere Kesselwände**

Ehrichspitze, 3425 m, Dahmannspitze, 3401 m, und eine Reihe weiterer Felsköpfe im Kamm zwischen Fluchtkogel und Kesselwandjoch.

- **826 Dahmannspitze vom Brandenburger Haus, R 280**
  Steiganlage, ½ Std.

- **827 Übergang zur Ehrichspitze**
  Gratkletterei, stellenweise III—, ½ Std.

- **830 Kesselwandspitze, 3414 m**

Schroffer Felsgipfel südl. des Fluchtkogels.

- **831 Vom Guslarjoch über den Nordgrat**
  Unschwierige Blockkletterei, I; ½ Std.

Vom Joch (R 380) über einen Kopf südostw. an den Steilaufschwung und wenig links der Gratschneide zum Gipfel.

- **832 Mutspitze, 3257 m**

Östl. Eckpunkt des von der Hochvernaglwand herunterziehenden Grates.

- **833 Vom Hochjochhospiz, R 277 (O.-Reuther-Weg)**
  Bez. Steig, 2—3 Std.

Vom Hospiz eben westw. auf gutem Steig talein gegen die Ausmündung des Kesselwandferners. Auf dem ersten ausgeprägten Moränenrücken empor bis zu dessen Gipfelpunkt. Von hier aus ist der O.-Reuther-Weg in westl. Richtung sichtbar. Auf dem mit vielen Steinmännern gekennzeichneten Weg in kurzen Serpentinen aufwärts. Der auch durch verblaßte Farbflecken gekennzeichnete Steig endet unter dem Gipfelaufbau. Über den O-Grat auf den Gipfel.

- **834**　　**Vom Brandenburger Haus**, R 280
  　　Unschwierig, ½ Std.

Vom Haus leicht absteigend, südostw. hinüber in das Firnbecken nördl. des kleinen Gipfels. Hinauf zur westl. Einschartung und über den kurzen, plattigen Grat zum Gipfel.

- **835**　　　　　　　　　**Hintereisspitze**
  　　**Vordere**, 3437 m, **Mittlere**, 3451 m, **Hintere**, 3486 m

Felsköpfe in der südl. Begrenzung des Gepatschferners.

- **836**　　**Vom Brandenburger Haus**, R 280
  　　1 Std. auf die Vordere Hintereisspitze.

Vom Haus hinab auf das Kesselwandjoch und jenseits über den sanft ansteigenden Firnhang auf den Gipfel.

- **837**　　**Überschreitung aller Gipfel**
  　　II, 2—3 Std.

Von der Vorderen Hintereisspitze über Schrofen hinab und über einen sanften Firnsattel zum Firngrat und auf den Mittelgipfel. Südwestw. hinab auf einen weiteren Firnsattel. Jenseits zuletzt steil über Firn zur Hinteren Hintereisspitze.

- **838**　　**Vom Hochjochhospiz**, R 277
  　　4 Std. zur Vorderen Hintereisspitze.

Wie R 833 zur Mutspitze. Diese überschreitend oder nördl. umgehend in die O-Flanke des Gipfels und über den steilen Firnhang empor zum N-Grat und zum Gipfel.

- **840**　　　　　　**Hochvernaglwand**, 3435 m
  　　　　　　　　**Vernagl**, 3355 m

Südl. Begrenzung des Gepatschferners; nördl. über dem Langtauferer Joch.

- **841**　　**Vom Brandenburger Haus**, R 280
  　　Unschwierige Gletscherwanderung, 1¾ Std.

Vom Haus südwestw., die Hintereisspitzen links liegenlassend, gleich hinter der „Zinne", einer markanten Felswand im Ferner (vgl. R 384), südw. umbiegend über sanft ansteigenden Firn zum Gipfel.

- **842**　　**Von der Rauhekopfhütte**, R 283
  　　Gletscherwanderung, 3 Std.

Von der Hütte steigt man stets genau in S-Richtung, die Kesselwände und die Zinne links liegenlassend, zur Hochvernaglwand oder zum Vernagl an.

● **843** **Langtauferer Spitze,** 3529 m

Zwischen Langtauferer Joch und Weißkugeljoch (R 388).

● **844** **Vom Langtauferer Joch**
Gletschertour, nur für Geübte. 5 Std. vom Hochjochhospiz, 3—4 Std. von der Weißkugelhütte.

Wie R 387 zum Langtauferer Joch. Nun über den zuerst felsigen N-Grat empor auf die Firnschulter in halber Höhe des Anstiegs. Hier quert man links hinaus, südw. gegen den O-Grat, über dessen Firnschneide man zum Gipfel ansteigt.

● **846** **Weißkugel,** 3739 m

Zweithöchster Berg der Ötztaler; im Angelpunkt von Weißkamm, Hauptkamm, Salurnkamm und Planeilbergen. Umfassende Fernsicht. Gipfelkreuz. Häufig besucht; auf allen Wegen nur für Geübte. Siehe Abb. S. 260/261.

● **847** **Südgrat vom Hintereisjoch,** R 389
**I** (bei Vereisung kann das Felsgratl am Schluß ungangbar werden). 40 Min. — 1 Std. Gipfelanstieg aller folgenden beschriebenen Normalwege.

Vom Joch genau nordw. ziemlich steil über den Firnhang empor; nicht zu weit rechts halten, Wächtenbildung über der Steilflanke möglich. Vom Ende des Firnrückens (meist bilden die Wächte östl. und der Felskamm westl. eine Art Schartl) über zwei plattige Blockköpfe (Trittsicherheit und Schwindelfreiheit erforderlich) auf den höchsten Punkt.

● **848** **Vom Brandenburger Haus,** R 280 **(Vernaglwandsteig)**
Gletschertour; 4½ Std. aufs Hintereisjoch.

Vom Haus fast eben im Bogen über den Gepatschferner, an der mitten im Gletscher aufragenden „Zinne" westl. vorbei, zur Vernaglwand, wo nach SW von zahlreichen Rinnen durchzogene Felsabstürze zum Langtauferer Ferner abfallen. Über die 100 m hohen Abstürze führt der im unteren Teil erhaltene, in die Felsen eingesprengte Steig auf den Langtauferer Ferner hinab. Hier steil unter der NW-Flanke der Langtauferer Spitze (Spalten) empor und links hinauf zum Weißkugeljoch. Jenseits kurz absteigend auf den ober-

847

← **Hintereisjoch**

*Die Weißkugel, aufgenommen von Norden. R 847 bezeichnet den Normalweg vom Hintereisjoch, R 848 den Zugang vom Brandenburger Haus (Vernaglwandsteig).*

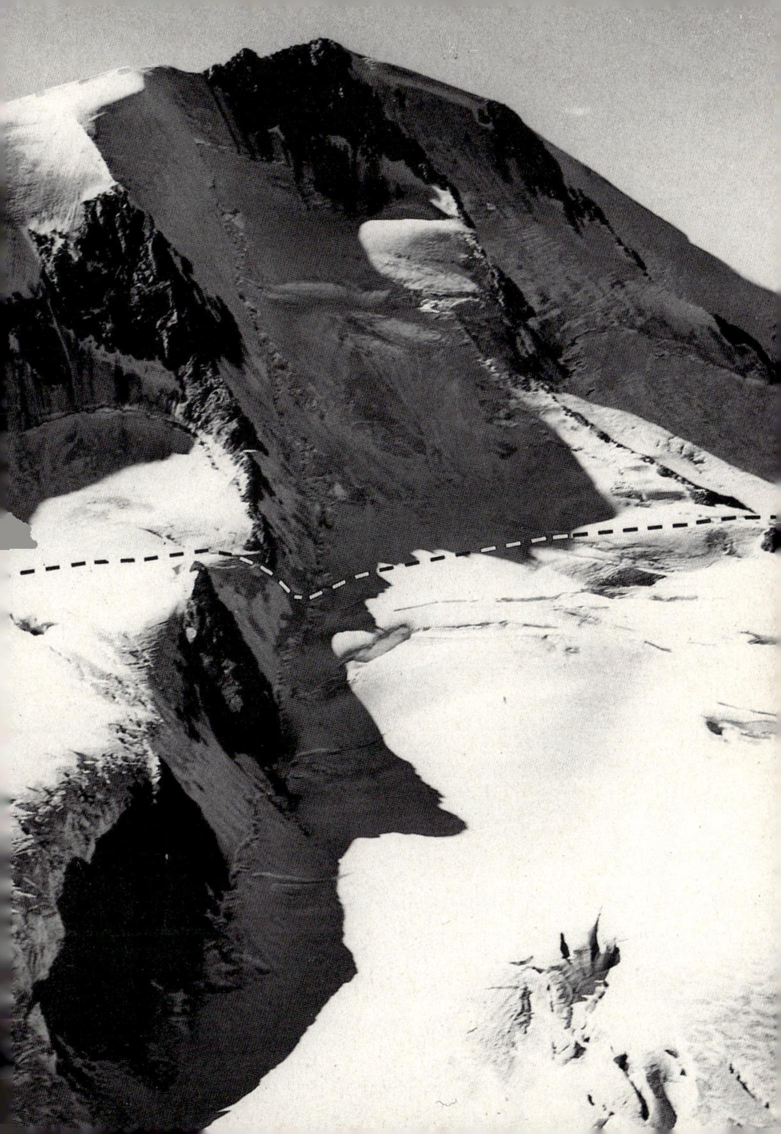

sten Firn des Hintereisferners (Spalten), in südwestl. Richtung fast eben um den Gipfelstock der Weißkugel herum und zuletzt ziemlich steil auf das Hintereisjoch. Weiter wie R 847.

- **849 Von der Rauhekopfhütte,** R 283
  Gletschertour; 6 Std. zum Hintereisjoch.

Von der Hütte südw. über den Gepatschferner. Westl. der „Zinne" trifft man auf R 848.

- **850 Vom Hochjochhospiz,** R 277
  Lange, abwechslungsarme Gletscherwanderung; 5 Std. zum Hintereisjoch, s. R 389. Vom Joch wie in R 847 beschrieben zum Gipfel.

- **851 Vom Wirtshaus Schöne Aussicht,** R 305
  Kürzester der üblichen Anstiege, 4 Std. Begehung auch nichtitalienischen Staatsbürgern ohne Visum gestattet.

Vom Unterkunftshaus ein Stück auf dem nach Kurzras führenden Weg abwärts bis zu einer Wegtafel. Rechts auf bez. Steig durch die S-Hänge ansteigend gegen das Teufelsegg, wo der Steig allmählich schlechter wird. Über Blockwerk empor auf die Kammhöhe (in der Nähe des kaum ausgeprägten Steinschlagjochs). Ein Stück über den Kamm westw., bis man gut und mit wenig Höhenverlust in das hintere Firnbecken des Ferners hineinqueren kann. Über den Firnhang empor zum Hintereisjoch und wie in R 847 beschrieben zum Gipfel.

- **852 Von der Weißkugelhütte,** R 285
  Gletschertour, 4 Std.

Von der Hütte ostw. hinein in den Moränengraben, sodann dem guten Steiglein folgend auf dem Moränenkamm bis zum Übertritt auf den Langtauferer Ferner. Immer in der Nähe des nördl. Gletscherufers aufwärts, unter den wilden Gepatsch-Eisbrüchen südl. vorbei und unter den Felsen der Vernaglwand aufwärts bis dorthin, wo der Vernaglwandsteig herabkommt. Weiter wie in R 848 und dann 847 auf den Gipfel.

- **855 Innerer Bärenbartkogel,** 3557 m

Firnkegel im W-Grat der Weißkugel, meist mit dieser bestiegen.

- **856 Vom Hintereisjoch,** R 389 (vgl. R 848 ff.)
  1 Std.

Vom Joch nordwestl. unter dem Steilabfall der Weißkugel über

Firn, zuletzt nordw. auf den kleinen Firnsattel. Über den kurzen Firngrat westw. empor zum Gipfel.

● 857                  **Innere Quellspitze,** 3516 m
Unmittelbar südl. über dem Hintereisjoch.

● 858      **Vom Hintereisjoch,** R 389, **über den Nordgrat**
            II (stellenweise), ½ Std.
Über den kurzen Blockgrat unmittelbar zum Gipfel.

● 860                  **Teufelsegg,** 3227 m
                  **Im Hintern Eis,** 3270 m
Die ausgeprägtesten Gipfel in dem langen Kamm östl. der Inneren Quellspitze.

● 861     **Vom Wirtshaus Schöne Aussicht,** R 305
            Bez. Steig, 1½ Std. aufs Hintere Eis.
Nordwestw. über Geröll und Kuppen zum höchsten Punkt.

● 862   **Das Teufelsegg** ist vom Sommerweg zur Weißkugel (R 851) unschwierig zu ersteigen.

● 865                  **Weißseespitze,** 3526 m
Mächtiger Firngipfel am W-Eck des Gepatschferners, leicht ersteiglich, häufig besucht. Siehe Abb. S. 265.

● 866        **Vom Brandenburger Haus,** R 280
            Bei guten Verhältnissen bequeme Gletscherwanderung, 2 Std.

Vom Kesselwandjoch quert man den Gepatschferner möglichst eben gegen die „Zinne" zu; diese bleibt jedoch links liegen. Sodann westw. an den sich allmählich ausprägenden Firnrücken und stets über diesen empor zum Gipfel.

● 867        **Von der Rauhekopfhütte,** R 283
            Steiler und länger als R 866, 3 Std.

Auf dem Steig südwestw. zum Gepatschferner. Zunächst durch die flache Mulde nach S einwärts, dann sich allmählich rechtshaltend auf die mehr und mehr aufsteilende O-Flanke und den Gipfel zu. Man erreicht die Kammhöhe leichter etwas südl. des Gipfels, kann diesen jedoch auch gerade oder über den rechten Firngrat erreichen.

● 870　　　　　　　　**Falginer Karlesspitze**
　　　　**Vordere,** 3221 m; **P. 3143; Hintere,** 3160 m;
　　　　　　　　**Wiesjagglskopf,** 3130 m

Im Hintergrund des Weißseeferners, nordwestl. über dem Falginjoch.

● 871　　**Vom Parkplatz der Kaunertaler Gletscherbahn**
　　　　Bei guten Verhältnissen unschwierig, 1½—2 Std.

Die Gipfel sind vom Weißseeferner gerade zu ersteigen. Zum Wiesjagglskopf vom Weißseejoch in 40 Min.


## 6. Hauptkamm


● 880　　　　　　　　**Banker Kirchenkogel,** 3115 m
Im Kamm zwischen Gurgler und Timmelstal.

● 881　　　　　**Vom Wurmkogellift (Westgrat)**
　　　　II, 2 Std. Siehe Abb. S. 57.

Von der ersten Zwischenstation des Lifts genau auf den breiten Fuß des W-Grates zu und etwas rechtshaltend über die Stufe empor. Nun immer auf dem Grat im manchmal etwas brüchigen Fels zum Gipfel.

● 882　　　　　　　　**Schermerspitze,** 3117 m
Im Kamm südl. des Kirchenkogels.

● 883　　　　　　**Von Hochgurgl (Südgrat)**
　　　　II, 3 Std. von Hochgurgl, vom Lift 1½ Std.

Von Hochgurgl über die Blockhänge (oder mit dem Lift) in das mächtige Schuttkar (Plattenkar), das zwischen Vorderem Wurmkogel und dem Plattenkogel bzw. dem NW-Grat der Schermerspitze eingelagert ist. Durch dieses empor, am nördl. Rand des Wurmkogelferners vorbei auf die Einsattelung P. 2959 im Verbindungsgrat Hinterer Wurmkogel — Schermerspitze. Von hier über den kurzen S-Grat zum Gipfel.


*Die Weißseespitze, aufgenommen von Norden.*

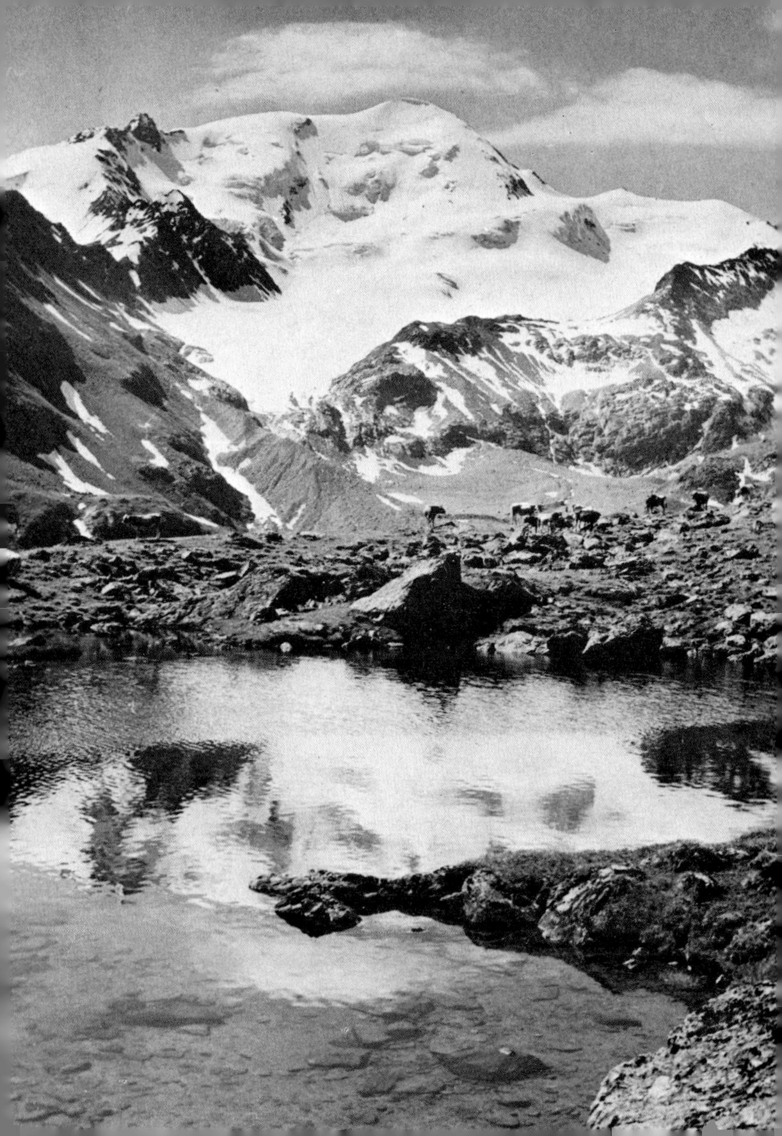

● **885** **Bankerkogel,** 2982 m

Im Kamm zwischen Schermerspitze und Hinterem Wurmkogel; in den Karten unbenannt.

● **886** **Von Hochgurgl (Süd- oder Nordgrat)**
I, vom Lift (2. Station) 1½ Std.

Wie R 883 zum Wurmkogelferner und im Bogen nach rechts in die Einschartung südl. des Gipfels; über den S-Grat zum höchsten Punkt. Oder aus der Einschartung zwischen Bankerkogel und Schermerspitze über den N-Grat.

● **888** **Wurmkogel**
**Vorderer,** 2828 m; **Hinterer,** 3082 m

Der Hintere Wurmkogel ist der erste Gipfel in dem von der Äußeren Schwenzerspitze nordw. ziehenden Kamm. Der von ihm nach NW ziehende Zweigkamm trägt den Vorderen Wurmkogel.

● **889** **Von Hochgurgl**
Bergstation der Wurmkogellifte in Gipfelnähe, Restaurant. N-Grat aus der Scharte I, ½ Std. Von Hochgurgl 3 Std.

● **890** **Königskogel,** 3055 m

Felsberg im Hauptkamm zwischen Königsjoch und Aperem Ferwalljoch.

● **891** **Von Obergurgl (Südgrat)**
II, 4½—5 Std.

Wie R 397 bis knapp unterhalb des Ferwalljochs, nordostw. auf einen Gratkopf im S-Grat und nordw. hinab in ein Schartl. Steilere Graterhebungen können auf der O-Seite umgangen werden. Über den scharfen Grat zum Gipfel. Der Weg vom Ferwalljoch unmittelbar über den Grat zum O-Gipfel ist kaum schwieriger.

● **893** **Ferwallspitze**
**Südliche,** 2965 m; **Nördliche,** 2967 m

Zwischen Aperem (R 397) und Schneeigem Ferwalljoch aufragende doppelgipfelige Erhebung.

● **894** **Vom Aperen Ferwalljoch auf die Nördliche Ferwallspitze**
I, Steigspuren, wenige Min.

- **895**                **Festkogel,** 3035 m

In dem vom Granatenkogel nordwestw. ziehenden Kamm, Skiziel, Aussichtspunkt, Festkogellift von Gurgl.

- **896**      **Von Obergurgl**
           I, 3½ Std., 1½ Std. von der Lift-Bergstation.

Von Obergurgl auf dem bez. Steig Nr. 22 südwestw. über die freien Hänge in das Roßkar (hierher von der Liftstation südostw.) und weiter der Bez. folgend zum Gipfel.

- **897**                **Granatenkogel,** 3304 m

Im Hauptkamm zwischen Granatschartl und Schneeigem Ferwalljoch.

- **898**      **Aus dem Ferwalltal (Nordwestgrat)**
           Unschwierig, zuletzt weglos, von Obergurgl 4—5 Std.

Wie R 397 in das Ferwalltal. Bald nach Überschreiten des Ferwallbachs rechts ab und wieder zurück auf die rechte, südwestl. Talseite. Auf Steigspuren talein bis in den innersten Kessel (Zolldiensthütte). Auf Steigspuren südw. empor und über die zerrissene rechte südwestl. Zunge des Östlichen Ferwallferners empor auf eine Einschartung im NW-Kamm, P. 3076. Der Gletscher wird rechts — in Gehrichtung — überwunden, Steinschlag! Über den Grat (Firnflecken und Geröll) zum Gipfel.

- **900**                **Hoher First,** 3405 m

Höchste Erhebung im nordöstl. Teil des Hauptkamms, nördl. über dem Gaißbergjoch.

- **901**      **Von Obergurgl (Südostgrat)**
           5 Std., Eistour, Stellen I. Siehe Abb. S. 269.

Von Obergurgl zur Endstation des Gaißberglifts und über die Brücke über den Gaißbergbach. Bei der Wegteilung südl. der Brücke (Ww.) links ab und in einer Kehre empor und in das Gaißbergtal. Zuerst an der rechten Talseite empor, dann auf den Talgrund und zur Zunge des Gaißbergferners. Auf den Ferner südostw., linkshaltend, zwischen Spalten gerade empor und links eines Schuttflecks durch den schmalen, steilen und wild zerrissenen Gaißbergferner aufwärts (Eisarbeit) und in die flachere Gletschermulde südwestl. des Gaißbergjochs. Über Firn auf dieses empor und über den brüchigen SO-Grat zum Gipfel.

● **902** **Seewerspitze,** 3302 m

Südl. des Gaißbergjochs im Hauptkamm, wo dieser nach SW umbiegt.

● **903** **Von Obergurgl**
   I, 4½—5 Std.

Wie R 901 auf das Gaißbergjoch und über Fels und Firn südw. über den breiten Kamm zum Gipfel.

● **905** **Liebenerspitze,** 3400 m

Doppelgipfel westl. der Seewerspitze; langer Kamm nach NW zur Hohen Mut.

● **906** **Von Obergurgl**
   I, 5—6 Std.

Von der Schönwies-Skihütte (R 293) oder von der Hohen Mut ins Rotmoostal und auf die Zunge des Rotmoosferners. Nun links, ostw. haltend, in der Mitte zwischen dem vom Heuflerkogel herabziehenden Felsstock und dem dem Kirchenkogel vorgelagerten Schutt- und Felskamm empor und ostw. über den Gletscher auf den Hauptkamm, westl. der Liebener Spitze. Über Schrofen (oder, je nach Verhältnissen, über Eis) durch eine Rinne auf den Vorgipfel, 3395 m, und über den kurzen Grat auf den höchsten Punkt.

● **907** **Hohe Mut,** 2650 m

Nordwestl. gegen das Gurgltal vorgeschobene Erhebung des Kamms von der Liebenerspitze. Sessellift-Bergstation; Bergrestaurant. Mehrere gut ausgebaute und bez. Wanderwege.

● **908** **Von Obergurgl**
   Bez. Wege, 2 Std.

Auf dem Weg Nr. 17 über den N-Rücken, etwa der Lifttrasse folgend; oder von der Schönwies-Skihütte (R 293) auf bez. Weg von W; oder aus dem Gaißbergtal über den Mutsattel, bez.

● **910** **Heuflerkogel,** 3245 m

Doppelgipfel südwestl. über dem Rotmoosferner.

*Blick von der Hohen Mut nach Südosten auf Granatenkogel, Hohen First, Liebenerspitze, Kirchenkogel und Heuflerkogel.*

Granatenkogel  Hoher First  Liebenerspitze  Kirchenkogel  Heuflerkogel

906

911

● **911 Von Obergurgl**
II, meist leichter. 5 Std. Siehe Abb. S. 143 und S. 269.
Auf dem Steig ins Rotmoostal und auf den Rotmoosferner. Über den spaltenreichen Gletscher in Richtung Trinkerkogel empor, dann ostw. abbiegen und in die tiefste vergletscherte Einsattelung zwischen Trinkerkogel und Heuflerkogel. Zuerst über den Firnboden, dann über brüchiges Blockwerk über den SW-Grat zum Gipfel.

● **912   Trinkerkogel,** 3161 m
Im Hauptkamm südl. über dem Rotmoosferner. Siehe Abb. S. 273.

● **913 Von Obergurgl**
II, 4—5 Std., brüchig, ausgesetzt. Siehe Abb. S. 143.
Wie R 911 auf den Rotmoosferner und gegen das Rotmoosjoch empor. Im Gletscherbecken zwischen Trinkerkogel und Scheiberkogel südostw. empor auf die vergletscherte Einsattelung zwischen Trinker- und Scheiberkogel. Nun entweder direkt über den SW-Grat zum Gipfel oder auf der SO-Flanke des Grates empor zum höchsten Punkt.

● **914 Von der Zwickauer Hütte,** R 290
II, 2 Std.
Auf dem Weg zum Rauhen Joch (R 398) bis unter die SO-Wand des Trinkerkogels. Durch Rinnen empor auf den SW-Grat. Oder gerade durch die S-Flanke zum Gipfel.

● **915   Scheiberkogel,** 3135 m
Kleine Erhebung östl. des Rotmoosjochs im Hauptkamm.

● **916 Vom Rotmoosjoch**
Unschwierig, ½ Std. Siehe Abb. S. 143.
Wie R 399 aufs Joch und über Blockwerk zum Gipfel.

● **917   Rotmooskogel,** 3338 m
In dem kleinen, vom Rotmoosjoch westw. ziehenden Felskamm.

● **918 Vom Rotmoosjoch**
Unschwierig, ¾ Std.
Vom Joch (R 399) über Blockwerk.


*Liebenerspitze und Kirchenkogel von Nordwesten.*

**Kirchenkogel**

**Liebenerspitze**

**Gaißbergferner**

- **919**             **Hinterer Seelenkogel,** 3472 m

Zwischen Planferner, Seelenferner und Wasserfallferner im Hauptkamm; Zweigkamm nach N zum Hangerer.

- **920**    **Von der Zwickauer Hütte**
          2 Std., gletscherfreier Anstieg.

Von der Hütte den steilen O-Grat entlang empor zum Gipfel.

- **921**    **Vom Rotmoosjoch**
          Gletschertour, 5 Std. von Obergurgl.

Vom Joch (R 399) südwestw. hinab auf den Planferner und unter den S-Abstürzen des Rotmooskogels (oder über den Rotmooskogel) empor gegen den Hinteren Seelenkogel. Auf den Firnsattel zwischen Rotmooskogel und Hinteren Seelenkogel bei P. 3424 und steil empor über den Firnkamm von NO auf den Gipfel.

- **922**             **Vorderer Seelenkogel,** 3290 m

Gletscherberg in dem vom Hinteren Seelenkogel abgehenden Seitenkamm.

- **923**    **Von Obergurgl**
          Unschwierig, 4 Std. Siehe Abb. S. 275.

Von der Schönwies-Skihütte (R 293) ins Rotmoostal, bis man nach rechts zum Hangerersee und -ferner ansteigen kann. Über einen flachen Firnkamm gerade südw. zum Gipfel.

- **925**             **Hangerer,** 3021 m

Nördlichster Gipfel des Seelenkogelkamms, Aussichtspunkt.

- **926**    **Von Obergurgl**
          Bez. Steig, 3 Std.

Wie R 293 zur Schönwies-Skihütte. Am Weg Hinweistafel „Hangerer". Der vom Steig wegführenden Bezeichnung folgend von N über Gras- und Schotterhänge zum Gipfel.

- **927**             **Langtaler-Joch-Spitze,** 3157 m

Im Hauptkamm nördl. über dem Langtaler Joch.

*Der Trinkerkogel, aufgenommen von Norden.*

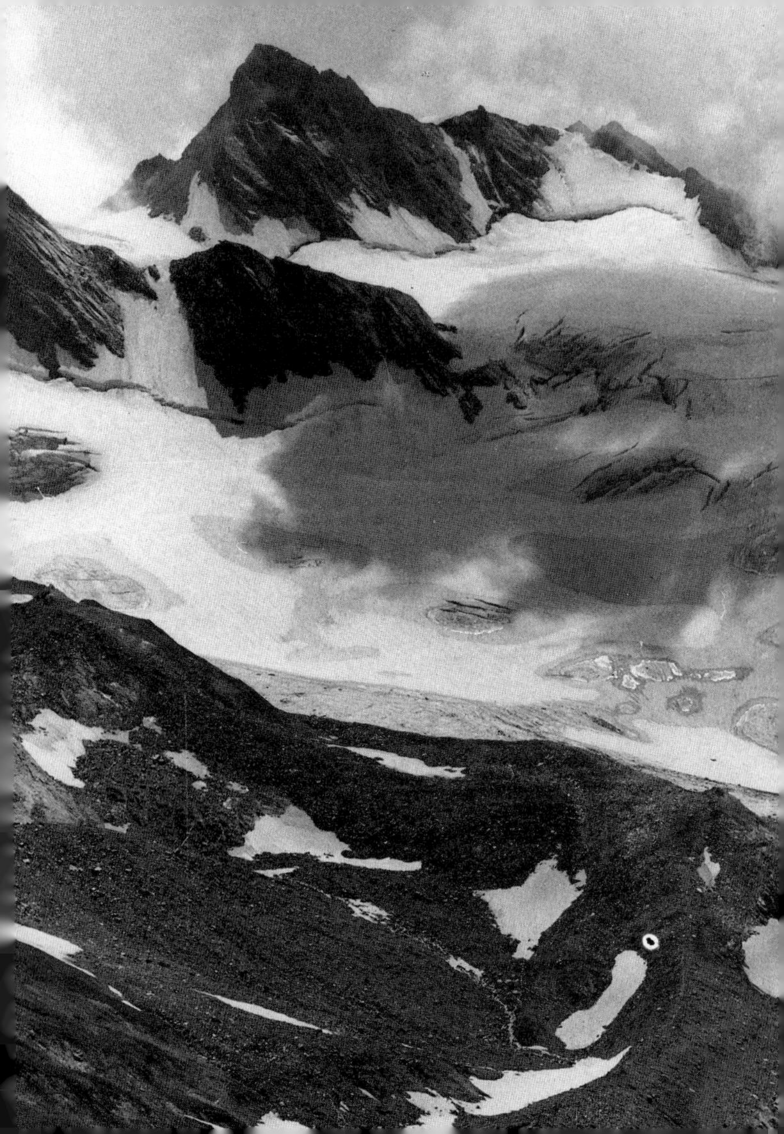

- **928**   **Von der Langtaler-Eck-Hütte**, R 292
  Gletschertour, unschwierig, 3½ Std.

Von der Langtaler-Eck-Hütte auf dem Weg zum Hochwildehaus abwärts. Vor Überschreiten des vom Langtaler Ferner herabkommenden Gletscherbachs auf Steigspuren talein und von links auf den Langtaler Ferner. Südostw. auf ihm empor und zuletzt steiler über den Gletscher auf das Langtaler Joch. Nordostw. über den Firngrat, dann über Blockwerk zum Gipfel.

- **930**   **Hohe Wilde**
  **Nordgipfel**, 3461 m; **Südgipfel**, 3482 m

Südöstl. Eckpunkt des Hauptkamms, bevor er nach W umbiegt; über dem Eisjöchl. Zweigkamm nach N (Schwärzenkamm).

- **931**   **Vom Hochwildehaus**
  I, teilw. Sicherungen, Gletschertour. 3½—4 Std.

Auf R 401, bis man südostw. gegen den mächtigen Firngrat der Hochwilde ansteigen kann. An seinem rechten (südwestl.) Hang steil empor zu den Gipfelfelsen. Der erste Gratturm wird rechts umgangen. Dann über Blockwerk (z. T. gesichert) zum N-Gipfel.

- **932**   **Überschreitung Annakogel — Nordgipfel — Südgipfel**
  II, teilw. gesichert, 4—5 Std. vom Hochwildehaus.

Wie R 401 auf den Gurgler Ferner ungefähr in die Höhe zwischen Schwärzenjoch und Mitterkamm. Südw. empor über den Firnrücken, zuletzt über Blockwerk auf den Gipfel des Annakogels, 3336 m. Südostw. über einige Gratabsätze über den Felsgrat hinab in die Einscharung zwischen dem SO-Grat des Annakogels und der Firnschneide der Hochwilden. Über die Schneide (oder rechts davon) empor und auf den N-Gipfel der Hochwilden (wie R 931). Über den Verbindungsgrat (teilweise gesichert) in schöner Kletterei zum S-Gipfel („Gustav-Becker-Weg"), II, je nach Verhältnissen ¾—1½ Std.

- **933**   **Von der Stettiner Hütte**, R 318 (Grutzmachersteig)
  Bez., teilw. Weganlage, 2½ Std. Dieser S-Anstieg wird, da er keinen Gletscher berührt, häufig begangen.

*Mittlerer und Vorderer Seelenkogel mit dem Anstieg auf den Vorderen Seelenkogel über den Hangererferner.*

Vorderer Seelenkogel

Mittlerer Seelenkogel

Hangereferner

923

Der Weg führt direkt von der Hütte auf einen Seitengrat des S-Grates, über diesen auf den O-Grat der Hochwilden und weiter zum Gipfel.

● 935 **Schwärzenkamm**, 3201 m
**Schwärzenspitze**, 2980 m

Felskamm zwischen Gurgler und Langtaler Ferner.

● 936 **Vom Hochwildehaus**, R 295
**I**, ¾ Std.

Von der Hütte nordostw. auf einem Steiglein empor auf die Kammhöhe, ungefähr 3000 m. Nordw. über den Kamm über Platten auf die Schwärzenspitze.

● 937 **Bankkogel**, 3309 m

Im Hauptkamm westl. des Gurgler Eisjochs.

● 938 **Vom Hochwildehaus**, R 295
Gletschertour, 3 Std.

Auf R 401 in Richtung Mitterkamm aufwärts. Rechts des Kammes eben in südwestl. Richtung über den Ferner. Im Bogen steiler nach SO empor und rechts des steilen Firn- und Felshangs, der vom NW-Grat der Bankspitze abfällt. Südostw. über die spaltenreichen Firnhänge empor gegen den Gipfel und kurz über Blockwerk zum höchsten Punkt. (Kurz unter dem Gipfel Vorsicht wegen einer gefährlichen verdeckten Spalte!)

● 940 **Falschunggspitze**, 3363 m

Knapp westl. des Bankkogels im Hauptkamm.

● 941 **Vom Hochwildehaus**, R 295
Gletschertour, 3 Std.

Wie R 398 etwa 100 Höhenmeter unter den Gipfel des Bankkogels. Nun über flachen Firn an den NO-Grat der Falschunggspitze queren. Über den Grat, zwei Absätze ersteigend, brüchig über Firnstellen und Blockwerk zum Gipfel.

● 942 **Karlesspitze**, 3465 m

Am Zweigpunkt von Ramolkamm und Hauptkamm.

● 943 **Vom Querkogeljoch**, R 411
Firngrat oder Eisflanke, ¾ Std. 4—4½ Std. vom Hoch-

wildehaus, R 295, oder von der Martin-Busch-Hütte, R 300.

Vom Joch über die steile Firnschneide südw. zum Gipfel.

● **945**            **Querkogel,** 3448 m

Erster Gipfel im Ramolkamm, zwischen Querkogeljoch (S) und Kleinleitenjoch (N). Siehe Abb. S. 279.

● **946**   **Vom Querkogeljoch,** R 411
       II, 1—1½ Std., 4 Std. vom Hochwildehaus, R 295.

Vom Joch nordw. über Fels und Firn auf eine Graterhebung, P. 3382. Über den mäßig ansteigenden Felsgrat in schöner Kletterei, zuletzt über ein steil aufragendes Gratstück, zum Gipfel.

● **947**            **Kleinleitenspitze,** 3445 m

Zwischen Kleinleitenjoch (S) und Schalfkogeljoch (N).

● **948**   **Vom Schalfkogeljoch,** R 410
       Unschwierig, 20 Min. 3 Std. vom Hochwildehaus, R 295, 4 Std. von der Martin-Busch-Hütte, R 300.

Vom Joch über den breiten Firnrücken südw. zum Gipfel.

● **950**            **Schalfkogel,** 3540 m

Nördl. des Schalfkogeljochs im Ramolkamm.

● **951**   **Vom Schalfkogeljoch**
       Unschwierig, 3—4 Std. vom Hochwildehaus, R 295.

Vom Joch (R 410) nordw. über den Felsgrat steil empor, über Firn auf ein ebenes, überfirntes Gratstück, P. 3476. Mäßig ansteigend über Fels und Schutt auf den Gipfel.

● **952**   **Vom Firmisanjoch**
       Unschwierig, 3 Std. vom Ramolhaus, R 297. Siehe Abb. S. 279 und 281.

Vom Joch (R 407), mehrere Steilaufschwünge umgehend, auf den breiten Firngrat und über ihn zum Gipfel.

● **955**            **Diemkogel**
      **Hinterer,** 3400 m; **Mittlerer,** 3342 m;
          **Vorderer,** 3372 m

Gipfel in dem vom Schalfkogel westw. ziehenden Kamm.

- **956 Vom Firmisanjoch**
  Unschwierig, 4 Std. von der Martin-Busch-Hütte, R 300.

Wie R 407 auf das Firmisanjoch und südw. empor auf dem N-Grat des Schalfkogels. Auf dem flacheren Gratstück, nach dem steilen Aufschwung, südwestw. quer über die steilen Firnhänge über eine Felsrippe auf das Diemjoch. Über den mäßig ansteigenden Grat über Blockwerk und Firn auf den Gipfel des Hinteren Diemkogels. Weiter über den unschwierigen Grat auf die anderen Erhebungen.

- **957  Firmisanschneide, 3491 m**

Im Ramolkamm zwischen Firmisanjoch (S) und Spiegeljoch (N).

- **958 Vom Spiegeljoch (Nordostgrat)**
  I, 2½—3 Std. vom Ramolhaus, R 297. Siehe Abb. S. 283.

Vom Joch (R 406) über den mäßig ansteigenden Grat empor, auf die Graterhebung P. 3380 und weiter über die Schneide zum Gipfel.

- **959 Vom Firmisanjoch (Südostgrat)**
  I, 3 Std. vom Ramolhaus, R 297.

Vom Joch (R 407) südostw. über den langen Felsrücken zum Gipfel.

- **960  Spiegelkogel**
  **Hinterer, 3426 m; Mittlerer, 3310 m; Vorderer, 3084 m**

Der Mittl. und Vord. Spiegelkogel liegen in dem vom Hint. nach W und NW ziehenden Kamm; der Hint. im Ramolkamm zwischen Spiegeljoch (S) und Ramoljoch (N).

- **961 Vom Spiegeljoch (Südgrat)**
  I, 3 Std. vom Ramolhaus, R 297. Siehe Abb. S. 283.

Vom Joch (R 406) über den ausgeprägten S-Grat.

- **962 Vom Ramoljoch**
  Schwierigkeit schwankt nach Eisverhältnissen stark; im Frühsommer große Wächten. 2—2½ Std. vom Ramolhaus, R 297.

Vom Joch (R 404, 405) über Firn und Fels ansteigend auf einen nordöstl. Vorkopf. Von ihm südwestw. auf dem langen Grat empor zum Gipfel des Hinteren Spiegelkogels.

*Querkogel, Kleinleitenspitze und Schalfkogel von Nordosten.*

Querkogel — Kleinleitenspitze — Schalfkogeljoch — Schalfkogel — 952 — Firmisanjoch

948

410

Gurgler Ferner

Hochwildehaus

- **965**                      **Ramolkogel**
      **Kleiner,** 3351 m; **Mittlerer,** 3518 m; **Großer,** 3550 m;
                 **Nördlicher (Anichspitze),** 3428 m

Der Große Ramolkogel ist der höchste Gipfel des Ramolkamms, vom Kamm etwas gegen W vorgeschoben.

- **966**    **Vom Ramolhaus,** R 297 **(Nordostanstieg)**
       **II** (zwei Stellen), 2½—3 Std. Vorsicht auf Wächten am Gipfelgrat! Siehe Abb. S. 285.

Vom Ramolhaus auf den Ramolferner, den man in Richtung auf die zwischen Nördlichem und Mittlerem Ramolkogel eingeschnittene Scharte schräg aufwärts quert. Nun südwestw. über den Firn und in schöner, leichter Kletterei (stets auf dem Grat) auf den Mittleren Ramolkogel, von dort über zwei etwas schwierigere Stellen, II, des schmäleren Grates und den sich verbreiternden Schneegrat zum Großen Ramolkogel.

- **967**    **Südgrat des Mittleren Ramolkogels**
       II, 2—3 Std. vom Ramolhaus, R 297.

Vom Ramolhaus nordwestw. durch Blockgelände zum Ramolferner. Die steile, ausgesetzte Schuttstufe, die auf ihn hinabführt, erfordert bei Vereisung Vorsicht! Über den Ferner zum Beginn des eigentlichen S-Grats des Mittleren Ramolkogels. Durch die O-Flanke des Grates, meist auf Steigspuren, aufwärts bis in die Nähe einer Schlucht, dann gerade hinauf zum Grat. Vor der Scharte, in der die Schlucht beginnt, ragt ein sperrender Gratzacken auf. Man umgeht ihn in der evtl. vereisten W-Flanke oder im O auf schmalen, ausgesetzten Schuttbändern. Dann leicht zum Gipfel des Mittleren Ramolkogels.

- **970**                  **Manigenbachkogel,** 3313 m

Im Ramolkamm zwischen Nördlichem Neederseitenjoch (S) und Latschkogel (N).

- **971**    **Von Obergurgl**
       Unschwierig, 4½ Std.

Auf R 298 bis zur Schäferhütte hoch über der Gurgler Ache. Links der Bachläufe steil über die Rasenhänge, zuletzt über Geröll auf-

---

*Der Schalfkogel mit dem Normalweg vom Firmisanjoch, aufgenommen von Ostnordosten.*

Schalfkogel

952

Firmisanjoch

wärts zur Zunge des Manigenbachferners. Am südl. Gletscherrand empor, dem Bruch nach S, links, ausweichen und westw. über den Firnkamm zum Gipfel.

● **972** **Latschkogel**
**Südlicher**, 3357 m; **Nördlicher**, 3386 m

Im Ramolkamm zwischen Manigenbachkogel (S) und Gampleskogel (N).

● **973** **Überschreitung von Süden nach Norden, über den Gampleskogel zur Steiniglehnscharte**
II (stellenweise), 2 Std.

Wie R 298 und 971 empor auf den Manigenbachferner, den Bruch links, südl., oder nördl. umgehend und auf die Scharte südl. des Latschkogels. Nordw. über den Grat auf den Gipfel. Überschreitung des Nördlichen Latschkogels und kurzer Abstieg in die nördl. Scharte. Aus der Scharte über den flachen Zackengrat, II, auf den Gampleskogel, 3408 m. Vom Gipfel nordostw. hinab auf den Steiniglehnferner, über Felsen und wieder nordostw. über einen Firngrat oder über den P. 3269 in die Steiniglehnscharte.

● **975** **Gampleskogel**, 3408 m

Zwischen Nördlichem Latschkogel und Steiniglehnscharte im Ramolkamm. Vgl. auch R 973.

● **976** **Von Obergurgl**
II (eine Stelle), I, 4—5 Std.

Auf R 298 bis über den Manigenbach. Hier auf einem bez. Steig steil über die Hänge zu den Weixlmahdern und dann nach N ins Lehnerkar (bis hier Steig). Immer nördl. des Baches über Gras und Schutt empor bis in 2850 m Höhe. Nun über den Bach und auf die auffallende Moräne. Über sie, dann schräg nach links auf den O-Grat. Über den Grat, I, und das anschließende Gletscherdach zur Eiskalotte. Über den Grat zum Stangengipfel, I, dem höchsten Punkt, schwieriger, II, zum Signalgipfel.

● **977** **Zirmkogel**, 3281 m

Südl. des Gurgler Schartls im Ramolkamm.

*Firmisanschneide und Hinterer Spiegelkogel mit den Anstiegen vom Spiegeljoch, aufgenommen von Osten.*

Firmisanschneide — Spiegeljoch — Hinterer Spiegelkögel

958

961

- **978** **Vom Gurgler Schartl**
  Unschwierig; 4 Std. von Obergurgl, 4½ Std. von Winterstallen.

Vom Schartl (R 402) südw. über Geröll wenig ansteigend auf den Loobferner und über den flachen Gletscher empor auf den Gipfel.

- **980** **Stockkogel**, 3109 m

Nordöstl. des Gurgler Schartls im Ramolkamm.

- **981** **Vom Gurgler Schartl (Südostgrat)**
  I, 4 Std. von Obergurgl.

Vom Schartl (R 402) in unschwieriger Kletterei.

- **982** **Nörderkogel**, 3163 m

Letzte größere Erhebung im Ramolkamm.

- **983** **Von Zwieselstein**
  Bez. Steig (30), 4—5 Std.

Von Zwieselstein auf der Straße nach Obergurgl in Kehren den waldigen Talhang empor und auf der westl. Talseite kurz talein. Bei einem Haus zweigt rechts ein Weg zur Lenzenalm ab. Auf ihm zur Alm und schräg über die Rasenhänge südostw. empor (links Steig zum Nördersee). Über Schrofen in vielen kleinen Kehren in das Schuttkar nordöstl. des Gipfels und über den Kamm auf den höchsten Punkt.

- **984** **Von Obergurgl**
  Bez. Steig (18), 4—5 Std.

Auf R 402, bis rechts der Weg zum Nördersee abzweigt. Hinter dem See trifft dieser Steig auf R 983.

- **985** **Fanatspitze**, 3361 m

Im Hauptkamm zwischen Karlesjoch und Fanatjoch.

- **986** **Vom Fanatjoch**
  Unschwierig, ½ Std.

Vom Joch (R 412) ostw. über Firn, zuletzt Geröll, zum Gipfel.

*Der Anstieg auf den Großen Ramolkogel vom Ramolhaus, aufgenommen von Nordosten.*

Ramolkogel

Mittlerer　　　　Großer

966

Hin

Schwärzenjoch

*Hintere Schwärze und Östliche Marzellspitze mit dem Anstieg von der Martin-Busch-Hütte auf die Hintere Schwärze.*

Schwärze   Östl. Marzellspitze   Marzelljoch

- **988**     **Rötenspitze,** 3396 m

Zwischen Fanatjoch (O) und Roßbergjoch (W) im Hauptkamm aufragender Gipfel.

- **989**     **Vom Roßbergjoch**
  II, 4½ Std. von der Martin-Busch-Hütte, R 300.

Vom Joch (R 413) über den zackigen W-Grat.

- **990**     **Vom Fanatjoch**
  Unschwierig, 4—5 Std. von der Martin-Busch-Hütte, R 300.

Vom Joch (R 412) westw. über den ausgeprägten Blockkamm zum höchsten Punkt.

- **992**     **Hintere Schwärze,** 3628 m

Markanter Gipfel im Hauptkamm westl. des Roßbergjochs, südl. über dem Hint. Schwärzenjoch.

- **993**     **Von der Martin-Busch-Hütte,** R 300
  Spaltenreicher Gletscher, am Gipfelgrat oft vereist; 4½ Std. Siehe Abb. S. 92/93 und S. 286/287.

Von der Hütte über den Niederjochbach und ostw. auf den Marzellferner. Am W-Rand des Gletschers Spalten! Südw. empor in Richtung Similaun. Dann entweder in weitem Bogen, die großen Brüche des Ferners links liegen lassend, empor auf das flachere Gletscherbecken zwischen Hinterer Schwärze und Mutmalspitze oder neuerdings über den „Steilhang" links der Brüche, bei Blankeis im Blockhang; vom Oberrand in Richtung Marzelljoch auf das flache Firnfeld. Aus dem Firnbecken südw. etwa 100 Höhenmeter empor, dann in Richtung auf den Gipfel über die Firnrampe direkt hinauf oder etwas rechtshaltend auf das Östliche Marzelljoch, 3535 m, und die letzten 90 Höhenmeter über den Grat (zwei kleine Steilabsätze) auf den höchsten Punkt.

- **994**     **Vom Roßbergjoch (Ostgrat)**
  II, Gletscherfahrt, 5—5½ Std. von der Martin-Busch-Hütte, R 300. Siehe Abb. S. 149.

Vom Joch (R 413) mäßig steil über den Felsgrat empor, dann steil über Fels (Eis) zum Gipfel.

- **995**     **Mutmalspitze,** 3528 m

Nordwestl. des Hinteren Schwärzenjochs.

- **996 Von der Martin-Busch-Hütte,** R 300 **(Südostgrat)**
  I, 4½ Std.

Wie R 414 auf das Hintere Schwärzenjoch. Zuerst mäßig ansteigend über den Fels- und Firngrat nordostw. empor. Dann scharf nach W über den Grat zum Gipfel.

- **998 Marzellspitze**
  **Östliche,** 3555 m; **Mittlere,** 3530 m; **Westliche,** 3540 m

Im Hauptkamm zwischen Hinterer Schwärze und Similaunjoch.

- **999 Vom Similaunjoch**
  Gletschertour, 4 Std. von der Martin-Busch-Hütte, R 300. Siehe Abb. S. 92/93.

Vom Joch (R 415) nordostw. über mäßig steilen Firn empor auf die Westliche Marzellspitze. Vom Gipfel über Firn kurz hinab und über Fels und Firn auf die Mittlere.

- **1000 Similaun,** 3606 m

Auffallender Gletschergipfel südwestl. des Similaunjochs im Hauptkamm; Gipfelkreuz; häufig besucht.

- **1001 Von der Similaunhütte,** R 302 **(Westgrat)**
  Unschwierig, 2 Std. Unter Umständen Eistour. Siehe Abb. S. 290/291.

Von der Hütte südostw. über mäßig steilen Firn längs des Kammes empor; zuletzt steiler über den Blockkamm zum Gipfel.

- **1002 Von der Martin-Busch-Hütte**
  Gletschertour, unschwierig, 3½ Std. Siehe Abb. S. 290/291.

Von der Hütte zur Zunge des Niederjochferners. An dem orographisch linken Ufer in südöstl. Richtung weiter zum Ansatz des NW-Grates und über diesen (Firn oder Eis, kleine Wächten) unmittelbar zum Gipfel des Similaun.

- **1003 Vom Similaunjoch (Ostgrat)**
  Steile Firn- oder Eisflanke, 1 Std.

Vom Joch (R 415) über die steile Firnschneide.

- **1005 Hauslabkogel,** 3403 m

Erster Gipfel des Kreuzkamms, der beim Hauslabjoch vom Hauptkamm nordostw. abzweigt.

# Marzellspitzen

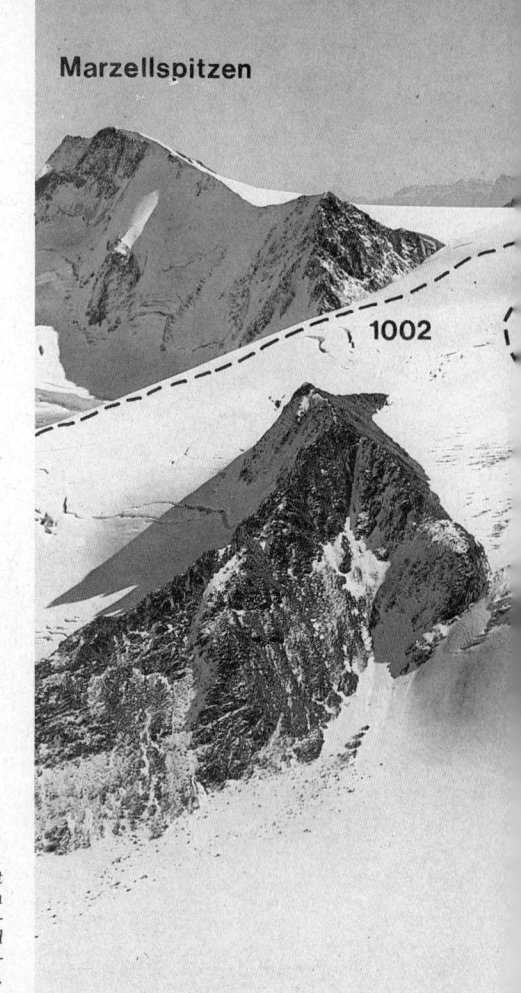

1002

*Der Similaun mit den Anstiegen von der Martin-Busch-Hütte (R 1002) und von der Similaunhütte (R 1001).*

# Similaun

1001

- **1006  Vom Hauslabjoch**
  II (stellenweise). 4—5 Std. vom Hochjochhospiz, R 277; 3 Std. vom Whs. Schöne Aussicht, R 305; 3 Std. von der Martin-Busch-Hütte, R 300; 1½ Std. von der Similaunhütte, R 302; 1 Std. vom Joch.

Vom Joch (R 418) über den zuerst schmalen Grat in festem, dann in brüchigem Gestein, bald leichter werdend, einen Steilaufschwung rechts umgehend, zum Gipfel.

- **1007  Von der Martin-Busch-Hütte**, R 300, **über den Sayferner**
  I, kürzer als R 1006, 2¾ Std.

Von der Hütte auf dem Weg Richtung Similaunhütte bis vor den Saybach. Über Schutt hinauf zum Sayferner und am rechten Rand des Gletschers entlang zur Scharte P. 3236. Über den abwechslungsreichen Grat (Blockwerk und Firn) zum Gipfel. Man kann auch über den spaltenreichen Ferner direkt ansteigen, teilweise steil.

- **1010                  Saykogel**, 3360 m

Im Kreuzkamm nordöstl. des Hauslabkogels.

- **1011  Von der Martin-Busch-Hütte**, R 300
  Großteils bez. Steig, unschwierig, 3 Std.

Von der alten Samoarhütte auf gutem Steig im Zickzack nordwestl. den Hang empor. Den Hang südl. zum Teil weglos entlang und aufwärts zum O-Grat. Auf dem Steig, der bei 3000 m aufhört, weiter; zuletzt über den S-Grat zum Gipfel.

- **1012  Vom Hochjochhospiz**, R 277
  Bez. Steig und Steigspuren, 4 Std.

Vom Steig auf der W-Seite des Hochjochtals links, ostw., auf einer Brücke über den Hochjochbach und durch Moränen auf gut markiertem Steig empor zum Beginn des W-Grates. Rechts des Grates auf Steig und über den Ferner empor. Zuletzt von rechts (von S) an den Grat und über ihn zum Gipfel.

- **1014                  Sennkogel**, 3400 m

Im Kreuzkamm zwischen Saykogel und Kreuzkogel.

- **1015  Von der Martin-Busch-Hütte**, R 300
  I, 3 Std.

Auf dem Kreuzspitzeweg (R 1021) bis zum Seenplateau in 2900 m

Höhe. Von hier nach W über Blockwerk und Schnee in das Kar östl. unter dem Sennkogel und steil in die Scharte P. 3227. Über Blöcke und Platten gerade aufwärts zum Firnrücken (häufig Blankeis). Am Schluß wieder im Blockwerk zum Gipfel.

- **1016**                        **Kreuzkogel,** 3340 m

Nordöstl. des Sennkogels.

- **1017**     **Von der Martin-Busch-Hütte,** R 300
  Unschwierig, 2 Std.

Von der Hütte pfadlos westw. über die Hänge empor, zuletzt über Schutt unter den Beginn des S-Grates. Nach N aufwärts und im Bogen nach NW auf den Gipfel.

- **1020**                      **Kreuzspitze,** 3457 m

Nordöstl. des Kreuzkogels; schöner Aussichtspunkt, häufig besucht.

- **1021**     **Von der Martin-Busch-Hütte,** R 300
  Bez., gut angelegter Steig, 2½ Std.

Von der Hütte auf Steig nordwestw. über die Hänge empor, vorbei an der ehemaligen Brizzihütte und über die weiten Schutthänge und Fels an den Beginn des SO-Grates. Über ihn zum Gipfel.

- **1023**                      **Talleitspitze,** 3408 m

Nordöstl. Eckpunkt des Kreuzkamms über Vent.

- **1024**     **Von Vent (Nordostgrat)**
  I, sehr zerborstener, sandiger Fels, 4—4½ Std.

Auf dem Weg zur Martin-Busch-Hütte bis zum Beginn des Niedertals (¼ Std.). Auf Weg Nr. 7 in vielen Kehren durch die Latschen, dann über freie Hänge auf den kleinen Vorsprung „Hörnle". Auf dem nun schmaleren Pfad weiter über die steilen Grashänge, die auf die weiten Böden nordöstl. des Gipfels münden. Über das Blockwerk links an einem auffallend hellen Plattenturm vorbei (3100 m) und gleich dahinter auf den Grat. Man folgt der langen, sehr zerborstenen Gratkante zum Gipfel.

- **1025**                      **Fineilspitze,** 3516 m

Markanter Gipfel im Hauptkamm südwestl. über dem Hauslabjoch; Gipfelkreuz.

- **1026**     **Vom Hauslabjoch (Nordostgrat)**
  I, bei Vereisung schwierig. 1 Std.

Vom Joch (R 418) südwestw. über den Firn-(Eis-)grat mäßig steil empor. Später steiler und ausgesetzt, zuletzt über Fels und einen Vorgipfel auf den höchsten Punkt.

● **1027**          **Schwarze Wand,** 3355 m

Nordöstl. über dem Fineiljoch im Hauptkamm. Siehe Abb. S. 295.

● **1028**   **Vom Wirtshaus Schöne Aussicht**
        I, 2 Std. Siehe Abb. S. 95 und S. 295.

Vom Whs. Schöne Aussicht auf den Hochjochferner und südostw. quer über ihn. Über die Firnhänge sanft ansteigend gegen die Schrofen rechts, südl. der W-Wände der Schwarzen Wand. Kurz über sie empor auf einen steilen, kleinen Fernerteil. Ostw. über ihn auf Fels und über einen steilen Firnhang in die kleine Scharte südöstl. der Schwarzen Wand. Nordwestw. über den blockigen Grat zum Gipfel.

● **1030**          **Grawand,** 3250 m

Im Hauptkamm zwischen Fineiljoch (O) und Hochjoch (W), Bergstation der Schnalstaler Gletscherbahn in Gipfelnähe.

● **1031**   **Vom Fineiljoch**
        Bez. Steig und Steigspuren von Fineil im Schnalstal durch das Fineiltal (3 Std.), ¾ Std. vom Joch.

Der Bez. folgend zum Gipfel; jenseits kurz zur Bergstation.

# 7. Texelgruppe

● **1040**          **Zielspitze,** 3009 m

Südl. Eckpunkt der Texelgruppe über Naturns.

● **1041**   **Von der Lodnerhütte,** R 313
        I, 3 Std.

Von der Lodnerhütte auf dem Hüttenweg talaus in den Felskessel „Im Ginggl". Von hier westw. empor auf Weideböden und über sie

*Fineilspitze und Schwarze Wand von der „Schönen Aussicht".*

Fineilspitze

Hochjochferner

1028

zur Könighofalm. Talein und über den Schrabach und südw. empor über Moränenschutt auf die Lahnbachspitze und über sie hinweg über eine breite Einsattelung auf die Zielspitze.

- **1042**                  **Kirchbachspitze**, 3081 m

Höchster Gipfel der südl. Texelgruppe, langer Kamm nach SW gegen die Mündung des Schnalstals.

- **1043 Von der Lodnerhütte**, R 313
  Unschwierig, 3 Std.

Wie R 1041 zur Könighofalm. Talein, über Moränenschutt empor gegen den Rest des Muter Ferners. Aus ihm rechts empor über Schuttbänder zum N-Grat und über ihn leicht zum Gipfel.

- **1044 Von Naturns**
  Bez., 6 Std.

Von Naturns zum Naturnser Schloß. Dahinter auf gutem Weg in Kehren aufwärts zu den letzten Höfen. Dann auf Steigspuren weiter bis auf grasige Rippen über der Baumgrenze. Rechtshaltend zum Lahnbach, wo sich verschiedene Zuflüsse vereinigen. Von hier auf den S-Grat der Kirchbachspitze und über guten Fels unter Umgehung der Platten zum Gipfel.

Ebenso auf bez. Steig von Katharinaberg im Schnalstal, 4½ Std.

- **1045**                  **Gfallwand**, 3175 m

Südl. Eckpunkt einer Gipfelhochfläche südwestl. über dem Ginggljoch. Lohnender Aussichtsberg.

- **1046 Von der Lodnerhütte**, R 313
  I, 2½ Std. Siehe Abb. S. 297.

Wie R 437 zum Ginggljoch. Nun zu den Resten des Gfalleitferners und auf ihm empor. Hoch oben (in der westlichsten der drei nach S ziehenden Fernerzungen) südw. ab gegen den Gipfel, den man über Firn und Geröll erreicht.

Bei guter Schneelage kann man den Ferner in Richtung Gipfel ersteigen. Man erreicht so den Grat knapp westl. des Gipfels. An geeigneter Stelle zu den Felsen und über sie zum höchsten Punkt.

*Die Gfallwand mit dem Anstieg von der Lodnerhütte, aufgenommen von Osten.*

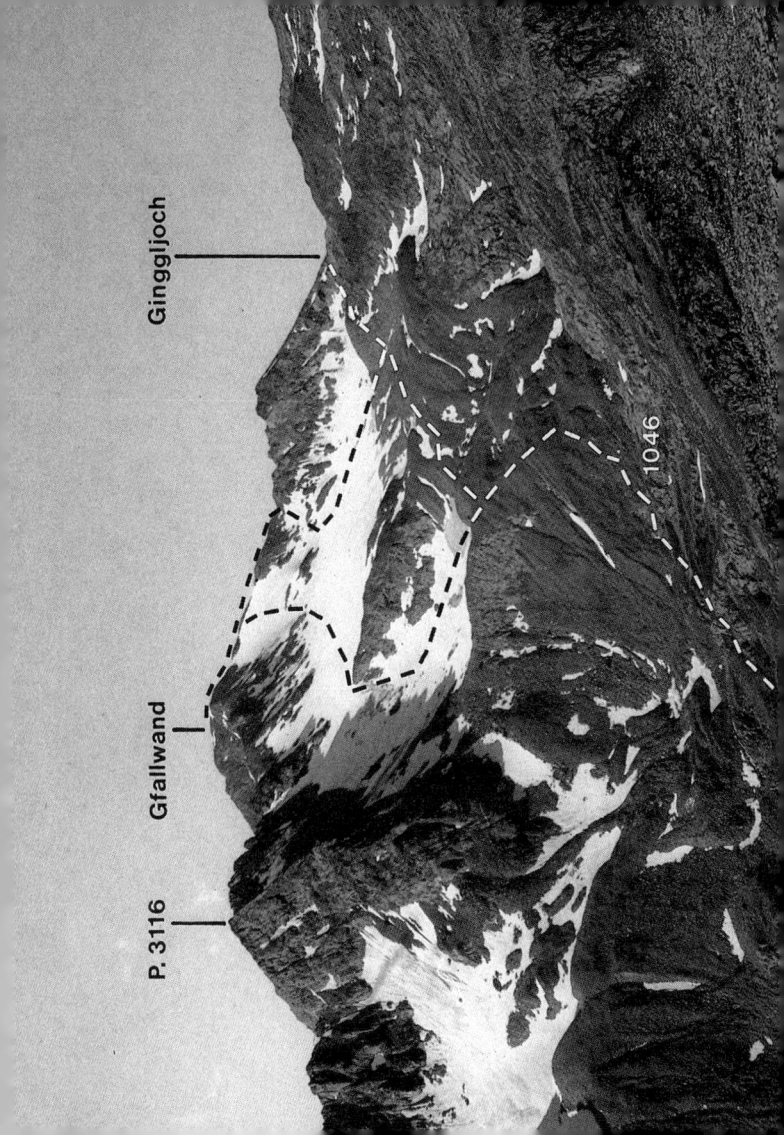

Ginggljoch

Gfallwand

P. 3116

1046

● **1047**                 **Schwarze Wand,** 3057 m

Höchster Punkt im Hühnerjochkamm, der von der Gfallwand nach NO zieht. Siehe Abb. S. 299.

● **1048**    **Von der Lodnerhütte,** R 313
          III—, 3—3½ Std.

Wie R 1046 zu den Resten des Gfalleitferners. Nach der ersten Steilstufe links ab gegen die von den beiden Gipfelzacken herabziehende Schneerinne. In ihr steil empor, oben über plattige Felsen nach links in ein Schartl und kurz auf die beiden Gipfel.

● **1050**                 **Blasiuszeiger,** 2837 m

Nördlichster Gipfel im Hühnerjochkamm. Gipfelkreuz. Siehe Abb. S. 299.

● **1051**    **Von der Lodnerhütte,** R 313
          Bez. Steig, 2 Std.

Der am Schweinestall der Lodnerhütte beginnenden Markierung folgend zur Brücke über den Bach. Jenseits auf bald sehr gut werdendem, rot markiertem Steig südwestw. empor zum O-Rücken, kurz auf diesem, dann stets dem markierten Steig folgend durch die S- und SO-Flanke zum Gipfel.

● **1053**                 **Auf dem Kreuz,** 3163 m
                        **Gingglspitze,** 3140 m

Nordwestl. über dem Ginggljoch aufragende Erhebungen.

● **1054**    **Von der Lodnerhütte,** R 313
          Unschwierig, 3 Std.

Von der Hütte westw. hinein in das Grubplattental. Über Block- und Geröllflächen im Bogen nach links auf den höchsten Punkt (großer Steinmann).

● **1055**                 **Blaulackenspitze,** 3173 m

Südl. Vorgipfel der Texelspitze, wird meist zusammen mit dieser erstiegen.

*Blasiuszeiger, Schwarze Wand, P. 3116 und Gfallwand von Norden.*

- Gfallwand
- P. 3116
- Schwarze Wand
- Blasiuszeiger

● **1056  Von der Lodnerhütte**, R 313
  Unschwierig, 3½ Std.

Von der Hütte westw. hinein in das Grubplattental und über Geröll, zuletzt über den Ferner in eine Scharte nordöstl. des Gipfels. Über diese auf den höchsten Punkt.

● **1057              Texelspitze**, 3318 m

Westl. Eckpunkt der Gruppe; von hier wendet der Kamm sich nordostw.; langer Grat nach NW zur Zwölferspitze.

● **1058  Von der Lodnerhütte**, R 313 **(Südostwand)**
  I, 4 Std., mühsam, im Abstieg nicht leicht zu finden.

Auf dem Steig westw. ins Grubplattental. Auf halbem Weg zum Ginggljoch geht man rechts, nordwestw., über das Geröll gegen die Texelspitze zu. Man erreicht den Fuß der SO-Wand über die Reste des Roteckferners (Grubplattenferners) und hält auf eine breite Geröllrampe zu, die die Wand von rechts unten nach links oben durchzieht. Über steile Schrofen empor zum Beginn der Rampe. Über diese mühsam empor bis zu ihrem Ende südwestl. des Gipfels. Von hier gerade über Schrofen zum höchsten Punkt.
*Abstiegsbeschreibung:* Vom Gipfel über den blockigen S-Grat etwa 80 m hinab auf das schuttbedeckte ebene Gratstück, an dem zur Rechten ein Firnfeld ansetzt. Hier links, ostw., hinab in die breite Schuttrampe und auf dieser abwärts, bis sie sich zur Rinne verengt und steiler abfällt. Hier hält man sich ein wenig links heraus und erreicht auf Bändern im Zickzack abwärts die Firnfelder und Schutthalden. Nun stets ostw. hinab zur Alm und den Grashängen folgend hinaus zur Lodnerhütte.

● **1060              Roteck**, 3337 m

Höchster Berg der Texelgruppe, genau westl. über der Lodnerhütte. Hervorragender Aussichtsberg.

● **1061  Von der Lodnerhütte**, R 313 **(Ostgrat)**
  I, bez., teilweise gesichert. 3½ Std.

Von der Lodnerhütte auf dem Steig Richtung Ginggljoch westw. etwa 20 Min. empor. Bei der Wegverzweigung rechts (Ww.) ab und auf dem Steig durch die sehr steilen Grashänge empor, später auf einem besseren Steiglein unter einem Felsgürtel ansteigend in das Kar „Schafbank", das zwischen dem O-Grat und einer von ihm abzweigenden Felsrippe eingelagert ist. Über die Felsrippe zur Vereinigung mit dem O-Kamm. Nun über den O-Grat, über Firnflecken und Kletterstellen auf den südöstl. Vorgipfel und zum Gipfel.

● **1062  Übergang zur Texelspitze**
  II (einige Stellen), 1 Std., lohnend.

Vom Roteck unmittelbar beim Gipfelkreuz über den steilen, aber gutgriffigen Grat in südwestl. Richtung hinab. Den ersten Eissattel kann man im Fels südw. umgehen, einen brüchigen Steilabbruch umgeht man rechts, nördl. Man erreicht dann die vergletscherte tiefste Einsattelung zwischen Roteck und Texelspitze. Von hier stets über die Gratschneide. Einen auffallenden Zacken umgeht man rechts. Dann eine plattige Schneide empor, II, und über den Blockgrat auf den Gipfel.

● **1065  Trübwand,** 3264 m

Im Kamm nordöstl. des Rotecks.

● **1066  Von der Lodnerhütte,** R 313 **(Nordostgrat)**
  II, 4 Std.

Von der Hütte nordwestw. empor. Rechtshaltend hinein in das Trübkar und durch eine steile, zum Teil schneeige Schlucht auf die Trübscharte, zwischen Trübwand und Schwarzwand. Von hier leicht über den NO-Grat unter Umgehung zweier Absätze zum Gipfel.

● **1067  Schwarzwand,** 3166 m

Felsberg nordöstl. der Trübwand.

● **1068  Von der Lodnerhütte,** R 313 **(Westgrat)**
  I, 3½—4 Std.

Wie R 1066 in die Trübscharte. Über Schrofen auf den ersten Gratabsatz, gerade empor über die nächste Graterhebung und rechts um die folgende herum auf eine steile Stufe. Zuletzt über den teilweise überfirnten Grat auf den Gipfel.

● **1070  Schrottner,** 3020 m

Im Kamm zwischen Schwarzer Wand und Grubjöchl.

● **1071  Von der Lodnerhütte,** R 313
  I, 3 Std.

Von der Lodnerhütte nordw. empor und über Weidehänge hinauf zum SO-Abfall des Schrottnergipfels. Durch eine Schuttreise erreicht man über begrünte Hänge, sich links haltend, den SW-Grat, der zum Gipfel führt.

- **1072** **Kleine Weiße,** 3058 m

Östl. über der Johannesscharte (R 435, 436).

- **1073** **Von der Lodnerhütte,** R 313 **(Ostgrat)**
  **II,** 4½ Std.

Von der Lodnerhütte nordw. empor in den innersten Kessel des Zieltals. Wo der Steig einen Bach überquert und in großen Kehren zum Johannesschartl ansteigt, rechts ab und über Schutt empor in eine Rinne. In ihrem linken Ast steil hinauf in ein Schartl, das westl. der Hochweißscharte liegt und höher als diese eingeschnitten ist. Hier auf dem O-Grat in schöner Kletterei — ein Turm kann links umgangen werden — zum O-Gipfel.

- **1075** **Hohe Weiße,** 3281 m

Nordöstl. Eckpunkt der Texelgruppe, die am nordwestl. gelegenen Eisjöchl an den Hauptkamm stößt. Gipfelkreuz. Siehe Abb. S. 303.

- **1076** **Vom Eisjöchl (Stettiner Hütte),** R 318
  **I,** 2½ Std.

Vom Eisjöchl südw. über Fernerreste und Geröll unter den Schrofen des Schnalsbergs querend, zuletzt westw. empor auf das Grafschartl. Nun quert man um die Grafspitze herum in den Sattel zwischen Grafspitze und Hoher Weißer und steigt von dort aus zur Hohen Weißen auf. (Der Willy-Ahrens-Weg ist verfallen.) Kommt man von der Lodnerhütte, so überschreitet man das Johannesschartl (R 435), steigt ab auf den Grubferner und quert rechts über diesen südostw. empor bis unter den Steilaufschwung der N-Flanke. Über den steilen Eishang, oder leichter links über den Grat auf den Gipfel.

- **1078** **Lodner,** 3228 m

Beherrschender Berg über dem Zieltal, im Kamm südl. der Hohen Weißen.

*Hohe Weiße und Lodner vom Roteck (Westen).*

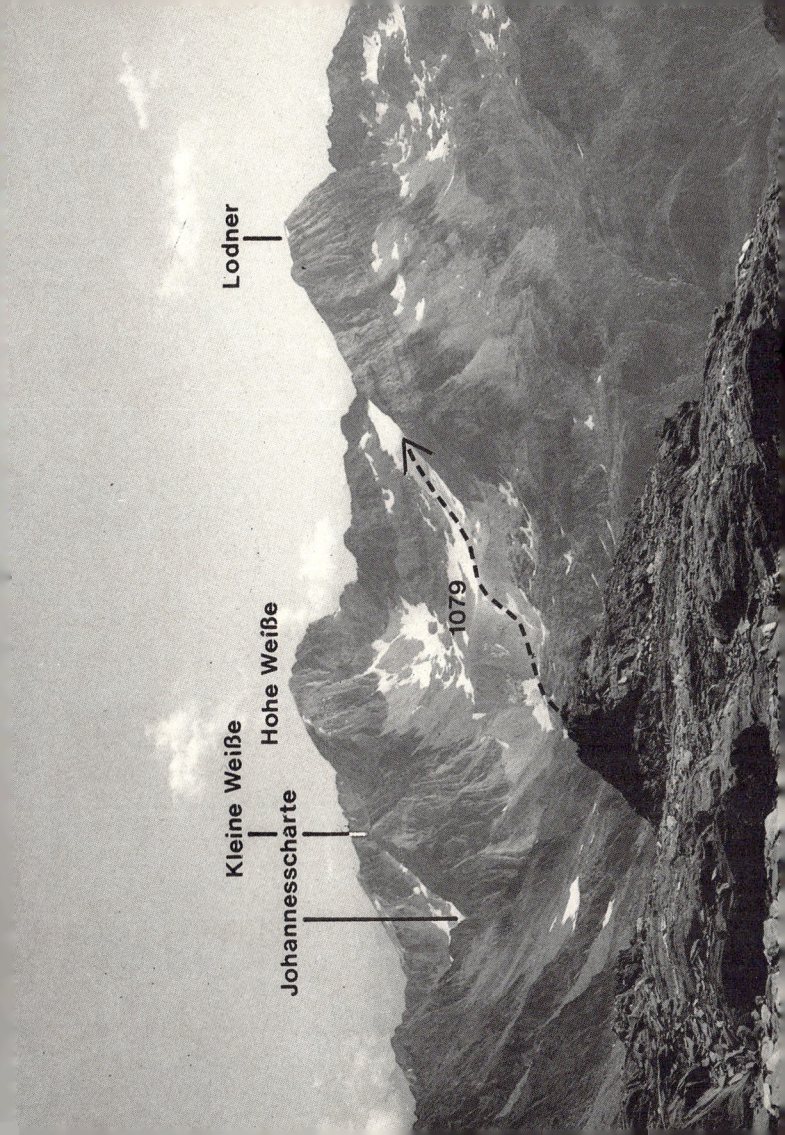

Kleine Weiße
Hohe Weiße
Johannesscharte
Lodner
1079

- **1079  Von der Lodnerhütte,** R 313 **(Nordwestgrat)**
  III, (zwei Stellen) meist II, 3½ Std. Schöne, aber ausgesetzte Kletterei. Siehe Abb. S. 303.

Von der Lodnerhütte nordw. dem Bach entlang bis zur Einmündung des Abflusses des Roteckferners. Über den Zielbach und ostw. empor zum Fuß des NW-Grates und auf ihm empor. Eine Graterhebung wird überklettert, eine zweite rechts über dem Abbruch der SW-Wand umgangen über einen Grat und zwei Platten. Über den Grataufschwung im oberen Teil des Kammes und gerade empor über den scharfen Grat, zuletzt am Rand der Firnkuppe aufwärts zum Gipfel. Die früheren Sicherungen existieren nicht mehr.

- **1080  Von der Lodnerhütte,** R 313 **(Südgrat)**
  II, 3½ Std.

Von der Lodnerhütte ¼ Std. nordw. talein bis zur Einmündung des ersten Baches von rechts. Hier ostw. über Grashänge steil empor in ein Kar am Fuß der SW-Wand.
Einstieg, wo das Urgestein am weitesten herabreicht. Der Anstieg vollzieht sich durch die S-Flanke und führt in anregender Kletterei empor auf den S-Grat. Zuerst östl. des Grates in Urgestein, dann über Kalkfelsen empor auf den Gipfel.

- **1082  Hochkarjochspitze,** 3022 m

Zerklüftete Felsschneide südl. des Lodner.

- **1084  Von der Lodnerhütte,** R 313 **(Nordwestgrat)**
  I, 3 Std.

Wie R 1080 bis zu dem Sattel, der am Fuß des Lodner-S-Grates liegt. Von hier über den mit Schneeflecken bedeckten brüchigen Grat zum Gipfel.

- **1085  Lazinser Röthelspitze,** 3037 m

Nordwestl. über dem Halseljoch. Auch Partschinser Röthelspitze.

- **1086  Vom Halseljoch (Südostgrat)**
  Bez., teilweise gesichert, ½ Std.

Vom Joch (R 433) dem Drahtseil und der Markierung folgend über den Grat, der bald kurz nach rechts, dann nach links verlassen wird. Weiter teils auf Steigspuren, stets markiert, bis zum Gipfel.

- **1088  Tschigat,** 2998 m

Östl. über dem Halseljoch aufragender, aussichtsreicher Gipfel.

- **1089 Vom Halseljoch**
  II (eine Stelle), I, bez., 1 Std. Diese Route ist bei guter Schneelage vor allem für den Abstieg zu empfehlen.

Vom Joch (R 433) unmittelbar über den grobblockigen Grat südw. empor. (Die alte Markierung führt links um den Grat; durch den Gletscherrückgang sperren aber abschüssige Platten den Weiterweg.) Man folgt der neuen Markierung über den Grat etwa ½ Std. bis zu einem steilen Grataufschwung. Den obersten Blockturm umgeht man rechts. Vom folgenden Schartl ziehen die Steigspuren links durch eine schwach ausgeprägte Rinne in die Flanke hinab. Man folgt der Bez. und quert die steile, ziemlich unangenehme Flanke, z. T. gesichert, überschreitet Platten und Eisflecken schräg hinüber unter die Gipfelwand; nun leichter über große Blöcke zum bereits sichtbaren Gipfel. Bei normaler Schneelage kann man auch mit großem Zeitgewinn vom Halseljoch etwas auf dem bez. Steig Richtung Milchseescharte auf das Schneefeld absteigen, den W-Grat im Bogen nördl. auf Schnee umgehen und durch die knapp westl. des Gipfels den Grat erreichende Schneerinne ansteigen. Dort erreicht man die Markierung wenige Min. unter dem Gipfel wieder, den man leicht über Blockwerk ersteigt.

- **1090 Von Nordosten**
  Seilsicherungen; 4 Std. vom Hochganghaus, R 310.

Der Weg führt vom Hochganghaus über Hochgangscharte, Langsee, Milchsee und Milchseescharte bis zur Mitte des Halselferners, 2689 m. Blickt man nach links zum Gipfel des Tschigat, sieht man ein Schneefeld, das sich im O an die steilen Platten des vom Halseljoch herführenden Grates anlehnt und, steiler werdend, in einer Rinne endet. Dieses Schneefeld überwindet man und steigt in der Rinne auf. Kurze Kletterei zum Gipfel (Seilsicherungen).
Beim Abstieg achte man darauf, daß man vom Gipfel nicht gerade nach N absteigt, weil man dort in die steil abfallenden glatten Felsen kommt; man wendet sich nach einigen Schritten nach links zur Rinne.

- **1092**  **Plattenspitze,** 2834 m

Westl. des Tschigat; bildet den S-Rand des Beckens, in dem die Tablander Lacken liegen (vgl. R 431). Auch Tablander Spitze.

- **1093 Von den Tablander Lacken,** R 431, **über die Nordseite**
  Unschwierig, ¾ Std.

Durch Schnee und Fels auf die Öffnung einer kleinen Schlucht zu.

Diese führt zu einem tiefen Einschnitt östl. des Gipfels, der von dort über große Blöcke am Grat erreicht werden kann.

● **1095**         **Spronser Röthelspitze,** 2625 m

Zwischen dem Hohen Gang und dem Mitterjoch in dem vom Tschigat südostw. abzweigenden Seitenkamm der Texelgruppe. Auch Rötelspitze.

● **1096**   **Vom Hohen Gang**
       Unschwierig, ½ Std.

Wie R 429 auf den Hohen Gang und direkt über den W-Kamm empor auf den Gipfel. Oder links des Grates auf bez. Steigspuren.

● **1097**         **Mutspitze,** 2294 m

Südöstl. Eckpunkt der Texelgruppe über Meran; schöner Aussichtsberg.

● **1098**   **Von Dorf Tirol**
       Bez. Steig, 4½ Std.

Von Dorf Tirol auf bez. Weg (Nr. 6, 23, Muter Weg) zu den Muthöfen; weiter nordw. auf den O-Kamm und über sehr steile Rasenhänge zum Gipfel.

● **1099**   **Von Hochmuter**
       Bez. 22, 2—2½ Std.

Hierher von Vellau, von der Leiteralm oder mit Lift von Dorf Tirol (s. auch R 426). Auf bez. Steig nordostw. auf den O-Kamm, den man bei Lippen-Gaden (Ghs.) erreicht. Weiter auf Bez. 23 (R 1098).

● **1100**         **Erenspitze,** 2756 m

Höchste Erhebung im Bergstock zwischen Pfelderstal (N), Faltschnaltal (O) und Lazinser Tal (W).

● **1101**   **Von Pfelders (Nordostkamm)**
       I, 3½ Std.

Von Pfelders auf dem Wiesensteig südwestw. aus dem Dorf, über einen Bach und zur Militärstraße, die auf der linken Seite des Pfelderer Baches talein führt. Nach einigen Min. zweigt nach links, süd-

*Der Tschigat, aufgenommen von der Milchseescharte.*

Halseljoch

1089 ←

westw. ein Steig ab, der schräg aufwärts durch Wald zur Faltschnal-Almhütte am Eingang des Faltschnaltals führt. Westw. hinab und über den Faltschnalbach. An geeigneter Stelle vom Steig ab und weglos querend, über drei kleine Bäche, unter den schrofigen Kammausläufern des N-Kamms der Erenspitze herum und über Rasenhänge steil südw. empor auf die Zepbichler Eren und zum kleinen See, der „Lacken", der nördl. des Erenspitzgipfels eingelagert ist. Hier links, ostw., auf den NO-Kamm und über ihn zum Gipfel.

● 1103    Sefiarspitze, 2846 m

Letzter Gipfel in dem von der Rötenspitze nordw. ziehenden Kamm.

● 1104    Von Pfelders (Nordkamm)
          Unschwierig, weglos, 3½ Std.

Von Pfelders südostw. links an der Kirche vorbei aus dem Dorf, über die Straße und den Bach und in vielen Kehren südostw. durch schütteren Lärchenwald aufwärts auf den Grünboden. Nun weglos in das große Schuttkar und empor auf den nördl. Vorkopf, 2693 m, und über ihn leicht auf den südl. davon gelegenen Gipfel.

● 1105    Ulsenspitze, 2737 m

Im nordöstl. Seitenkamm der Texelgruppe, zwischen Sefiarspitze und Rötenspitze.

● 1106    Von Pfelders (Südkamm)
          I, 4½ Std.

Von Pfelders auf der Straße talaus bis zur Einmündung des Faltmartals. Hier südw. an der linken Seite des Faltmarbachs talein, unter der Faltmaralm vorbei in den innersten Talkessel. Hier westw. ab und weglos über weite Schutthänge empor auf das Ulsenjoch, südl. der Ulsenspitze. Über den S-Kamm auf den Gipfel.

● 1108    Kolbenspitze, 2868 m

Im nordöstl. Seitenkamm der Texelgruppe, nördl. über dem Falser Tal. Schöner Aussichtsberg.

● 1109    Von Pfelders
          4—5 Std.

Wie R 1106 in den innersten Kessel des Faltmartals. Auf Steigspuren südostw. empor gegen das Faltmarjoch. Unterhalb des Jochs über Schutt und Steigspuren nordostw. empor auf P. 2720 der

Freytag & Berndt-Karte und über den Grat zum westl. Vorgipfel. (Eckpunkt des Trennungsgrates zwischen Faltmar- und Fermazontal.) Hinab in eine Scharte und über Platten (oder Ausweichen nach links) auf den höchsten Punkt. Oder auf bez. Steigen von St. Leonhard oder Moos im Passeier (über Ulfas).

● 1110  Von Kratzegg oberhalb von Ulfas
3½—4 Std. vom Parkplatz.

Von Kratzegg (Parkplatz) am Hang talein. Dann (Ww.) über die Obere Ulfasalm, 2000 m, zum Gipfel.

## 8. Salurnkamm

● 1120  Äußere Quellspitze, 3385 m

Blockgipfel zwischen Quelljoch und Oberettesjoch; mit mächtigem Grat nach W gegen das Matscher Tal.

● 1121  Vom Quelljoch
Teilw. Firn- und Wächtengrat. ½—¾ Std.

Vom Joch (R 446) über den kurzen, oft überwächteten Grat südw. zum Gipfel.

● 1122  Vom Oberettesjoch (Südgrat)
II (stellenweise), ½—¾ Std.

Vom Joch (R 445) über steilen Blockgrat meist gerade empor zum Gipfel.

● 1125  Schwemser Spitze, 3456 m

Freistehender Gipfel südl. über dem Oberettesjoch.

● 1126  Vom Oberettesjoch (Nordwestgrat)
II (stellenweise), 1 Std.

Vom Joch (R 445), südostwärts über den Grat oder die begrenzenden Felsen.

● 1130  Salurnspitze (Saldurspitze), 3433 m

In dem vom Quelljoch südw. ziehenden Kamm, der sich hier verzweigt und das Schlandrauntal umrahmt.

● 1131  Von Kurzras
I, 4—5 Std. Siehe Abb. S. 311.

Südwestw. auf bez. Steig Nr. 11 zur Lazaunalm und hinein in die hinterste Karmulde, dem Bach entlang, dann über alte, bewachsene Moränenhänge, zuletzt über grobes Blockwerk etwas nordw. ausbiegend zum nördlichsten Teil des auf dieser Talseite liegenden Salurnferners (auch Lagaunferner genannt). Nach einem kurzen, sanften Anstieg folgt eine steile Eiswand, über der man durch eine Firnmulde den Sattel nördl. der Salurnspitze erreicht. Nun über den gut gangbaren Blockgrat südw. zum Gipfel.

● 1132  **Übergang zur Lagaunspitze**
       I, ½ Std.

Vom Gipfel über den brüchigen Grat südostw. absteigend in die Einsenkung zwischen den Zwillingsgipfeln. Jenseits über Blockwerk und Schutt empor auf die Lagaunspitze.

● 1135              **Lagaunspitze**, 3439 m
Zwillingsgipfel der Salurnspitze, meist mit dieser zusammen erstiegen. Siehe Abb. S. 311.

● 1136  **Von Kurzras**
       I, 5½ Std. Siehe R 1131 und 1132.

● 1137              **Kortscher Schafberg**, 3099 m
Westl. über dem Taschljöchl.

● 1138  **Vom Taschljöchl**
       I, 1½ Std.

Vom Joch (R 442) westw. auf dem verfallenden Steig zum Hungerschartensee und auf bzw. neben dem Kamm zum Gipfel.

● 1140              **Berglerspitze**, 3019 m
       **Gerstgraser Spitze; Westliche**, 3140 m; **Östliche**, 3040 m
Gipfel zwischen Taschljöchl und Mastaunjoch. Von der Östlichen Gerstgraser Spitze zweigt südostw. ein Kamm ab, der die Kreuzspitze, 3055 m, trägt, und ein Kamm nach ONO mit Alblatschjöchl, 2802 m, und Nockspitze, 2719 m (mit bez. Steig von Unser Frau).

● 1141  **Vom Taschljöchl**
       Unschwierig, 1 Std.

*Lagaunspitze und Salurnspitze von der „Schönen Aussicht".*

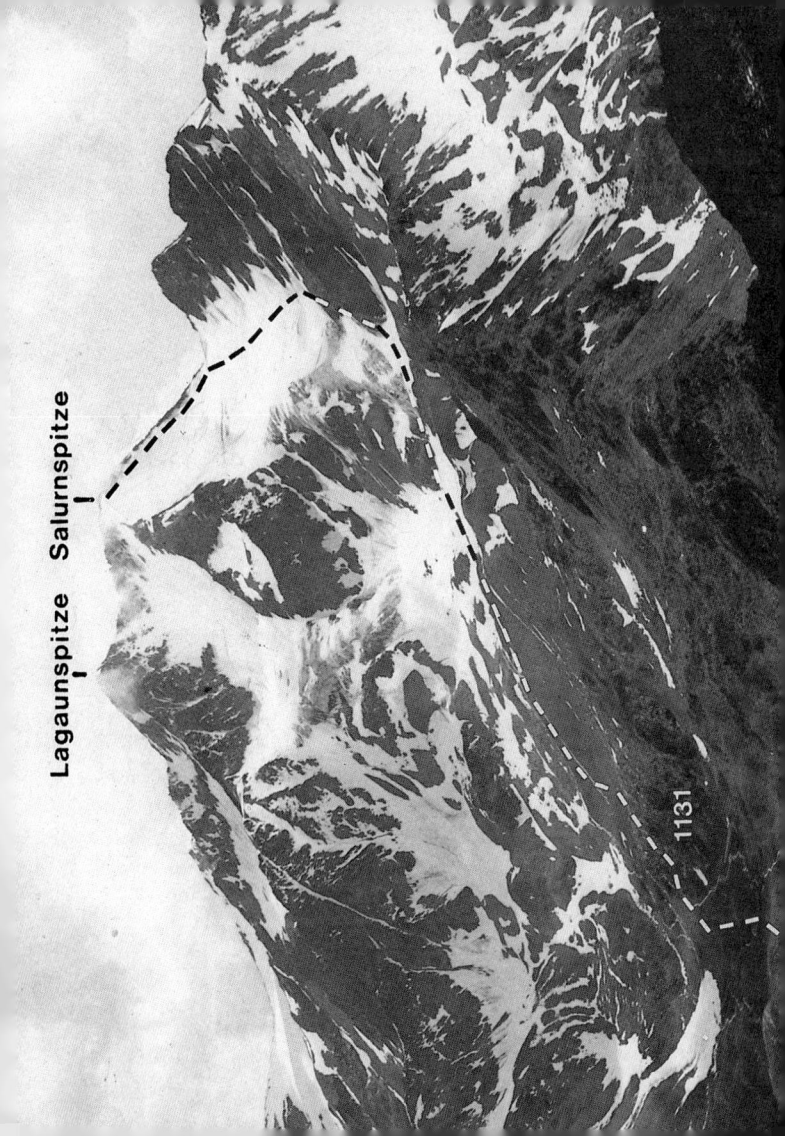

Lagaunspitze  Salurnspitze

1131

Vom Joch (R 442) südw. über den Kamm; zuletzt unschwieriger Felsgrat auf die Berglerspitze.

- **1142 Übergang auf die Gerstgraser Spitzen**
  **I**, 2 Std.

- **1143 Vom Mastaunjoch**
  Unschwierig, 40 Min.

Vom Joch (R 441) über gutgestufte Felsen.

- **1145 Mastaunspitze, 3200 m**

Zwischen Mastaunjoch und Erdscharte.

- **1146 Von Unser Frau**
  **I**, 4—5 Std.

Wie R 441 ins Mastauntal. Westw. über den schuttbedeckten Seitengrat auf den Hauptkamm, den man südl. des Gipfels bei P. 3071 erreicht. Von hier nordw. über rotbraunes Blockwerk zum höchsten Punkt.

- **1147 Vom Mastaunjoch (Nordgrat)**
  **I**, 1½—2 Std.

Vom Joch (R 441) in unschwieriger Blockkletterei zum Gipfel.

- **1150 Zerminiger, 3109 und 3059 m**

Zwei Erhebungen südöstl. über dem Schlandrauntal; Aussichtsberge.

- **1151 Von Karthaus**
  Unschwierig, teils bez. Steige. 5 Std.

Wie R 440 in das Penaudtal, zur Penaudalm und weiter westw. über die sanften Hänge zum Gipfel.

- **1151 Von Schlanders**
  Unschwierig, teils bez. Steige, 5 Std.

Auf bez. Weg Nr. 7 nach Tappein und auf den Schönputz, 2311 m; weiter über den S-Grat.

- **1152 Wiegenspitze, 3109 m**
  **Schwarze Wand, 2982 m;**
  **Hohe Wiegenspitze, 2978 m**

Gipfel im Kamm zwischen Mastaun- und Penaudtal.

- **1153  Von Unser Frau**
    Weglos, unschwierig.

Wie R 441 ins Mastauntal und südw. über die weiten Hänge zu den Gipfeln.

- **1155           Graue Wand, 2778 m**
    **Vermoispitze, 2929 m**

In dem vom Niederjöchl ostw. ziehenden Kamm.

- **1156  Vom Niederjöchl**
    Unschwierig, weglos.

Vom Joch (R 440) über den Kamm. Die Überschreitung des ganzen Kammes nach O ist für geübte Geher eine lohnende Tagestour.

- **1157  Von St. Martin am Vorberg**
    Bez. Steig, 3½ Std.

Die Vermoispitze ist auf bez. Steigen von St. Martin am Vorberg (Lift von Latsch), 1776 m, von Trumsberg über Kastelbell, 1469 m, oder von der Penaudalm, 2316 m (vgl. R 440), zu ersteigen.

- **1158           Grubenspitze, 2899 m**
    **Trumser Spitze, 2912 m**

Im Kamm östl. der Vermoispitze gelegene Erhebungen.

- **1159  Von Trumsberg**
    Großteils bez. Steig, 4 Std.

Von Trumsberg auf den bez. Wegen Nr. 8 und Nr. 14 über die Trumsalm empor in die Einschartung zwischen den Gipfeln; weiter weglos auf diese. (In die Scharte auch von der Penaudalm auf bez. Steig, vgl. R 440.)

- **1160  Von Karthaus**
    Teilw. bez., 4½ Std.

Die Trumser Spitze ist von Karthaus über die Klosteralm und den N-Grat oder von Katharinaberg über die Saxalberalm und den Saxalbersee, 2466 m, und die O-Flanke zu ersteigen.

- **1162           Ramudelspitzen, 3292 m und 3296 m**

Im südwestl. Zweigkamm, südl. der Salurnspitze.

- **1163  Vom Ramudeljoch**
    I, 4—5 Std. vom Glieshof.

Vom Joch (R 443) nordw. mit Überschreitung oder westl. Umgehung von P. 3175 an den Grataufschwung. Über diesen (einzelne Firnunterbrechungen) zum Gipfel.

- **1164   Vom Taschljöchl**
  Unschwierig, mühsam, 3—4 Std.

Vom Jöchl (R 442) über den Kortscher Schafberg (R 1138) oder südl. an ihm vorbei zum Ramudeljoch. Weiter wie unter R 1163 beschrieben zum höchsten Punkt.

- **1166                    Rappenspitze, 3184 m**

Südl. über dem Ramudeljoch.

- **1167   Vom Ramudeljoch (Nordgrat)**
  II (stellenweise), 1 Std.

Vom Joch (R 443) in schöner Blockkletterei.

- **1170             Opikopf (Upiakopf), 3174 m**

Im Kamm südl. der Rappenspitze.

- **1171   Vom Glieshof**
  Weglos, unschwierig, 3 Std.

Auf dem Almweg ins Upiatal zur Schludernser Alm, 2116 m, und weiter zur Upiaalm, 2225 m. Weiter talein und kurz vor dem Talschluß in weitem Bogen nach links gegen das Pleißenjöchl empor; man steigt links von diesem zum Gipfel an.

- **1173                    Hochalt, 3265 m**

Freistehender Gipfel im südwestl. Salurnkamm. Leicht erreichbarer Aussichtsberg.

- **1174   Vom Glieshof**
  I, 5 Std.

Wie R 1171 in das innerste Upiatal und in das weite Hochkar mit einigen Seen, 2570 m. Weiter dem Bach südwestw. folgend zum letzten kleinen Seeauge, P. 2812, in einer Hochmulde westl. des Hochalt. Hier Einstieg in die Felsen des W-Grats, der in schöner Kletterei zur S-Ecke des kleinen, westl. des Gipfels eingebetteten Gletschers führt. Über diesen zum Gipfel.

- **1175                    Weiße Riepl, 2950 m**

Südl. des Hochalt an einer Kammverzweigung.

- **1176 Von Schlanders**
  Weglos, unschwierig, 6 Std.

Von der Schupfer Alm (Schlandrauntal) durch das Maneidtal oder von Schlanders über den Madatscher Sonnenberg (mühsam, besser im Abstieg) auf das Kortscherjöchl, 2652 m. Weiter unschwierig westw. zum Oberen Grabenberg, 2598 m, und nordwestw. über Schrofen auf die Weiße Riepl.

- **1177            Litzner (Litznerspitze), 3206 m**

Erster Gipfel in dem südl. des Hochalt nach W abzweigenden Kamm.

- **1178 Aus dem Matscher Tal**
  Unschwierig, 4—5 Std.

Vom Weiler Tumpaschin durch eine steile Waldschneise oder von Run (weiter talaus) über die Runer Alm auf dem bez. Steig Nr. 23 zum Remsbach und ihm entlang zum Unteren, dann über Weideböden zum Oberen Remsboden. Aus dem Talschluß genau ostw. über Blockwerk und Firnreste zum Gipfel.

- **1179 Vom Glieshof**
  I, 4—5 Std.

Wie R 1171 ins Upiatal zur kleinen „Lacke". Nun südwestw. über Gras- und Geröllhänge gegen den nach N streichenden Grat der Litznerspitze. In anregender Kletterei zum Gipfel.

- **1180            Remsspitze, 3212 m**

Im Zweigkamm nordwestl. des Litzner.

- **1181 Aus dem Matscher Tal**
  I, 4—5 Std.

Wie R 1178 auf den Oberen Remsboden. Von hier über steiles Geröll an die S-Abstürze des Gipfels und durch Blockrinnen in Gipfelfallinie empor.

- **1182 Madatschknott, 3081 m; Hohes Kreuzjoch, 2892 m;
           Schwarzer Knott, 2811 m**

Erhebungen am SW-Ende des Salurnkamms.

- **1183 Von Matsch**
  I, großteils bez. Steige, 5 Std.

Man steigt von Matsch ab zum Salurnbach, über diesen zum Weiler Run und durch Wald empor zur Runer Alm. Auf Steigspuren empor zum Runer Köpfl und über den breiten Kamm südostw. hinauf zum Hohen Kreuzjoch. Von hier ostw. hinüber auf schärfer ausgeprägtem Grat zum Madatschknott über dem Marbeltal.
Oder südwestw. auf bez. Steig zum Schwarzen Knott. Von hier Abstieg auf bez. Steigen (21) nach Schluderns oder Spondinig.

## 9. Die Berge ums Planeiltal

● **1190**     **Äußerer Bärenbartkogel,** 3473 m
Westl. des Bärenbartjochs, wo die Planeilgruppe an den Weißkamm stößt (vgl. R 855).

● **1191**  **Vom Hintereisjoch**
     I, 1½ Std. Siehe Abb. S. 317.
Vom Joch (vgl. R 848 ff.) nordwestw. über die obersten Firnhänge des Matscher Ferners absteigend zum Bärenbartjoch, 3292 m. Von hier westw. über Firn und eine Blockhalde auf den Firngrat und über P. 3418 und den anschließenden Firngrat zum Gipfel.

● **1193**     **Freibrunner Spitze,** 3366 m
Westl. des Bärenbartkogels, knapp nördl. über dem Matscher Jöchl. Von keiner Seite leicht.

● **1194**  **Von der Planeilscharte**
     Eiserfahrung nötig, 4 Std. von Melag.
Wie R 447 bis knapp unter die Planeilscharte. Nun ostw. um eine Rippe herum auf den obersten W-Teil des Freibrunner Ferners. Man strebt den Firnsattel westl. des Gipfels an (Brüche); von dort über den Firngrat zum Gipfel.

● **1195**     **Roter Kopf,** 3244 m
Felserhebung knapp südöstl. über der Planeilscharte.

*Der Bärenbartkogel über dem Langtauferer Tal, aufgenommen von Norden.*

Bärenbartjoch P.3418  Bärenbartkogel  P.3410

- **1196   Von der Planeilscharte**
  **I**, ½ Std.

Von der Scharte (R 447) quert man etwas südw. in den Hang hinein. Durch den schrofigen W-Hang zum Gipfel.

- **1197   Übergang von der Freibrunnerspitze**
  **I**, 1 Std.

Hinab in den westl. Firnsattel und über die Firnkuppe, P. 3356, hinüber zum Gipfelaufbau des Roten Kopfes. Man kann über den felsigen O-Grat, leichter aber durch die verfirnte O-Flanke, auf den Gipfel steigen.

- **1200                     Rabenkopf, 3394 m**

Südwestl. über Matscher Jöchl und Planeilferner.

- **1201   Vom Matscher Jöchl**
  **I**, 1 Std.

Vom Jöchl (R 450) über einen Riegel südwestw. hinüber auf den sanften Planeilferner und südwestw. unmittelbar empor zum Gipfel.

- **1202                     Falwellspitze**
  **Nördliche, 3334 m; Südliche, 3360 m**

Doppelgipfel südl. des Schnalser Schartls und des Rabenkopfs; durch die Falwellücke, 3217 m, getrennt.

- **1203   Aus dem Matscher Tal über das Schnalser Schartl**
  **II**, 4—5 Std.

Von der Inneren Matscher Alm über den Bach und auf den Talhang zur Semler-Almhütte. Von hier auf Steigspuren nordw. über eine flachere Zone hinein in das Innergawelzkar. Von hier nordwestw. empor über Schutt, im letzten Teil jedoch scharf nach links ab durch eine schmale Schuttgasse und westw. empor auf die Scharte. Nun über den erst südw., später mehr westw. verlaufenden Grat in schöner Kletterei zum N-Gipfel.

- **1205                     Portlesspitze, 3074 m**

Letzter bedeutender Gipfel im O-Bogen der Planeilberge. Der Kamm verläuft weiter südwestw. über Jafant, 2899 m, zum Hohen Joch, 2593 m (von Matsch, Mals und Planeil auf Almsteigen leicht ersteiglich).

- **1206 Vom Glieshof**
  Unschwierig, mühsam, 4½ Std.

Über die Äußere Matscher Alm auf Steiglein durch Zirbenwald westw. empor ins Innere Portleskar. Um einen Rücken herum ins Äußere Portleskar und über Schutthänge unschwierig, aber mühsam auf den Gipfel.

- **1207    Rotebenkogel, 3157 m**

Westl. der Planeilscharte.

- **1208 Von der Planeilscharte, R 447**
  I, ½ Std.

Von der Scharte unmittelbar über den O-Grat, zuletzt einen kurzen Firn- und Wächtengrat zum Gipfel.

- **1210    Falwanairspitze, 3199 m**

Nordwestl. des Rotebenkogels, nördlichster Gipfel der Planeilberge, mit langem Felskamm nach N.

- **1211 Von der Planeilscharte, R 447**
  I, 1½ Std.

Man überschreitet den Rotebenkogel oder umgeht ihn südl. mühsam durch die Schutthalden. Von der Scharte östl. der Falwanairspitze unschwierig über den O-Grat zum Gipfel.

- **1212 Übergang zur Mitterlochspitze**
  I, 1 Std.

Stets auf oder nahe der Grathöhe.

- **1215    Mitterlochspitze, 3174 m**

Höchster Gipfel im W-Bogen der Planeilberge, südwestl. der Falwanairspitze, langer Felskamm nach NW, der den Tiergarten, 3068 m, und den Schwarzen Kopf, 2996 m, trägt. Meist in Verbindung mit den Nachbargipfeln erstiegen.

- **1216 Von Hinterkirch**
  II (stellenweise), 5½ Std.

Von der Kirche in Hinterkirch hinab zum Bach (Steg) und jenseits ostw. empor gegen die Alpe Maßeben. Südw. aufwärts zum Rand des Steinkarls über den Weideböden der Alm. Vom innersten Karbecken empor auf den Schwarzkopf und über den Kamm unschwierig weiter zum „Tiergarten". Weiter über den langen, brüchigen Grat mit einigen Kletterstellen auf die Mitterlochspitze.

● **1217** **Danzewell**, 3148 m

Letzte ausgeprägte Erhebung im W-Bogen der Planeilberge. Zweigkamm nach NW mit der Speikerwand, 2907 m.

● **1218 Von der Flachscharte**, R 451
**I**, 4—5 Std. von Planeil.

Von der Scharte weiter nordw. empor auf das Zerzerköpfl, 2955 m, und über den Sattel zum Gipfelaufbau. Man gewinnt den Gipfel von SW.

● **1219** **Mittereck**, 2909 m
**und die südwestlichen Ausläufer**

Südwestl. der Flachscharte erhebt sich das Mittereck. Von diesem zieht der Hauptgrat nach SW weiter über das **Steinmanndlköpfl**, 2817 m, den **Kofelboden**, 2604 m, und den **Salisatis**, 2106 m, zur Malser Haide. Die genannten Berge sind durchwegs unschwierig von Planeil bzw. vom Weg zur Flachscharte, R 451, zu ersteigen. Nach W streicht ein Kamm zum **Großhorn**, 2628 m, hoch über St. Valentin auf der Haide, von dort (Weiler Dörfl) über den W-Kamm ersteiglich.

Nach NW streicht ein Kamm zum **Angerlikopf**, 2813 m, und zum **Endkopf**, 2652 m; auch diese Gipfel sind unschwierig von Graun über die Grauner Alm oder von Kapron im Langtaufers über die Ochsenbergalm ersteiglich.

● **1220** Endpunkt zwischen Matscher- und Planeiltal ist die **Spitzige Laun** über Mals, ein von dort aus oft bestiegener, unschwieriger Gipfel mit schöner Aussicht. 3 Std. von Mals.

*Ein packendes Buch – Bildband, Kletterführer und Erlebnisbericht*

## Klettern in den Sextener Dolomiten
## **Luft unter den Sohlen**
## von Richard Goedeke

Richard Goedeke, Autor des Alpenvereinsführers über die Sextener sowie über einige andere Dolomitengruppen, legt mit diesem Buch ein in mancherlei Hinsicht spektakuläres Werk vor: eine Synthese von Bilderbuch – Rezeptbuch – Lesebuch. Nahezu sämtliche „gängigen Pflichttouren" werden auf der Grundlage eigener Erfahrung, persönlichen Erlebens und authentisch bebildert, vorgestellt. Aber auch von nicht wenigen Neutouren ist hier die Rede. Der Leser unternimmt einen Streifzug durch ein Vierteljahrhundert Kletterhistorie, von der Epoche des „heroischen" Alpinismus der späten fünfziger Jahre in das „technische" Zeitalter und aus diesem heraus in die Freikletter-Gegenwart. Er erlebt das Massenziel der Sextener aber auch als einen in weiten Bereichen einsamen Spielraum. Ein packendes Buch – durch und durch aus einem Guß!

1. Auflage 1985
208 Seiten, 155 Abbildungen, zum großen Teil in Farbe,
71 Anstiegsskizzen.
Efalin mit Schutzumschlag,
22 × 26 cm. DM 46,80

Zu beziehen
über jede Buchhandlung
oder direkt beim

BERGVERLAG RUDOLF ROTHER · POSTFACH 190162
D-8000 MÜNCHEN 19

# MERANER HÖHENWEG

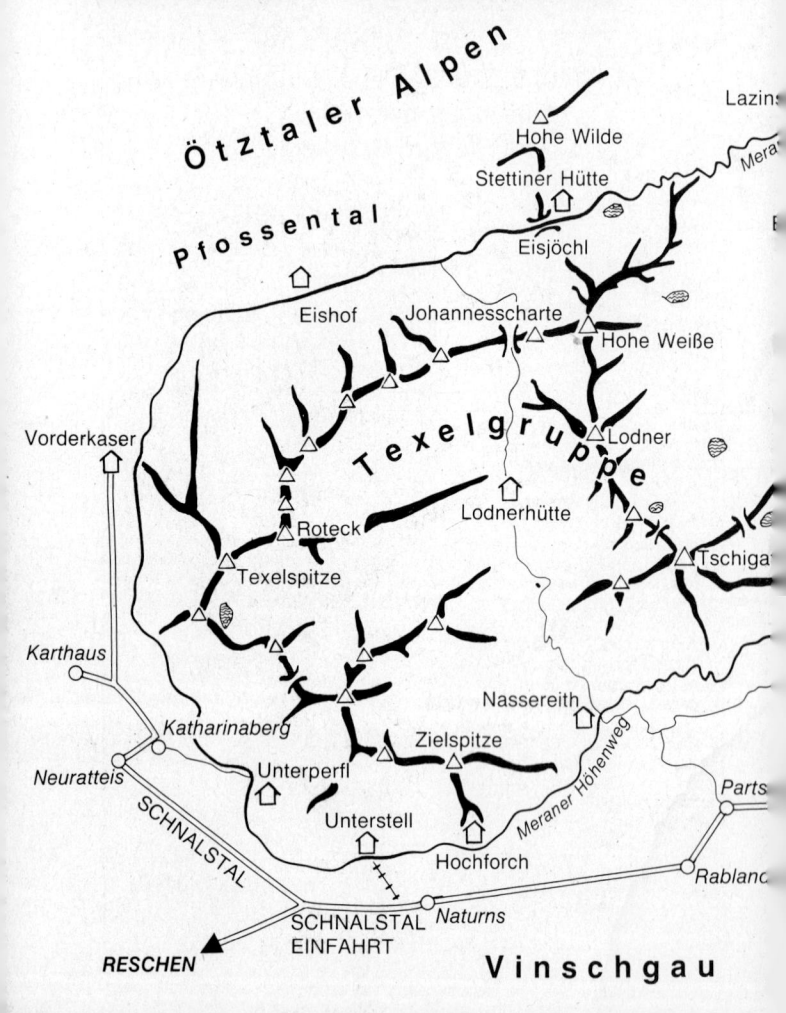

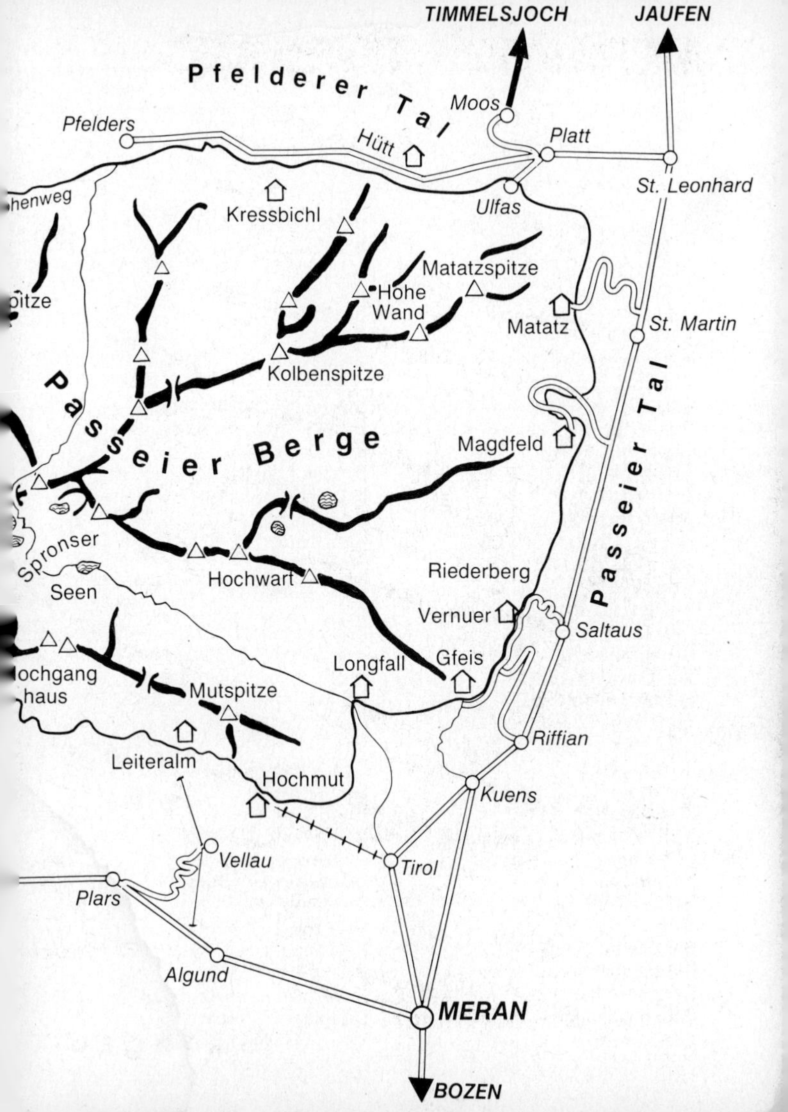

TIMMELSJOCH
JAUFEN
Pfelderer Tal
Moos
Pfelders
Hütt
Platt
St. Leonhard
Ulfas
Kressbichl
henweg
Matatzspitze
Hohe Wand
pitze
Matatz
St. Martin
Kolbenspitze
Passeier Berge
Passeier Tal
Magdfeld
Spronser Seen
Hochwart
Riederberg
Vernuer
Saltaus
Gfeis
Longfall
ochgang haus
Mutspitze
Riffian
Leiteralm
Hochmut
Kuens
Vellau
Tirol
Plars
Algund
MERAN
BOZEN

# Register

Die Ziffern bezeichnen die mit ● markierten Randzahlen,
nicht die Seiten.

Aachener Höhenweg 360
Affenkopf 732
Aifenspitze, Hohe 565
Aifner Alm 566
Alblatschjöchl 1140
Alter Mann 656
Altfinstermünz 44
Ampferkogel 535
Andelsalm 434
Angerlikopf 1219
Angern 87
Anichspitze 965
Annakogel 932
Anton-Renk-Hütte 255
Aperes Ferwalljoch 397
Armelehütte 215
Arzl 106
Auf dem Kreuz 1053

Bachmann-Weg, Dr. 548
Bahnhof Ötztal 51
Bahnhof Schnalstal 147
Banker Kirchenkogel 880
Bankerkogel 885
Bankkogel 937
Bärenbarthochjoch 446
Bärenbartjoch 1191
Bärenbartkogel, Äußerer 1190
Bärenbartkogel, Innerer 855
Bazallerkopf 737
Beilstein 95
Bella Vista 305
Bergkastelspitze 742
Berglerfernerkopf 680
Berglerspitze 1140
Bildstöckljoch, Schnalser 444

Blasiuszeiger 1050
Blaulackenspitze 1055
Bliggschartl 641
Bliggspitze 640
Blockkogel 497
Blose 53, 460
Brand 70
Brandenburger Haus 280
Brandkogel 615
Braunschweiger Hütte 268
Brechkogel 467
Breiter Kogel 522
Breitlehner 550
Breitlehnjöchl 343
Breitlehnkogel, Hoher 520
Breslauer Hütte 271
Brochkogel, Hinterer 800
Brochkogel, Vorderer 802
Brochkogeljoch 374
Brunnenkogel, Hint. 787, 790
Brunnenkogel, Vord. 785
Burgeis 162
Burgstein 70

Chemnitzer Hütte 233
Cottbuser Höhenweg 354

Dahmannspitze 825
Danzewell 1217
Deloretteweg 383
Diemjoch 956
Diemkögel 955
Dreirinnenkogel 475
Dristenkogel 510
Dristkogel, Großer 582
Dristkogel, Kleiner 580

Ebneralm 235
Ehrichspitze 825
Eishof 317
Eisjöchl(hütte) 318, 430
Eiskastenspitze 637
Endkopf 1219
Erenspitze 1100
Erlanger Hütte 212
Essener Hütte 397
Eyrs 155

Falginer Karlesspitzen 870
Falkauner Köpfle 568
Falkauner Ölgrubenköpfe 570
Falschunggspitze 940
Falser Joch 428
Falterschein 7
Faltschnaljöchl 429
Falwanairspitze 1210
Falwellspitzen 1202
Fanatjoch 412
Fanatspitze 985
Feichten 135
Feichtener Karlspitze 653
Feilerscharte 334
Felderjoch 335
Felderkogel, Innerberger 502
Fendels 30
Fernerkogel, Linker 760
Fernerkogel, Rechter 765
Ferwalljoch, Aperes 397
Ferwallspitzen 893
Festkogel 895
Fineilspitze 1025
Firmisanjoch 407
Firmisanschneide 957
First, Hoher 900
Fißladkopf 682
Flachscharte 451
Fließ 17
Fluchtkogel 822
Forchheimer Biwak 210

Forchheimer Weg 330
Franz-Huber-Weg 432
Freibrunner Spitze 1193, 1197
Frischmannhütte 225
Fuldaer Höhenweg 356
Fundusfeiler 485
Fundustaler Grieskogel 497

Gacher Blick 18, 25, 350
Gahwinden 336
Gaißpleiskopf 732
Gallfluh 116
Gamorkopf 732
Gampleskogel 975
Gamskogel 71
Geige, Hohe 530
Geige, Kleine 520
Geigenkamm 460
Geislacher Alm 79, 265
Geislacher Kogel 750
Gemeindekopf, Hoher 332
Gepatschhaus 252
Gerstgraser Spitzen 1140
Gfallwand 1045
Gfeis 426
Giggelberg 427
Ginggljoch 437
Ginggelspitze 1053
Glaiten 197
Glanderspitz 562
Glieshof 187, 321
Glockhaus 677
Glockturm 707
Glockturmkamm 650
Glockturmjoch 363
Glurns 158
Goldrain 151
Grabkogel 777
Granatenkogel 897
Gransteinkopf 545
Gratfernerköpfe 702
Graue Wand 1155

325

Graun 168
Grawand 1030
Gries im Sulztal 71
Grieskogel, Fundustaler 497
Grieskogel, Söldener 547
Grieskogl, Lehner 490
Großhorn 1219
Grubenkarspitze 635
Grubenspitze 1158
Grutzmachersteig 933
Gsallkopf 585
Gschrappkogel 540
Guben-Schweinfurter Hütte 65
Gueserkopf 730
Gurgler Eisjoch 401
Gurgler Haide 94
Gurgler Schartl 402
Guslarjoch 380

Habichen 60
Habmesköpfe 630
Haderlehn 53
Hairlacher Seekopf 493
Halkogel 525
Halkogelhaus 235
Halseljoch 431, 433
Halsle 702
Hangerer 925
Hauerseehütte 228
Hauptkamm 880
Hauslabjoch 418
Hauslabkogel 1005
Heiligkreuz 97
Hennesiglköpfe 713
Hennesiglspitze 710
Hennesiglspitze, Nauderer 720
Heuflerkogel 910
Hildesheimer Hütte 81
Hintereisjoch 389
Hintereisspitzen 835

Hintergraslspitzen 820
Hinterkirch 191
Hochalt 1173
Hochfinstermünz 36
Hochganghaus 310
Hochgurgl 90
Hochjochhospiz 277
Hochkarjochspitze 1082
Hochmuter 1099
Hochrinnegg 587
Hochsölden 80, 237
Hochstubaihütte 82
Hochvernaglwand 840
Hochvernagtspitze 810
Hochwilde 930
Hochwildehaus 295
Hochzeiger 477
Hochzeigerhaus 220
Hohe Geige 530
Hohe Mut 907
Hohenzollernhaus 257
Hoher First 900
Hoher Gang 431
Hoher Kogel 527
Hohe Seite 502
Hohes Joch 1205
Hohe Weiße 1075
Hohe Wilde 930
Höhlenspitze 700
Höllerhütte 321, 389
Höllerschartl 389
Huben 74
Hundstalkogel 515

Im Hintern Eis 860
Imst 5
Imsterberg 108
Innerberger Felderkogel 502
Itlsee 96

Jafant 1205
Jerzens 111, 118

Jochköpfl, Pitztaler 555
Johannesscharte 436

Kaiserspitze 692
Kaltenbrunn 132
Kans 507
Kapuzinerjoch 336
Karkopf, Weiter 460
Karlesjoch 412
Karleskogel 758
Karleskopf 783
Karlesspitze (Hauptkamm) 942
Karlesspitzen, Falginer 870
Karlspitze, Feichtener 653
Karthaus 177
Kaserwartl 415
Kastelbell 148
Kaunerberg 24
Kaunergrathütte 245
Kaunertal 130
Kauns 131
Kesselwände, Obere 825
Kesselwandjoch 383
Kesselwandspitze 830
Kirchbachspitze 1042
Kirchenkogel, Banker 880
Kleine Weiße 1072
Kleinleitenspitze 947
Klopaierspitze 747
Knott, Schwarzer 1182
Kobel 37
Kofelboden 1219
Köfels 67
Kolbenspitze 1108
Königsjoch 396
Königskogel 890
Kortscher Schafberg 1137
Kreuzjoch (Hauptkamm) 417
Kreuzjoch (Nauderer B.) 732
Kreuzjoch, Hohes 1182
Kreuzjöchlspitze 482
Kreuzjochspitze 465

Kreuzkogel 1016
Kreuzspitze 1020
Kronburg 7
Kropfbichl 69
Kuens 195
Kühthai 58
Kuppkarlesspitze 660
Kuppscharte 657
Kurzras 181

Laas 153
Labaunalm 367
Ladis 22
Ladurn 176
Lafaistal 174
Lagaunspitze 1132, 1135
Landeck 15
Längenfeld 68
Lange Wand 550
Langkarles-Grieskogel 507
Langkarlesschneid 505
Langtalereck-Hütte 292
Langtaler-Joch-Spitze 927
Langtauferer Höhenweg 452
Langtauferer Joch 387
Langtauferer-Joch-Spitze 927
Langtauferer Spitze 843
Langtauferer Tal 190
Larcheralm 115
Latsch 150
Latschkogel 972
Lazins 202
Lazinser Röthelspitze 1085
Lehner 333
Lehner Grieskogl 490
Lehnerjochhaus 222
Leierstal 213
Leitenwald 23
Leiteralm 426
Liebenerspitze 905
Litzner(spitze) 1177
Löcherkogel 628

Lodner 1078
Lodnerhütte 313
Longfallhof 201, 426
Lötzer Wasserfall 9
Luibiskogel 336, 512
Luibisscharte 336, 342

**M**adatschjoch 353
Madatschknott 1182
Madatschtürme 602
Mainzer Höhenweg 340
Maisalm 330
Mals 161
Mandarfen 127
Manigenbachkogel 970
Martin-Busch-Hütte
  auf Samoar 300
Martinsbruck 43
Marzellspitzen 998
Mastaunjoch 441

Mastaunspitze 1145
Mataunkopf 740
Matsch 187
Matscher Jöchl 450
Matscher Tal 186
Melag 191
Melager Hütte 191
Meran 138
Meraner Höhenweg 425
Milchseeschartl 315, 431
Mittagskogel 780
Mittelberg 128
Mittelbergjoch 373, 374, 375
Mittereck 1219
Mitterkarjoch 373, 378
Mitterkaser 182, 317
Mitterlochspitze 1212, 1215
Moos 198
Murmentenkarspitze 463
Mut, Hohe 907

---

**Berghaus Seppl** PITZTAL

Den Sorgen des Alltags
enteilen – unter gastl.
Menschen verweilen
**Familie Füruter**
**A-6481 Weißwald**
**Pitztal / Tirol**

Besitzer: Bergführer und Hüttenwirt vom Taschachhaus, 2424 m.

Führendes Haus, 80 Betten, Zimmer teilweise Dusche, Bad/WC.
Neuerbautes Hallenschwimmbad im Haus, Fitnesseinrichtungen
(Sauna, Solarium und dergleichen), Spielplatz, Sonnenterrasse,
Liegewiese.
Familienfreundliche Kinder- und Gruppenermäßigung.
**Günstige Pauschalangebote.**

**Telefon direkt: 00 43 – 53 13 / 82 20 oder 82 05**

Mutkogel 770
Mutmalspitze 995
Mutspitze (Weißkamm) 832
Mutspitze (Texelgruppe) 1097
Mutzeiger 330

Nassereiner Alm 360
Nassereith (Ghs.) 314
Naturns 146
Nauderer Berge 720
Nauderer Hennesiglspitze 720
Nauderer Höhenweg 367
Nauderer Skihütte 260
Nauders 40
Neu-Ratteis 176
Neurur 125
Niederjoch 416
Niederjöchl 440
Niederthai 64
Nörderkogel 982
Novelles 262

Oberdorfer Alm 114
Obergurgl 91
Oberinntal 1
Oberettesjoch 445
Öberst 195
Oetz 55
Offenbacher Höhenweg 355
Ölgrubenjoch 357

Ölgrubenköpfe, Falkauner 570
Ölgrubenspitze, Hintere 645
Ölgrubenspitze, Vordere 642
Opikopf 1170
Ortlerblick 41
Osterstein 107
Ötz 55
Ötztal 50

Panoramaweg Texelgruppe 425
Parstleswand 597
Partschins 145
Partschinser Höhenweg 427
Passeiertal 194
Pedroß 191
Peischlkopf 577
Penaudtal 440
Perlerkogel 543
Petersenspitze 805
Pfelderer Höhenweg 400
Pfelders(tal) 202
Pfossental 182
Pfroslkopf 667
Pfroslkopfjoch 668
Pfunds 35
Piburger See 3, 56
Piller 19, 25, 350
Piößmes 125

---

**Ihr Berg- und Expeditions-Ausrüster mit Weltruf!**

# schuster

**Treffpunkt Sport.**

Sport Schuster · München 2 · Rosenstr. 3−6

Pitztal 105
Pitztaler Jochköpfl 555
Pitztaler Jöchl 270, 370
Pitztaler Urkund 807
Plamorder Spitze 745
Planeil 165
Planeilberge 1190
Planeilscharte 447
Planeiltal 188
Planfernerhütte 288
Planggeroß 126
Planggeroßspitze 705
Platt 199
Plattenrain 113, 240
Plattenspitze 1092
Plattigkogel 500
Plattigkopf 687
Platzerspitze 690
Plawenn 166
Pollesfernerkopf 555
Polleskogel 555
Portlesspitze 1205
Prutz 21
Puitkogel 537

Quelljoch 446
Quellspitze, Äußere 1120
Quellspitze, Innere 857
Querkogel 945
Querkogeljoch 411

Rabenkopf 1200
Rabenstein 200
Radurschelschartl 365
Ramolhaus 297
Ramoljoch 404
Ramolkögel 965
Ramudeljoch 443
Ramudelspitze 1166
Rappenspitze 1166
Rauhekopfhütte 283
Rauhes Joch 398

Reiserkogel 513
Reiserscharte 341
Remsspitze 1180
Reschen 170
Rettenbachjöchl 370
Rheinland-Pfalz-Biwak
 (Mainzer Höhenweg) 340
Richterweg 384
Ried 28
Riegelkopf 480
Riepl, Weiße 1175
Rifenkarscharte 360
Rifenkarspitze, Äußere 662
Rifenkarspitze, Innere 665
Riffelseehütte 247
Riffian 195
Riffljoch 362
Rifflkarspitze 697
Rif. Pio XI alla Palla bianca 285
Rofelewand 590
Rofenhöfe 100
Roppen 2, 57
Roßbergjoch 413
Roßkirpl 552
Rostizkogel 625
Rotbleißkogel 495
Rotebenkogel 1207
Roteck 1060
Rötenspitze 988
Roter Kopf 1195
Roter Schrofen 650
Röthelspitze, Lazinser 1085
Röthelspitze, Spronser 1095
Rötkarljoch 336
Rotkogel 552
Rotmoosjoch 399
Rotmooskogel 917
Rotmooswasserfall 92
Rotschragenjoch 361
Rotschragenspitze 695
Run 1178

Sadersjoch 738
Saletzjoch 366
Salisatis 1219
Saltaus 195
Salurnkamm 1120
Salurnspitze 1130
Samoarhütte 30
Sandjoch 336
St. Georgen 32
St. Katharinaberg 176
St. Leonhard im Passeier 196
St. Leonhard im Pitztal 121
St. Martin 196
St. Martin am Vorberg 1157
St.-Ulrichs-Kopf 737
Sautens 52, 57
Saykogel 1010
Saykogeljoch 418
Schafberg, Kortscher 1137
Schafhimmel 482

Schafkarkopf 732
Schafkopf, Großer 727
Schafkopf, Kleiner 730
Schafschneide 434
Schalfkogel 950
Schalfkogeljoch 410
Schartleskopf 732
Scheiberkogel 915
Schermerspitze 882
Schlanderer Hütte 185
Schlanders 152
Schlandrauntal 185
Schlanterkopf 655
Schlinig 162
Schloß Landeck 16
Schluderns 157
Schmalzkopf 737
Schnalser Bildstöckljoch 444
Schnalser Schartl 1203
Schnalstal 175

# Breslauer Hütte 2848 m

Herrlicher Ausblick auf die Ötztaler Gletscherwelt, kürzester Aufstieg zur Wildspitze, 3774 m, Gletscherbruch und gut gesicherter Klettergarten mit allen Schwierigkeitsgraden in ca. 20 Minuten erreichbar.

Gemütliche Speiseräume, Dusche, WC, Trockenraum, 50 Betten, 120 Matratzenlager.

Auf Ihren Besuch freut sich
FAM. CHRISTIAN SCHEIBER · A-6458 Vent 5 · Tel. 0 52 54 / 81 09

Schönau 200
Schöne Aussicht (Whs.) 305
Schönjöchl 33
Schönputz 1151
Schönwies 6
Schönwiesgipfel 93
Schönwies-Skihütte 291
Schöpfwarte 42
Schroffenstein 10
Schrottner 1070
Schwabenjoch 601
Schwabenkopf 600
Schwärze, Hintere 992
Schwärzenjoch, Hinteres 414
Schwärzenkamm 935
Schwärzenspitze 935
Schwarzer Knott 1182
Schwarzer Kopf 1215
Schwarze Schneide, Äußere 753
Schwarze Schneide, Innere 755
Schwarze Wand (Hauptkamm) 1027
Schwarze Wand (Salurnkamm) 1152
Schwarze Wand (Texelgruppe) 1047
Schwarzkogel 553

Schwarzseekogel 553
Schwarzseekopf 685
Schwarzwand (Kaunergrat) 572
Schwarzwand (Texelgruppe) 1067
Schwarzwandspitze 815
Schwemserspitze 1125
Schwenzerschartl 396
Sechszeiger 111
Seekarköpfe 722
Seekarlesschneid 613
Seekogel 620
Seekopf, Hairlacher 493
Seelenkogel, Hinterer 919
Seelenkogel, Vorderer 922
Seewerspitze 902
Sefiarspitze 1103
Seiterjöchl 753
Sennkogel 1014
Serfaus 32
Seuffertweg 377
Sexegertenspitze 812
Siegerlandhütte 83
Silberschneide 533
Similaun 1000
Similaunhütte 302
Similaunjoch 415
Sölden 78
Söldner Grieskogel 547

---

**gegen Fieberblasen**

**Labisan**

Himalaya- und tropenbewährt!

erhältlich nur in Fachgeschäften
Erzeugung: Maria-Schutz-Apotheke Wien 5

Sonnenkögel 592
Speikerwand 1217
Spiegeljoch 406
Spiegelkögel 960
Spitzige Laun 1220
Spondinig 156
Spronser Joch 429
Spronser Röthelspitze 1095
Spronser Tal 201
Stabelealm 229
Stables 262
Steiniglehnscharte 973
Steinkogel 615
Steinmanndlköpfl 1219
Stettiner Hütte 318
Stillebach 125
Stockkogel 980
Stuben 35
Stuibenfall 64
Stuls 197
Stupfarri 575
Stupfarriköpfle 572
Sturpen 518
Sunntigwaidschrofen

**T**ablander Lacken 1093
Talleitspitze 1023
Tartsch 160
Taschachhaus 250
Taschachjoch 376
Taschljöchl 442
Tauferer Kopf 672
Tauferer Spitze 675
Taufkarjoch 372
Taufkarkogel 775
Teufelsegg 860
Texelgruppe 1040
Texelspitze 1057
Tiefenbachjoch 371
Tiefenbachkogel 767
Tiefentalalm 123
Tiergarten 1215

Timmelsjoch 395
Tisenhof 304
Tisental 180
Titzentalerweg 278
Töll 145
Tösens 31
Trenkwald 125
Trinkerkogel 912
Trübwand 1065
Trumsberg 1159
Trumser Spitze 1158
Tscheyegg 732
Tscheyjoch 731
Tschigat 1088
Tumpen 61

**U**lsenspitze 1105
Umhausen 62
Unser Frau 180
Untergurgl 87
Upiakopf 1170
Urgen 16
Urkundsattel 376

**V**aldafurner Alm 367
Venet 560
Venethütte 560
Vent 100
Vermoispitze 1155
Vernagl 840
Vernagthütte 275
Verpeilhütte 242
Verpeiljoch 352
Verpeilspitze 595
Vinschgau 137

**W**ald 4, 110
Waldafurner Kopf 732
Wallfahrtsjöchl 351
Wallfahrtsköpfl 577
Wannetjoch 379
Wassertalkogel 340, 540

333

Waze(spitze) 610
Weiße, Hohe 1075
Weiße, Kleine 1072
Weißer Kogel 772
Weißkamm 750
Weißkugel 846
Weißkugelhütte 285
Weißkugeljoch 388
Weißmaurachjoch 340, 344
Weißseejoch 364
Weißseespitze 865
Weiter Karkopf 460
Weixmannstall 125
Wenns 112
Wiegenspitze 1152
Wiegenspitze, Hohe 1152
Wiese 120
Wiesjagglskopf 870
Wilde, Hohe 930
Wilder See 122
Wildgrat 331, 470
Wildgratköpfe 473
Wildnörderer 725
Wildspitze 793

Winterstallen 98
Wölfeleskopf 740
Wurmkogel 888
Wurmsitzkogel 540
Wurmtaler Joch 355
Wurmtaler Kopf 632
Würzburger Haus 275

Zamer Alm 12
Zamer Berg 11
Zams 7
Zaunhof 120
Zeigerberg 111
Zerminiger 1150
Zerzerköpfl 1218
Zieljöchl 429
Zielspitze 1040
Zieltal 174
Zinne 384
Zirmesspitze 670
Zirmkogel 977
Zuragkogel 615
Zwickauer Hütte 288
Zwieselstein 85

---

*Für Bergwanderungen und Bergtouren
sind unentbehrliche Begleiter*

## FÜHRER und KARTEN

aus der

## Bergverlag Rudolf Rother GmbH · München

Zu beziehen durch alle Buchhandlungen
Verlangen Sie bitte unverbindlich einen Gesamtprospekt!

# NOTIZEN

# NOTIZEN